中小
企业 管理系列丛书

中小企业
国际贸易理论与实务
五日通

主编 时 英

经济科学出版社

图书在版编目（CIP）数据

中小企业国际贸易理论与实务五日通／时英主编. —北京：
经济科学出版社，2007.7
（中小企业管理系列丛书）
ISBN 978 – 7 – 5058 – 6411 – 5

Ⅰ. 中… Ⅱ. 时… Ⅲ.①中小企业 – 国际贸易 – 经济
理论②中小企业 – 国际贸易 – 贸易实务 Ⅳ. F740

中国版本图书馆 CIP 数据核字（2007）第 092877 号

中小企业管理系列丛书

编审委员会

主　　任：杨国良

名誉主任：马洪顺

副 主 任：张忠军　　曲荣先

委　　员：王世忠　　张　敏　　路纯东　　单忠杰

黄　成　　徐建华　　张福雪　　宋伟滨

王秋玲

主编人员

主　　编：王乃静

副 主 编：张忠军　　曲荣先

审稿专家：卢新德　　周泽信　　孟　扬　　王益明

刘保玉　　王家传　　李秀荣　　刘　泽

徐晓鹰

总　序

提高中小企业现代管理水平的重要举措

　　改革开放以来特别是近几年来，我国中小企业迅猛发展，已经成为国民经济发展的重要组成部分，成为经济增长和就业率提高的主要动力，成为加快我国社会主义和谐社会建设的重要推动力量。第一，中小企业在许多行业和领域具有明显的优势。目前，中小企业已占到全国企业总量的90%以上。在纺织、食品、塑料、仪器仪表等行业中，中小企业销售收入占到同行业的80%以上。在外贸领域，中小企业以其灵活的经营方式更显出独特优势。第二，中小企业已成为大企业发展不可或缺的重要组成部分。随着高新技术的发展和特大型、超大型企业的出现，越来越需要众多专业性强的中小企业与之配套，形成工艺专门化、产品多元化的企业组织结构，为大企业的发展提供服务。第三，中小企业在解决劳动就业方面发挥着越来越重要的作用。我国人口众多而资源相对短缺，就业压力大。原来作为就业主渠道的国有大中型企业，随着改革的不断深化和现代化管理水平的不断提高，已难以再吸收更多的人就业，加快发展中小企业就成为扩大就业的现实选择。第四，中小企业在推动市场经济发展中越来越显现出强大的生命力。通过发挥"船小好掉头"的优势，利用各种新技术、新材料、新方法、新工艺，积极开发新产品，较好地适应了市场多样化的要求，反过来又促进了中小企业自身的发展。

　　"十一五"乃至今后一个时期，是我国中小企业快速发展的战略机遇期。一个全方位、多层次、宽领域对外开放，全面参与国际竞争的新格局已经展现，广大中小企业发展的政策环境、经营理念、管理方式、运作模式均已发生根本性的变化，对经营管理人员素质也提出了新的更高的要求。一方面，中小企业快速成长，更加依赖于中小企业科技的进步和劳动者素质的提高；另一方面，由于诸多方面的原因，中小企业的整体素质和经营管理水平与大企业特别是国有大企业相比还有不小的差距。因此，加大中小企业经营管理人员培训力度，进一步提高中小企业整体管理素质和水平，推进广大中小企业的健康成长和可持续发展，已成为加快经济结构调整，转变经济增长方式的一项战略举措。

中共中央《干部教育培训工作条例（试行）》明确提出，要"大规模培训干部，大幅度提高干部素质"。中共中央《2006～2010年全国干部教育培训规划》又进一步规定，企业经营管理人员要"加强政治理论培训和职业道德教育，加强政策法规培训和现代企业管理知识及能力的培训"，"努力培养造就一支具有战略思维能力和现代企业经营管理水平、具有开拓创新精神和社会责任感的企业经营管理人员队伍"。为了认真贯彻落实中央"人才强国"的战略部署，进一步推动中小企业经营管理人员教育培训工作，我们组织一批专家教授和实际工作者，在认真调查研究的基础上，精心编写了这套中小企业管理系列丛书。丛书编写突出了时代特点，坚持了管理创新，强化了案例教学，体现了针对性、实用性、新颖性和前瞻性。我相信，这套系列丛书的推出，对于更好地开展中小企业经营管理人员教育培训工作，进一步提高广大中小企业的现代管理素质和整体管理水平，打造一批开拓型、创新型的优势中小企业，必将起到十分重要的作用。

山东省工商业联合会会长

山东经济学院副院长　　　王乃静

博士生导师

2007年6月6日　于济南

目录

中小企业管理系列丛书

第一章

概　　述

❖ **本章学习目标**

阅读和学完本章后，你应该能够：

◇ 了解国际贸易产生与发展的条件和原因、国际贸易的概念和分类以及国际货物买卖的特点

◇ 熟悉国际货物买卖适用的法律、惯例与规则

◇ 掌握国际货物买卖合同的主要内容以及国际货物买卖的基本流程

随着我国步入入世后过渡期，我国的对外贸易不断发展，对外贸易在国民经济中的地位也越来越重要。了解国际贸易的发展历程、基本特点以及货物买卖的相关知识对从事对外贸易交往会有所帮助。

一、国际贸易概述

（一）国际贸易的产生与发展

1. 国际贸易产生与发展的条件。社会生产力的发展，社会分工的深入，剩余产品的出现和国家的形成等因素都促进了国际贸易的产生与发展，但是，国际贸易的产生必须具备以下两个基本条件：

（1）必须有可供交换的剩余产品，这是国内商品交换的基础，也是国际贸易产生的最基本条件。

（2）必须有国家的存在，这就确保了真正意义上的跨国界的商品交换，即国

际贸易。

2. 国际贸易产生与发展的原因。商品国际间的交换快速发展，国际分工日益扩大，国家政权的建立，生产力的发展，这些都是国际贸易产生和发展的主要原因。这是因为：

（1）资本不断扩大再生产的趋势要求有不断扩大的市场，社会化大生产追求超额利润。

（2）国际间各行业发展不平衡，较发达的行业和地区必然要在国外寻找市场。

（3）高额利润吸引资本流向对外贸易发达的产业，促进了对外贸易快速发展。

（二）国际贸易基本概念及分类

1. 国际贸易的概念。国际贸易（International Trade）是指世界各国（地区）之间货物和服务的交换活动，是各国（地区）之间分工的表现，反映了世界各国（地区）在经济上的相互依靠。国际贸易是国际经济关系的重要表现形式，是世界经济发展的重要因素。

2. 国际贸易的分类。国际贸易所包含的内容非常广泛，为了更好地把握内容，我们从不同角度以不同标准对国际贸易进行以下分类：

（1）按商品形式和内容的不同，可分为货物贸易和服务贸易。

货物贸易是指实际货物的进出口。联合国秘书处在 1974 年对《联合国国际贸易标准分类》进行了修订，把货物贸易共分为 10 大类、63 章、233 组、786 个分组和 1 924 个基本项目。

按关贸总协定乌拉圭回合多边贸易谈判达成的《服务贸易总协定》，国际服务贸易是指从一个参加方境内向任何其他参加方境内提供服务。在一个参加方境内向任何其他参加方的服务消费者提供服务。一参加方在其他任何参加方境内通过提供服务的实体的介入而提供服务。一参加方的自然人在其他任何参加方境内提供服务。WTO 列出服务贸易有 12 个部门。这 12 个部门分别如下：

a. 商业性服务。指在商业活动中涉及的服务交换活动，其中既包括个人消费的服务，也包括企业和政府消费的服务。

Ⅰ专业性（包括咨询）服务。包括涉及法律服务、工程设计服务、旅游机构提供服务、城市规划与环保服务等服务项目的有关咨询服务活动；安装及装配工程服务（不包括建筑工程服务）；设备的维修服务等。

Ⅱ计算机及相关服务。包括计算机硬件安装的咨询服务、软件开发与执行服务、数据处理服务、数据库服务及其他。

Ⅲ研究与开发服务。包括自然科学、社会科学及人类学中的研究与开发服务。

Ⅳ不动产服务。指不动产范围内的服务交换，但是不包含土地的租赁服务。

Ⅴ设备租赁服务。主要包括交通运输设备和非交通运输设备的租赁服务。

Ⅵ其他服务。指生物工艺学服务；翻译服务；展览管理服务；广告服务；市场研究及公众观点调查服务；管理咨询服务；与人类相关的咨询服务；技术检测及分析服务；与农、林、牧、采掘业、制造业相关的服务；与能源分销相关的服务；人员的安置与提供服务；调查与保安服务；与科技相关的服务；建筑物清洁服务；摄影服务；包装服务；印刷、出版服务；会议服务；其他服务；等等。

b. 通讯服务。主要包括：邮电服务；信使服务；电信服务，其中包含电话、电报、数据传输、电传、传真；视听服务，包括收音机及电视广播服务；其他电信服务。

c. 建筑服务。主要指工程建筑从设计、选址到施工的整个服务过程。

d. 销售服务。指产品销售过程中的服务交换。主要包括：商业销售，主要指批发业务；零售服务；与销售有关的代理费用及佣金等；特许经营服务；其他销售服务。

e. 教育服务。指各国间在高等教育、中等教育、初等教育、学前教育、继续教育、特殊教育和其他教育中的服务交往。如互派留学生、访问学者等。

f. 环境服务。指污水处理服务；废物处理服务；卫生及相似服务等。

g. 金融服务。主要指银行和保险业及相关的金融服务活动。

h. 健康及社会服务。主要指医疗服务、其他与人类健康相关服务；社会服务等。

i. 旅游及相关服务。指旅馆、饭店提供的住宿、餐饮服务、膳食服务及相关的服务；旅行社及导游服务。

j. 文化、娱乐及体育服务。指不包括广播、电影、电视在内的一切文化、娱乐、新闻、图书馆、体育服务，如文化交流、文艺演出等。

k. 交通运输服务。主要包括：货物运输服务，如航空运输、海洋运输、铁路运输、管道运输、内河和沿海运输、公路运输服务，也包括航天发射以及运输服务，如卫星发射等；客运服务；船舶服务（包括船员雇用）；附属于交通运输的服务。主要指报关行、货物装卸、仓储、港口服务、起航前查验服务等。

l. 其他服务。

（2）按照货物移动的方向，可分为出口贸易、进口贸易和过境贸易。

出口贸易是指向外国输出本国的货物和服务。进口贸易是指进口国外的货物和服务。

过境贸易是指他国（地区）的出口商品途经本国（地区）再运往另一国（地区）的贸易活动。过境贸易又可以分为直接过境贸易和间接过境贸易。直接过境贸易是指外国货物经过本国转运，不在本国海关仓库存放就直接运往另一国的贸易活动；间接过境贸易是指外国货物运到国境后，暂时存放在海关仓库，又运往另一国，中间没有加工过程的贸易活动。与其他贸易活动不同的是，过境贸易数额不列入本国进出口统计内。

（3）按照是否有第三方参与，可分为直接贸易、间接贸易和转口贸易。

直接贸易是指货物生产国与货物消费国直接买卖货物的贸易活动。货物从生产国直接卖给消费国，对生产国来说，是直接出口；对消费国来说，是直接进口。

间接贸易是指货物生产国通过第三国和货物消费国进行商品买卖的行为。货物通过第三国间接卖给消费国，对生产国来说，是间接出口；对消费国来说，是间接进口。

转口贸易也称中转贸易。货物生产国与货物消费国不是直接买卖货物，而是通过第三国进行买卖。第三国通过买进卖出，从中获取转口利润。从事转口贸易的国家（地区）主要有伦敦、鹿特丹、中国香港、新加坡等港口，这些国家（地区）贸易限制较少，地理位置优越，便于货物集散而且运输便利，因此转口贸易很发达。

（4）按照贸易参加国的数量，可分为双边贸易和多边贸易。

双边贸易是指两国之间通过签订协议在双边结算的基础上进行的贸易，也泛指两国间贸易的往来。贸易的形式是双方各以一方的出口支付从另一方的进口。

多边贸易也称多角贸易，是指三个或三个以上的国家通过协议在多边结算的基础上进行的贸易方式。建立多边贸易关系，吸收更多的国家参与协议，可使参加过都达到出口的平衡。

（5）按照对外贸易政策的不同，可分为自由贸易和保护贸易。

自由贸易是指货物可以自由输入和输出，在国内外市场上公平自由竞争，国家对进出口贸易活动不加限制和干预。

保护贸易是指国家运用权力，对进出口贸易活动加以干预，通过各种措施，如高额关税、进口配额及外汇管制等来防止外国市场的竞争，保护本国国内市场，同时采取一系列措施给予本国出口品以优惠待遇，来鼓励出口。

（6）按照贸易方式的不同，可分为易货贸易、补偿贸易、寄售贸易等形式。此部分具体内容在第十三章国际贸易方式中将有详细解释。

（三）国际分工

人类社会的经济发展是伴随着社会分工的产生、发展而发展的。分工是指劳动分工，即劳动者从事各种不同的而又相互联系的工作。

1. 国际分工的含义。国际分工是指世界各国之间的劳动分工，是社会分工发展到一定阶段，国民经济内部分工超越了国家界限发展的结果，是国际贸易和世界市场形成的基础。

分工是一种社会范畴，最早、最简单的分工形式是按性别和年龄进行的自然分工。随着生产力的发展，社会分工的出现和发展，特别是在资本主义工业革命后，国际分工就作为生产力发展的结果出现了。因此，它是生产力发展到一定水平后，一国国内社会分工的延伸，表现为生产的专业化、国际化和全球化。

2. 国际分工发展的阶段。国际分工的产生发展，不是一蹴而就的，而是经历了漫长的发展过程。大致可以分为以下几个阶段：

（1）萌芽阶段（16～18 世纪中叶）。在资本主义以前的各个社会经济形态中，由于自然经济占主导地位，生产力水平低，商品经济不发达，各个民族、各个国家的生产方式和生活方式差距不大，因此只存在着不发达的社会分工和不发达的地域分工（见图 1-1）。

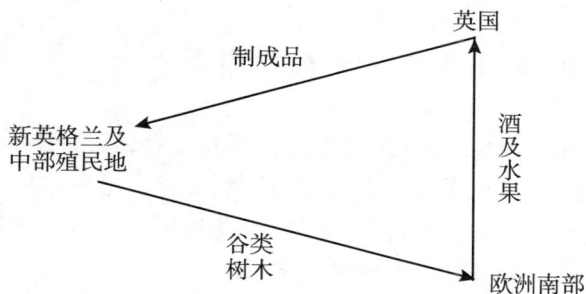

图 1-1 早期的国际分工

（2）形成阶段（18 世纪 60 年代到 19 世纪 60 年代）。这个时期发生了从英国开始的第一次工业革命，这次工业革命迅速扩展到其他国家，并促使国际分工进入到发展与形成的新阶段。

这个时期国际分工有以下特点：

①大机器工业的建立为国际分工的发展奠定了物质基础。

②国际分工基本上是以英国为中心形成的。

③随着国际分工的发展，世界市场上交换的商品种类发生了变化。

（3）发展阶段（19 世纪中叶到第二次世界大战）。这个时期爆发了第二次工业革命，促使了很多产业的迅速发展。机械、电气工业发展迅速；石油、汽车、电力、电器工业的建立；交通运输工具的发展，特别是苏伊士运河（1869 年）和巴拿马运河（1913 年）的建成；电报、海底电缆的出现，都极大地促进了资本主义生产的迅速发展，促进了新的国际分工体系的迅速发展。

这个时期国际分工有以下特点：

①亚、非、拉美国家变为畸形的片面的单一经济，其主要作物和出口商品只限于一两种或两三种产品，而这些产品绝大部分被销售到工业发达国家的市场上去。

②分工的中心从英国变为一组国家，这些国家之间也形成了互为市场、在经部门之间的国际分工关系。

二、国际货物买卖的特点

国际货物买卖属商品交换范畴，与国内贸易并无实质差别，都是商品和服务的交换；交易过程大同小异；经营的目的都是取得利润或经济效益。但由于它是在国与国之间进行的，所以具有国际性，与国内贸易相比，国际贸易有以下特点：

（一）国际贸易的难度大于国内贸易

1. 语言不同。在国际贸易中如果各国使用同一种语言，不会有语言困难。但在实际业务中各国语言差别很大。为使交易顺利进行，必须采用一种共同的语言。当今国际贸易中通行的商业语言是英文，但有些地区还没有普遍使用英文。因此，除通晓英文外，还要掌握一些别的地区的语言。

2. 法律、风俗习惯不同。各贸易国家的商业法律、风俗习惯、宗教、信仰各不相同，这给国际贸易的顺利进行造成了很大的困难。如果不了解当地的具体情况，贸然进行交易的话，可能会造成我方损失。特别是与宗教国家进行交易时，一定要慎重。

3. 贸易障碍多。为了争夺市场，保护本国工业的发展，各国往往采取关税壁垒与非关税壁垒来限制外国商品的进口。这给国际贸易造成了许多障碍。

4. 市场调查困难。进行国际贸易，开拓国外市场，出口厂商必须随时掌握市场动态，了解贸易对象的具体状况，比如资信状况、需求状况等。显然，收集和分析这些资料不如国内贸易容易。

（二）国际贸易比国内贸易复杂

1. 各国的货币与度量衡不同。在国际贸易中，应采用何种计价货币、两种货币如何兑换、各国度量衡不一致时如何换算等等问题，都增大了国际贸易的复杂程度。

2. 商业习惯复杂。各国各地区市场的商业习惯不同，沟通是非常关键的。如果沟通不当，则会产生很多矛盾。稍有不慎，便会影响贸易的顺利进行。

3. 海关制度及其他贸易法规不同。各国都设有海关，对于货物进出口都有许多规定。货物出口，不但要在输出国家输出口岸履行报关手续，而且也要符合输入国家的各种规定。

4. 国际汇兑复杂。国际贸易货款的清偿多以外汇支付，而汇价依各国采取的汇率制度、外汇管理制度而定，使国际汇兑相当复杂。

5. 货物的运输与保险。国际贸易运输，一要考虑运输工具，二要考虑运输合同的条款、运费、承运人与托运人的责任，还要办理装卸、提货手续。为避免国际贸易货物运输中的损失，还要对运输货物加以保险。

（三）国际贸易风险大

1. 信用风险。在国际贸易中，自买卖双方接洽开始，要经过报价、还价、确认而后订约，直到履约。在此期间，买卖双方的财务经营可能发生变化，有时危及履约，出现信用风险，造成损失。

2. 商业风险。在国际贸易中，因货样不符、交货期晚、单证不符等，进口商往往拒收货物，从而给出口商造成了商业风险。

3. 步入入世后过渡期，中国企业面对新的机遇和挑战，从而引发出国际贸易风险的问题。

步入入世后过渡期，中国的国门完全向世界所有的 WTO 成员打开了，更进一步开放市场，对于中国的企业，将面对很多新的机遇和挑战。从机遇上讲，步入入世后过渡期，中国将得到更多的机会。中国金融及银行业的开放、中国保险及电讯业的开放、美国对中国纺织产品释放配额、中国基金管理行业海外投资占股可达49％等，同时也增加了中国企业进入国际市场的机会，参与国际竞争。而中国进口关税的降低和开放分销渠道也令更多海外企业产品及服务进入中国市场，开放国内市场自然令中国市场的竞争加剧。无论是外在的影响或者内在的影响，抑或是中国企业进入国际市场或者是自己的市场开放，从加剧市场竞争实际来讲，中国企业面对的商业风险都在增加。

三、国际货物买卖适用的法律、惯例与规则

国际货物进行交易买卖，是由买卖双方签订和履行国际货物买卖合同来实现的。所谓国际货物买卖合同，是指营业地位于不同国家的当事人之间所签订

的关于一方出口货物，转移物权，收取货款；另一方接受货物并支付货款的协议。

国际货物买卖合同适用的法律主要有以下三种：

（一）国内法

国内法是指由国家制定或认可并在本国主权管辖范围内生效的法律。国际货物买卖合同必须符合国内法，即符合某个国家制定或认可的法律。例如，按照我国法律，订立合同，包括涉外合同都必须遵守中华人民共和国法律，即使依照法律规定适用外国法律或国际惯例的，也不得违反中华人民共和国的社会公共利益。我国《合同法》第 126 条规定："涉外合同的当事人可以选择处理合同争议所适用的法律，但法律另有规定的除外。涉外合同的当事人没有选择的，适用与合同有最密切联系的国家的法律。在中华人民共和国境内履行的中外合资经营企业合同、中外合作经营企业合同、中外合作勘探开发自然资源合同，适用中华人民共和国法律。"

（二）国际贸易惯例

国际贸易惯例也称为国际商业惯例，是国际货物买卖合同应当遵循的重要的法律规范。是国际经济法的重要渊源之一。它在国际贸易的实践上具有非常特殊的地位，由于所具有的非主权性、任意选择性以及直接来自于国际贸易的实践等属性，大大增强了它在国际贸易实践中的普遍使用性。其具有以下特征：

1. 国际贸易惯例是在长期的国际贸易实践中自发形成的，其形成的过程不受政府机关的控制和制约，一般是由商业自治团体自发地编纂而成的。这使它有别于依靠国家立法机关制定的国内法以及依靠各国之间的相互谈判、妥协而达成的国际条约。也正是这种非主权性大大增强了国际贸易惯例的普遍适用性。

2. 国际贸易惯例是为某一地区、某一行业的人们所普遍遵守和接受的，偶然的实践不能成为国际贸易惯例，这是国际贸易惯例的客观特征。这里的普遍遵守和接受并不要求人人都已经理解和接受，而只要从事这一行业的大多数人都已经知道和接受即可，就可以推定其他人理应知道这种惯例的存在。早期的国际贸易惯例一般形成一些比较大的港口、码头，慢慢地他们的一些合理的做法就为同行业的其他人们所接受，例如美国西海岸的码头工会为保护自身利益向集装箱货主征收近乎落地费性质的杂费，这种杂费就被各国的班轮公会列入班轮运价或者班轮条款，因而这种做法就成了同业者之间的国际贸易惯例。

3. 国际贸易惯例必须能使人们产生必须遵照此惯例办理的义务感和责任感，这是国际贸易惯例的主观特征。心理因素对于判断惯例的存在与否是至关重要的，单纯的经常性做法而没有相应的心理确信是不能构成国际贸易惯例的。在实践中是否存在这种心理上的确信是由主张方加以举证证明的，当然这可能会是非常困难的。

4. 国际贸易惯例具有任意性，没有强制适用力。只有在当事人明示或者默示同意采用时，才对当事人具有法律效力。如果当事人明示或者默示地加以排除，则不能将国际贸易惯例强加给当事人。

我国《民法通则》第 142 条规定：中华人民共和国法律和中华人民共和国缔结或参加的国际条约没有规定的涉外民事关系，可以适用国际惯例。

（三）国际条约

国际条约是指两个或两个以上主权国家为确定彼此的政治、经济、贸易、文化、军事等方面的权利和义务而缔结的诸如公约、协定、议定书等各种协议的总称。国际货物买卖合同的订立和履行还必须符合当事人所在国缔结或参加的与合同有关的双边或多边的国际条约。目前与我国对外贸易有关的国际条约中，关系最大的，最重要的是 1998 年 1 月 1 日起正式生效的《联合国国际货物销售合同公约》（CISG）。

《联合国国际货物销售合同公约》是联合国国际贸易法委员会（UNCTI – RAL）于 1980 年 4 月 11 日在维也纳召开的外交会议上通过的。该公约于 1988 年 1 月 1 日生效。

我国是最早加入《联合国国际货物销售合同公约》的缔约国之一。我国政府派遣代表参加了 1980 年维也纳会议，对公约的定稿和通过做出了一定的贡献。

四、国际货物买卖合同的主要内容

国际货物买卖合同是各国经营进出口业务的企业开展货物交易最基本的手段，是国际贸易交易中最为重要的一种合同，是当事人双方各自履行约定义务的依据，也是一旦发生违约行为时，进行补救、处理争议的法律文件。所以，一个有效的国际货物买卖合同必须具备完整的内容，不然就会使双方在履行义务、处理争议时产生矛盾。如果合同的内容约定的不完整，甚至会导致合同无效。

国际货物买卖合同一般应包含以下五部分内容：

1. 合同的标的。主要包括货物的名称、质量、数量和包装等内容。

2. 商品的价格。主要包括商品的单位价格和总价格，或确定价格的方法；必要的时候约定有关价格调整的条款。

3. 买方的义务。主要包括交付商品的时间、地点和方式，以及转交与货物有关的单据和货物所有权的规定。

4. 卖方的义务。主要包括支付商品价款和收取商品的时间、地点和方式等内容。

5. 争议的预防和处理。主要包括商品的检验检疫、索赔、不可抗力、仲裁等事项的规定。

五、国际货物买卖的基本流程

进入全球化时代，市场竞争更加激烈。如何在开拓海外市场中获得成功，关系到企业的生死存亡。因此，制定完善的进出口策略，不打无准备之仗。对国际市场进行调查研究，掌握大量的、准确的市场信息，选择合适的销售商和销售市场，并结合企业自身情况，进行国际贸易。只有做到这些，企业才能在国际市场上求得长期的生存和发展。

无论是出口贸易，还是进口贸易，就两者的基本业务程序而言，可概括为以下三个阶段：交易前的准备；磋商和签订合同；履行合同。

（一）交易前的准备

交易前的准备工作，主要包括对国际市场进行调查研究、制定商品经营方案、建立业务关系、交易磋商、签订合同，等等。

1. 对国际市场进行调查研究。对国际市场进行调查研究是整个对外经贸活动的基础，对国际市场的行情进行分析和对其发展趋势进行预测是整个对外经贸活动首先应当做好的工作。只有做好此项工作，才能在国际竞争中知己知彼，才能百战百胜。

（1）调查研究的内容。国际市场调查研究比国内市场要宽得多，需要收集企业开展国际业务的所有信息。一般来说，包括以下几个方面：

①经济发展状况。这项内容是确定国际市场发展方向和目标的重要依据。包括经济环境特征、经济增长速度、通货膨胀率、经济发展周期等等信息。同时，还要

了解当地的市场价格、税收、外贸等政策方面的资料。除此之外，还要了解国家颁布的相关的经济政策、金融政策和经济体制等资料。

②政治体制状况。政治方面的因素会直接影响到企业国际市场销售计划的实施。包括有影响的企业海外业务经营的各种非经济性的信息，如：政治体制、社会风俗、文化和宗教情况、社会道德风气等资料。还包括生态环境、安全标准等对企业的经营有潜在影响的一些因素。

③市场竞争者的情况。现今市场竞争激烈，了解同行的情况是一项非常重要的工作。竞争者的范围不仅局限在国内，还包括当地的，以及第三国的竞争者。要了解的信息一般包括：市场竞争结构和垄断程度；主要竞争对手的市场占有率；竞争对手的售前售后服务的情况和措施；在当地市场占主导地位的竞争对手对销售渠道控制的程度和方法。

④科技发展程度。科学技术的发展，直接影响到企业劳动生产率的提高、生产经营条件的改善、产品成本的降低等。现今许多国内外的先进企业都非常注重利用新的科技成果。因此，收集本行业的相关科技信息资料，对发展企业的产品、改进企业的经营管理条件、实现企业的长远发展，具有重大的战略意义。

除了以上几方面的内容，还有很多内容应该作为市场调查的内容，比如企业管理方面的经验，国际市场动态等等内容。

（2）调查研究的方法。根据企业取得资料的来源不同，可以分为两类：一类为原始资料，指那些经过亲自观察、询问、登记取得的；另一类为二手资料，指那些由别人收集的，对企业的调查有用的，将其取来为自己所用。一般的调查研究大多数利用二手资料，但有些针对性强的资料一般需要调查人员亲自收集。根据信息资料获取方法的不同，调研方法分为以下两种。

①案头调研法。是指第二手资料调研或文献调研，是以在室内查阅的方式收集与研究项目有关的资料的过程。第二手资料的信息来源渠道很多，有以下几种：企业内部有关档案资料；本国政府及研究机构的资料；外国政府及研究机构的资料；国际商会和行业协会提供的资料；国际组织出版的国际市场资料。

②实地调研法。是指国际市场调研人员采用实际调研的方式直接到国际市场上收集情报信息的方法。采用此方法取得的资料，就是原始资料。此方法有以下几种：询问法；观察法；实验法。

2. 交易磋商。企业在做好市场调查后，可以与有意向的客户就出口交易的具体内容进行实质性的谈判，即交易磋商。

（1）交易磋商的形式。交易磋商在形式上可以分为两种方式：口头方式和书面方式。

口头磋商方式是指在参加各种交易会、洽谈会或贸易小组通过出访，邀请客户来我国洽谈交易时，双方在谈判桌上面对面地谈判，或者双方通过现代化的通信方式（如国际长途电话等）进行的交易磋商。书面磋商方式是指通过信件、电报、电传等通信方式来洽谈交易。

口头方式和书面方式所签订的合同，两者都是买卖双方就某货物的买卖提出自己的交易条件，并通过反复协商，取得一致意见，从而达成交易。

（2）交易磋商的内容和程序。

①内容。交易磋商的内容，就是双方就买卖的货物，对各项交易条件进行协商，双方必须在各项交易条件取得一致意见后，才能订立合同。合同中涉及诸项条款，包括品名、品质、数量、包装、价格等条款。

②程序。交易磋商的程序可以分为四个环节：询盘（邀请发盘）、发盘、还盘和接受。其中，只有发盘和接受是每笔交易中必不可少的两个基本环节或者说是法律步骤。

（3）合同的签订。双方在达成意向后，一方的发盘经另一方接受，交易即告达成，由此产生合同关系。依照国际惯例，买卖双方还应当签订一定格式的书面合同，以保证交易的顺利进行。

①书面合同的形式。在国际贸易中，进出口贸易书面合同的形式有很多，如：合同（Contract）、确认书（Confirmation）、协议书（Agreement）、备忘录（Memorandum）和订单（Order）等等形式。一般在我国的国际贸易业务中主要使用合同和确认书这两种形式。

合同一般包含三个部分：第一部分是合同的首部，称为约首，包括合同的名称、编号、签约日期、签约地点、签约双方名称和地址等内容；第二部分是合同的主体，称为本文，包括主要的交易条款；第三部分是合同的尾部，称为约尾，包括合同的份数及签约双方的签字等内容。一份有效的合同应该完全符合政策，条款明确严密、前后一致，并与交易双方达成的交易条款内容完全一致。有效的合同对双方当事人都有约束力。

②签订书面合同的意义。

第一，书面合同是合同成立的依据。根据相关法律要求，凡是合同必须能得到证明，提供证据，包括人证和物证。在用信件、电报或电传磋商时，书面证明必不可少。但是，通过口头磋商达成的合同，如果发生争议，举证就不是很容易。所以口头磋商达成的合同，必须要以一定的书面形式加以确认，否则就得不到法律的保障和监督。

第二，书面合同是合同生效的条件。一般情况下，合同的生效是以接受的生效为条件的。但在有些情况下，签订书面合同却成为合同生效的条件。

第三，书面合同是履行合同的依据。国际贸易涉及企业内外的众多部门和单位，涉及面广，环节多。所以，无论是口头还是书面形式磋商而达成的交易，都要把已达成一致的交易条件综合起来，全面、清楚地列在一份有固定格式的书面合同上，这样对明确双方的权利和义务，以及为合同的准确履行提供更好的依据，有重大意义。

（4）合同的履行。合同一经成立，买卖双方必须严格按照合同规定的条款履行合同。如果有违反或不履行，致使对方蒙受损失，违约方必须承担赔偿对方损失的法律责任，并且这样对企业的信誉和形象都有影响。所以，买卖双方都必须严格履行合同。

①出口合同的履行。目前我国出口贸易中使用较多的是按 CIF 或 CIP 术语和凭信用证付款方式达成的合同，履行这类出口合同需要做以下几方面的工作：

第一，准备货物。准备货物是指卖方按合同和信用证的规定，按时、按质、按量地准备好应交的货物，并做好申请报验和领证工作。

第二，催证、审证和改证。催证即催开信用证，在买方未按约定时间开来信用证时，卖方可通过信件、电报、电传或传真催促对方及时开立信用证并送达我方，以便我方及时装运，履行交货义务；审证即在卖方收到买方开来的信用证后，比照合同条款对信用证进行认真审核；改证即在对信用证进行了全面认真的审核后，如果发现与合同不符的内容或对我方不利的文字，应及时通知对方改证。改证中需注意，需要修改的各项内容应一次向对方提出，这样既节约时间和费用，又可使对方持慎重态度。

第三，安排装运。对信用证审核无误后就可以办理收货装运手续。目前，一般都委托专业运输代理机构办理。在办妥托运手续，明确载货工具后，必须及时办理运输保险，然后，向海关办理出口报关手续。海关经查验放行后，将货物交承运人，并向承运人取得由其签发的运输单据。货物装运完毕后，卖方应将装运情况通知买方，以便买方准备收货等事宜。

第四，制单结汇。货物装运后，缮制和备妥各种单据，包括汇票、商业发票、运输单据和保险单等主要单据以及其他单据。单据备妥后，即可向有关银行交单，收取货款。最后，按国家外汇管理规定办理结汇，将所得外汇按结汇日汇价折算取得人民币。

②进口合同的履行。进口贸易一般采用 FOB、FCA 等术语成交。其履行程序一般包括向银行申请开立信用证、催装、租船订舱或订立运输合同、通知装货日期、接运货物、办理保险、付款赎单、进口报关、接卸货物、进口报验等环节。

● 本章小结 ●

本章介绍了国际贸易的大概情况，涵盖了国际贸易的产生、含义和分类，国际分工的发展历程，国际货物买卖的相关知识，国际惯例的作用，合同的相关知识，以及国际贸易的基本流程等内容，希望在阅读完本章后，能对国际贸易有个直观的认识。

▶ 思考题

1. 国际贸易的基本概念是什么？是如何分类的？
2. 国际分工的发展经历了哪些阶段？每个阶段都有什么特点？
3. 了解国际货物买卖适用的法律和国际贸易惯例对从事国际贸易有何作用？
4. 国际货物的买卖有什么特点？
5. 根据我国合同法规定，合同应包括哪些主要内容？
6. 国际货物贸易的基本流程是什么？需要注意的问题有哪些？

第二章

交易的标的物

❖ 本章学习目标

阅读和学完本章后，你应该能够：

◇ 了解交易的标的物应具备哪些条件才能出口（进口）

◇ 了解商品的命名的方法、意义，品名条款的内容

◇ 了解商品的质量的含义，标明质量的意义，质量条款的内容

◇ 了解数量的计算，常用的度量衡制度，数量条款的内容

◇ 了解商品包装的分类，包装条款的内容

开篇案例

　　某省公司通过中国香港中间商与美国纽约某公司凭牌名成交出口一批商品，合同由纽约公司负责人签字。后来，香港中间商要求我方分寄两份样品给中间商及纽约各一份。纽约公司接到样品后开来信用证，并在证中注明如下条款："买方纽约公司认可样品的电报作为议付单据之一。"我方经办人未提出异议，但货物装运出口后，仅香港中间商样品认可电抄送银行议付，遭到开证行的拒付。由此可以看出，在进行国际贸易时，双方对所交易商品的品名、质量以及数量等方面，都要详细规定，以免出现案例中出现的由于对"样品"的理解不一致而导致争议。

　　在国际贸易中，各交易商买卖的是商品，商品是进出口贸易的核心。而买卖任何一种有形的商品，都有其具体的名称，并表现为一定的品质。每笔交易的商品都离不开一定的数量和一定的包装。因此，买卖双方洽谈交易时，必须谈妥商品的品名、品质、数量与包装这些主要的交易条件，并在合同中注明。

一、商品的名称

商品的名称（name of Commodity）又称"品名"，是指能使某种商品区别于其他商品的一种称呼或概念。商品的名称在一定程度上体现了商品的自然属性、用途以及主要的性能特征。对商品的命名，应力求准确，符合国际上的习惯称呼。对某些商品还应注意选择合适的品名，以利减低关税，方便进出口和节省运费开支。约定好商品的品名对于合同的签订和履行是非常重要的。

（一）商品命名的方法

1. 以商品的主要效用命名。此种方法是以精练的语言文字，直接反映商品的用途和特点，突出商品的本质特征，使消费者能望文生义，一目了然地了解商品，加速认识商品的过程。例如："去污粉"，去除污垢用的粉剂；"锁边器"，缝纫衣服边缘的机器等。这些都是以商品的主要效用命名的。

2. 以商品的主要成分命名。此种方法的主要特点是突出了商品的主要成分及主要材料。可以有效地吸引消费者的注意，便于消费者根据自己的情况，选择自己实际所需要的商品。例如：奶油蛋糕，是由奶油和鸡蛋、精面粉制作而成。消费者从名称上了解了商品的原料构成，就可根据自己的身体状况，决定是否购买。如果商品命名中使用了众所周知的名贵材料，更能给人以名贵感。如人参蜂王浆，从商品名称上就可知道它是由名贵的中药人参和高级滋补品蜂王浆为主料配制而成。

3. 以商品的外形命名。此种命名方法具有形象化的特点，能突出商品的优美造型，可以引起消费者的注意和兴趣。例如，月饼、动物饼干、半圆仪、三角板、鸭舌帽等等。采取这种命名方法，做到了名称和形象相统一，使人产生强烈的立体感，从而加深对商品的印象和记忆。特别是小食品、儿童食品，以商品的外形命名，名称和实物相统一，加快了儿童认识事物的速度，可以迅速激起儿童的购买欲望。

4. 以商品的产地命名。此种方法常用在颇具名气或颇具特色的地方土特产的命名上。在商品名称前面冠以商品产地，以突出该商品的地方风情、特点，使其独具魅力。例如，云南白药、金华火腿、北京烤鸭、汾酒、苏绣等等。这种命名方法符合消费者求名、求特、赏新的心理，可以增加商品的名贵感和知名度，使消费者买到特色商品。

5. 以人名命名。是指用发明家、创造者的名字给商品命名的方法。这种方法能借助语言文字，便特定的人和特定的商品建立起直接联系，容易引起消费者的联想、敬慕，使商品在消费者心里留下深刻的印象。此外，这种命名方法还可以给人以商品历史悠久、工艺精良、正宗独特、质量上乘等印象。

6. 以外来词命名。此种方法常用在进口商品的命名上。这一方法既可以克服某些外来语翻译上的困难，又可适应消费者求新、求奇、求异等心理要求。例如："沙发"、"咖啡"、"可口可乐"、"凡士林"等，都是以外文译音命名的。

总之，可以采取不同的方法给商品命名，但必须使名称与商品的某些特性有内在联系，这样才能引起消费者的注意和联想，才能成功将商品售出。

（二）列明品名的意义

1. 从业务角度看。品名是双方交易的物质内容，是交易赖以进行的物质基础和前提条件。因此买卖双方在磋商和签订进出口合同时，一定要明确、具体地订明商品的品名，并尽可能使用国际上通用的名称，避免履约的麻烦。

2. 从法律角度看。在合同中规定标的物的具体名称，关系到买卖双方在货物交接方面的权利。在国际货物买卖业务中，如果卖方所交货物不符合约定的品名规定，则买方有权提出索赔，甚至拒收货物或撤销合同。

（三）品名条款的内容

国际货物买卖合同中的品名条款，并无统一的要求和格式，通常由买卖双方协商确定。品名条款的内容一般比较简单，通常都是在"商品名称"或"品名"（Name of Commodity）的标题下，列明交易双方成交商品的名称。有时为了省略起见，也可不加标题，只在合同的开头部分，列明交易双方同意买卖某种商品的文句。另外，有些商品还出现了品名和品质条款合并的情况。

合同中品名条款的规定，主要取决于成交商品的品种和特点。一般性的商品只要列明商品的名称即可。如男衬衣、旅游鞋、油轮等。而具有不同规格、型号、等级的商品，通常会把商品的规格、型号或等级加列进去，做进一步的限制。例如：一级红小豆，GSP1800 型复印机，诺基亚 2500 型手机。有些合同甚至把商品的品质规格也加列其中，称为商品的描述（Description of the goods），在此情况下，该条款不再是单纯的品名条款了，而是品名与品质的条款。例如：纯亚麻床单，规格200cm×220cm。

（四）规定品名条款的注意事项

国际货物买卖合同中，品名条款是合同中的主要条款，所以，在规定此条款时，要明确具体，避免笼统，空乏和含糊。应注意下列事项：

（1）商品的品名必须做到内容明确具体；

（2）商品的品名必须实事求是、切实反映商品的实际情况；

（3）商品的品名要尽可能使用国际上通行的名称；

（4）确定品名时，应注意有关国家的海关税则和进出口限制的有关规定，恰当的选择有利于降低关税和方便进出口的名称；

（5）确定品名时必须考虑其与运费的关系。

☞ 【案例】

A 公司于 1950 年在中国台湾彰化县登记设立。1986 年，A 公司将其生产的"仙草蜜"饮品的"草绿色仙草胶冻方块"构成的包装图案及"A"文字作为商标在台湾地区注册，并于同年生产"八宝粥"。1993 年以后，前述两产品销往大陆地区。

B 公司于 1994 年 10 月 17 日申请"饮料罐体片材（仙草蜜）"外观设计专利，于 1996 年 1 月 7 日获准；1994 年 10 月 17 日申请"八宝粥"（罐片材）外观设计专利，于 1995 年 11 月 26 日获准。

B 公司生产的两饮品罐图案、色彩、文字均与 A 公司的相似。

A 公司以 B 公司擅自使用其知名商品"仙草蜜"和"八宝粥"两饮品的特有包装装潢构成不正当竞争为由，向省高级人民法院提起诉讼，请求判令 B 公司立即停止侵权，赔偿经济损失，并承担本案的诉讼费用。

B 公司则以 A 公司侵犯其外观设计专利权为由，向原审法院提起反诉，请求判令 A 公司立即停止侵权，并赔偿相应的经济损失。

☞ 【评析】

A 公司生产的"仙草蜜"和"八宝粥"饮品早于 B 公司专利申请日以前已在中国台湾生产销售，20 世纪 90 年代销往大陆地区。B 公司生产与 A 公司相同的产品，其罐图案、色彩、文字结构与 A 公司的相似，足以误导消费者，造成两者混淆。B 公司取得专利权已被宣告无效，其专利权视为自始即不存在，B 公司已构成不正当竞争，侵犯了 A 公司权益，给 A 公司造成一定损害。本案受理费 21 000 元，诉讼保全费 5 000 元，反诉费 5 510 元，均由 B 公司承担。

二、商品的质量

一定的商品体现着一定的质量，质量是国际贸易中非常重要的问题，一定要认真对待。

（一）商品质量的含义

商品的质量（Quality of Goods）是指商品的内在品质和外观形态的综合。商品的内在品质包括商品的物理性能、机械性能、化学成分和生物的特性等自然属性；商品的外观形态包括商品的外形、色泽、款式和透明度等。

（二）商品质量的重要性

商品质量的好坏，不仅关系到商品的使用价值和商品价格的高低，而且还会影响商品的销路和信誉。

提高进出口商品的品质意义重大。进出口商品的品质高低直接关系到商品的使用价值和效能，影响其售价的高低、销售数量的多少和市场份额的增减，影响买卖双方经济利益的实现，而且还关系到商品信誉、企业信誉、国家信誉和消费者利益。随着国际经济与贸易一体化的发展，国际市场的竞争日益激烈，竞争的手段由价格竞争转向非价格竞争。因此，提高出口商品品质，保证品质的稳定性，成为各出口企业增强商品竞争能力的重要手段之一。

随着科学技术的发展和经济全球化趋势的加强，国际贸易摩擦不断加剧，一些国家把技术性贸易壁垒（Technical Barriers to Trade，简称 TBT）作为限制商品进口的手段之一，对进口商品规定较高的品质标准，品质不符合标准的商品一律不准进口。这样，提高出口商品品质，就成为企业冲破贸易壁垒，扩大出口的重要方法。

（三）对商品质量的要求

1. 稳定性，指商品品质的稳定。出口商品的品质不仅影响到一个企业的商品出口和信誉，还会影响到整个国家的整体出口水平和国家信誉。因此，对出口商品和出口企业要进行定期监督检查和管理，严把出口质量关，不合格的商品严禁出口，不合格的企业不准出口，以保证我国出口商品在国际市场的总体质量水平。目前，我国已先后制定并公布了对机电、陶瓷、纺织、服装、畜产、煤炭、玩具等产品出口的质量许可和监督办法，实施卓有成效。

2. 适用性，指商品具有能满足用户某种需求的特性。由于世界经济发展的不平衡性，以及人们消费习惯和偏好的不同，不同的国家和地区，同一国家的不同消费人群对各种商品的消费具有差异性。出口企业要对目标市场进行细分，根据不同的市场和不同的消费者的需求来确定出口商品的品质，生产适销对路的商品出口。

3. 适应国外政府颁布的法律要求，符合安全卫生标准。许多国家对进口商品都有严格的质量、卫生、安全管理等方面的规定。例如，各国对药品、食品、化妆品的品质都有国家强制标准，而且这些标准都在不断变化之中，达不到标准的外国商品，一律不准进口。我国的出口商品必须符合这些规定，才能顺利地在国外市场销售。

☞【案例】

我国先后向中东某国家出口纯毛纺织品数批，货到国外后买方一一收货，从未提出异议。但数月后，买方寄来制成的服装一套，声称用我国毛料制成的服装色差严重，难以投入市场销售，因而要求赔偿。应如何解决？

☞【评析】

我方不应赔偿。

因为我方出口的是毛纺织品，而对方索赔的是服装。另外，根据国际惯例"纺织品一经开剪即不予考虑赔偿"的原则，对买方所提的问题不能予以考虑。至于所制服装存有色差，完全有可能是由于对方加工部门将不同批次的原料任意混同使用所致，对此我方不需负责任。

（四）表示商品质量的方法

国际贸易的商品种类繁多，其品质表示方法也是多种多样，归纳起来主要分为两大类：一是用实物表示；另一类是用说明表示。

1. 以实物表示商品的质量。以作为交易对象的商品的实际质量或以代表商品质量的样品来表示商品的质量，包括：

（1）看货成交（Sale by Actual Quality）。又称凭现货买卖，即根据现有商品的实际质量买卖。具体做法：在货物存放地卖方向买方展示货物，买方或其代理人逐一检视，对满意的货物即与卖方达成交易。

国际贸易双方距离遥远，交易洽商主要依靠函电方式进行。买方亲自或派代理人去验看货物多有不便，而且即使买方或其代理人验看货物，也不可能将所有成交商品一一查验。因此，在国际货物买卖过程中，看货买卖使用较少，主要用于某些特殊商品，如珠宝、首饰、字画、特种工艺品（牙雕、玉雕）等交易中。因为这些商品既无法用文字概括其品质，也没有品质完全相同的样品可以作为交易的品质依据，只能看货洽商，按货物的实际情况成交。

因而，看货买卖多用于寄售、拍卖和展卖业务中。

（2）凭样品买卖（Sale by samples）。指交易双方规定以样品表示商品的质量并以之作为卖方交货质量的依据。在国际贸易实务中，有些商品难以用文字来说明其质量，代之以实物样品来表示。

根据样品提供者的不同，凭样品买卖可分为：

①凭卖方样品买卖。凭卖方样品买卖（Sale by seller's Sample）是指由卖方提供样品并以此作为交货的品质依据。凭卖方样品买卖成交后，卖方所交整批货物的品质必须与自己所提供的样品完全相同。在这种情况下，合同中一般规定："品质以卖方样品为准"（Quality as per seller's sample）。

在凭卖方样品成交的情况下，卖方提供的样品要具有代表性。即卖方的样品与将来要提供的货物相比，品质既不能太高，也不能太低。样品品质太高，虽然容易成交并可卖到好价格，但将来货物品质达不到，会给履约带来困难；而样品品质太低，交货容易，但低质低价，会使卖方在价格上遭受不应有的损失。

②凭买方样品买卖。凭买方样品买卖（Sale by Buyer's Sample）是指由买方提供样品并以此作为交货的品质依据，又称为来样成交或来样制作。成交后，卖方所交整批货物的品质必须与买方所提供的样品完全相同。在这种情况下，合同中一般规定："品质以买方样品为准"（Quality as per buyer's sample）

由于买方对本地市场比较了解，买方提供的样品往往能更直接地反映当地消费者的需要。因此，凭买方样品买卖在国际贸易中使用也是比较多的。在凭买方样品成交的情况下，卖方收到买方的样品后，首先要对样品进行认真细致的分析，研究样品所代表商品在原材料、加工生产技术、设备和生产时间安排等方面的可行性，以防将来交货困难。在确定无疑的情况下，方可成交。

③凭对等样品买卖。在凭买方样品买卖的情况下，有些不法的进口商在市场情况发生变化时，为减少自己的损失，往往借口交货品质与样品不完全一致而提出索赔，甚至拒收货物，拒付货款。因此，一些慎重的出口商在收到买方的样品后，往往会根据买方的样品加工复制出一个类似的样品供买方确认，这种经买方确认后的样品被称为"对等样品"（Counter Sample）或"确认样品"（Confirming Sample）或"回样"（Return Sample）。在这种情况下，日后卖方交货品质只要与对等样品或确认样品一致就可以了。这样做既可以满足买方要求，又便于卖方组织生产和将来的交货。

2. 用文字说明表示商品的质量。即以文字、图表、相片等方式来说明商品的质量，包括：

（1）凭规格买卖。指用反映商品质量的指标，如成分、含量、性能等来确定商品品质的交易。如："统一"鲜橙多鲜橙汁饮料，鲜橙原汁含量10%。

（2）凭等级买卖。指同类商品因规格不同，而用文字、数码或符号进行分类，以此来确定商品质量的交易。如2002中国绿茶，特珍一级。

（3）凭标准买卖。指以政府机关或工商团体统一制定的标准来确定商品质量的交易。如美国的UL是其电器电子产品的国家检验标准。

在买卖农副产品时，还有两种常见的标准："良好平均品质"（Fair average quality，或FAQ）和"上好可销品质"（Good Merchantable Quality，或GMQ）。

（4）凭说明书和图样买卖。对于某些工业制成品，如电器、仪表等，很难用几个简单的指标来反映其质量，而需要凭说明书、照片或图样来具体地描述其内部构造及性能，按此方式交易，称为凭说明书和图样买卖。

（5）凭商标或牌号买卖。指对某些质量稳定且在市场上有着良好声誉的商品，买卖双方在磋商和签订合同时，直接采用这些商品的商标或牌号来作为商品的质量表示，按此方式交易，称为凭商标或牌号买卖。如"张小泉"剪刀、"海尔"家用电器等。

（6）凭产地名称买卖。有些商品，尤其是农副土特产品，其品质因产地而异，交易中仅凭产地就可说明商品的质量好坏，即凭产地名称买卖。如四川涪陵榨菜、浙江金华火腿、山东龙口粉丝等。

☞【案例】

我国与某国成交出口一批铁铲，合同规定："所交货物品质、规格以卖方第××号样品为准。"我方凭对方来证出运结汇，买方未提出任何异议。事隔半年后，买方寄来生锈的一把铁铲并来函称："你方出售的铁铲，现已全部生锈，无法销售，必须全部退货，并请你方退回货款。"我方是否应承担这一品质责任？

☞【评析】

铁铲生锈，不是商品的内在缺陷，而是一种化学反应的结果。特别是在对方收到货后，已开始销售，说明对方已"接受"了这批货物。因此，不能再行使拒收货物的权利，我方无需承担责任。

3. 质量条款的规定。

（1）对某些商品可规定一定的质量机动幅度。

①品质公差。指允许卖方的交货品质可高于或低于一定品质规格的误差，是国际上公认的产品品质的误差。

②品质机动幅度。允许卖方所交货物的品质指标在一定幅度内有灵活性，如大豆含油量上下差异1%；钟表走时每天误差若干秒；圆柱体的直径误差若干毫米

等。对于这些工业制成品，只要误差在国内外同行公认的范围内，就可以认为是与合同相符。

（2）正确运用各种表示品质的方法。一般来说，凡能用科学指标来说明商品品质的，可适用于凭规格、等级、标准买卖；品质稳定、具有一定特色的名优产品，可适用于凭商标或牌号、产地买卖；某些结构、性能复杂的机械产品，则适用于凭说明书买卖；难以规格化、标准化的商品，则适用于凭样品买卖。

（3）品质条件要有科学性和合理性。合同中的品质条款不仅关系到买卖双方的切身利益，而且还关系到合同的顺利履行。因此，品质条款的规定一定要明确、具体，避免过高、过低、过繁、过细，同时又要注意条款内容和文字上的科学性和灵活性，忌使用绝对化词句。

（五）质量条款的内容

在买卖合同中，品质条款的内容有繁有简，一般视不同商品和不同表示品质的方法而定，包括商品的品名、规格、等级、品牌、标准以及交付货物的品质依据等。凭样品买卖时，应列明样品的编号、寄送日期、有时还要加列交货品质与样品"大致相符"或"完全相符"的说明等。凭标准买卖时，应标明标准名称及其版本年份。

三、商品的数量

商品的数量是国际货物买卖合同中不可缺少的主要条件之一。《联合国国际货物销售合同公约》规定，按约定的数量交付货物是卖方的一项基本义务。如卖方交货数量大于约定的数量，买方可以拒收多交的部分，也可以收取多交部分中的一部分或全部，但应按合同价格付款。如卖方交货数量少于约定的数量，卖方应在规定的交货期届满前补交，但不得使买方遭受不合理的不便或承担不合理的开支，即使如此，买方也有保留要求损害赔偿的权利。

由于交易双方约定的数量是交接货物的依据，因此，正确掌握成交数量和订好合同中的数量条件，具有十分重要的意义。

（一）数量的计算

具体交易时采用何种计算方法，要视商品的性质、包装种类、运输方法、市场习惯等决定。

在国际货物买卖中，很多商品都是按重量计算的。根据一般商业习惯，通常计算重量的方法有下列几种：

1. 毛重（Gross Weight）。毛重是指商品本身的重量加包装物的重量。这种计重办法一般适用于低值商品。如粮食、饲料、铁矿石、矿砂等。

2. 净重（Net Weight）。净重是指商品本身的重量，即除去包装物后的商品实际重量。净重是国际货物买卖中最常见的计算办法。不过，有些价值较低的农产品或其他商品，有时也采用"以毛作净"（Gross for Net）的办法计重。

"以毛作净"就是把毛重作为净重来计量。这种计量方法直接关系到交货的数量和销售价格。因此，在规定数量条款和价格条款时，都要明确注明"以毛作净"。例如：数量条款："中国红小豆，1 000 公吨，单层新麻袋包装，每袋 50 公斤，以毛作净"；价格条款："中国红小豆，每公吨 300 美元 CIF 伦敦，以毛作净。"

在采用净重计重时，对于如何计算包装重量，国际上有下列几种做法：

（1）按实际皮重（Actual Tare or Real Tare）计算。实际皮重（Actual tare）是商品包装的实际重量，是对整批商品的包装逐一衡量后得到的总和。

（2）按平均皮重（Average Tare）计算。如果商品包装的规格比较整齐划一，重量相差不大，就可以从整批货物中抽出一定件数，称出其皮重，然后求出其平均重，再乘以总件数而得到整批货物的皮重，为平均皮重（average tare）。

近年来，随着包装技术的发展和包装材料规格的标准化，采用平均皮重的方法越来越普遍，因此，人们把平均皮重又称为标准皮重（standard tare）。

（3）按习惯皮重（Customary Tare）计算。如果商品包装的规格比较整齐划一，重量相差不大，就可以从整批货物中抽出一定件数，称出其皮重，然后求出其平均重，再乘以总件数而得到整批货物的皮重，为平均皮重（average tare）。

近年来，随着包装技术的发展和包装材料规格的标准化，采用平均皮重的方法越来越普遍，因此，人们把平均皮重又称为标准皮重（standard tare）。

（4）按约定皮重（Computed Weight）计算。约定皮重（computed tare）指双方当事人在合同中约定的皮重。以双方事先约定的包装重量作为计算皮重的基础。

至于贸易双方在实际业务中应该采用何种计算皮重的方法，应由买卖双方根据商品的性质、包装的特点及贸易习惯等因素综合考虑，然后在合同中明确列明，以免事后引起争议。

3. 公量（Conditioned Weight）。有些商品，如棉花、羊毛、生丝等有比较强的吸湿性，所含的水分受客观环境的影响较大，其重量也就很不稳定。为了准确计算这类商品的重量，国际上通常采用按公量计算，其计算方法是以商品的干净重（即烘去商品水分后的重量）加上国际公定回潮率与干净重的乘积所得出的重量，即为公量。公式为：

$$公量 = 干量 + 标准含水量$$
$$= 实际重量 \times 1 + 标准回潮率 / 1 + 实际回潮率$$

回潮率是水分与干量之比；标准回潮率是买卖双方约定的商品中水分与干量之比。商品中实际水分与干量之比即为实际回潮率。

4. 理论重量（Theoretical Weight）。对于一些按固定规格生产和买卖的商品，只要其重量一致，或每件重量大体是相同的，一般即可从其件数推算出总量。

5. 法定重量（Legal Weight）和实物净重（Net Weight）。按照一些国家海关法的规定，在征收从量税时，商品的重量是以法定重量计算的。所谓法定重量是商品加上直接接触商品的包装物料，如销售包装等的重量，而除去这部分重量所表示出来的纯商品的重量，则称为实物净重。

（二）常用的度量衡制度

由于世界各国的度量衡制度不同，以致造成同一计量单位所表示的数量不一。在国际贸易中，通常采用公制（The Metric System）、英制（The Britain System）、美制（The U. S. System）和国际标准计量组织在公制基础上颁布的国际单位制（The International of Unit）。根据《中华人民共和国计量法》规定："国家采用国际单位制。国际单位制计量单位和国家选定的其他计量单位，为国家法定计量单位。"目前，除个别特殊领域外，一般不许再使用非法定计量单位。我国出口商品，除照顾对方国家贸易习惯约定采用公制、英制或美制计量单位外，应使用我国法定计量单位。我国进口的机器设备和仪器等应要求使用法定计量单位。否则，一般不许进口。如确有特殊需要，也必须经有关标准计量管理部门批准。

上述不同的度量衡制度导致同一计量单位所表示的数量有差异。例如，就表示重量的吨而言，实行公制的国家一般采用公吨，每公吨为 1 000 公斤；实行英制的国家一般采用长吨，每长吨为 1 016 公斤；实行美制的国家一般采用短吨，每短吨为 907.2 公斤。此外，有些国家对某些商品还规定有自己习惯使用的或法定的计量单位。

（三）数量条款的规定

买卖合同中的数量条款，主要包括成交商品的数量和计量单位。按重量成交的商品，还需订明计算重量的方法。数量条款的内容及其繁简，应视商品的特性而定。

为了便于履行合同和避免引起争议，进出口合同中的数量条款应当明确具体。一般不宜采用"大约"、"近似"、"左右"（About，Circa，Approximate）等带伸缩性的字眼来表示。

在粮食、矿砂、化肥和食糖等大宗商品的交易中，由于受商品特性、货源变化、船舱容量、装载技术和包装等因素的影响，要求准确地按约定数量交货，有时存在一定困难，买卖双方可在合同中合理规定数量机动幅度。只要卖方交货数量在约定的增减幅度范围内，就算按合同规定数量交货，买方就不得以交货数量不符为由而拒收货物或提出索赔。为了订好数量机动幅度条款，即数量增减条款或溢短装条款，需要注意下列几点：

（1）数量机动幅度的大小要适当。

（2）机动幅度选择权的规定要合理。在合同规定有机动幅度的条件下，应酌情确定由谁来行使这种机动幅度的选择权。如果采用海运，交货数量的机动幅度应由负责安排船舶运输的一方选择，也可规定由船长根据舱容和装载情况作出选择。

（3）溢短装数量的计价方法要公平合理。目前，对机动幅度范围内超出或低于合同数量的多装或少装部分，一般是按合同价格结算，这是比较常见的做法。为了防止有权选择多装或少装的一方当事人利用行市的变化，有意多装或少装以获取额外的好处，也可在合同中规定，多装或少装的部分，不按合同价格计价，而按装船时或货到时的市价计算，以体现公平合理的原则。

☞【案例】

我国某公司向科威特出口冻羊肉20吨，每吨FOB价400美元，合同规定数量可增减10%。国外按时开来信用证，证中规定金额为8 000美元，数量约20吨。结果我方按22吨发货装运，但持单到银行办理议付时遭到拒绝。原因何在？

☞【评析】

根据国际惯例，凡"约"、"大约"或类似意义的词语用于信用证金额、数量和单价时，当解释为允许其金额数量或单价有不超过10%的增减差额。据此，我方多装2吨倒也可以，不过来证的金额前并无类似"约"、"大约"的词语，所以如持22吨的发票和8 800美元的汇票向银行办理议付，肯定不行。所以，在签约时若数量前冠以"约"，则来证的金额也应有相应规定，否则，不能多装。

四、商品的包装

商品总是和一定的包装联系在一起的。有些包装已成为商品的一个组成部分。在国际贸易中，包装更有其特殊的意义，是主要贸易条件之一。在国际贸易中除少数商品因本身特点不需要包装外，大多数商品都需要有一定的包装。需要包装的商品称为包装货，不需要包装的商品称为散装货（Bulk Cargo）或裸装货（Nude Cargo）。

按包装在商品流通过程中所起的不同作用，可分为销售包装和运输包装，销售包装又称内包装，主要作用是保护商品、方便使用、促进销售，并应符合销售地国家的法律和法规。运输包装又称外包装，其主要作用是保护商品、方便储运和节省费用。

（一）运输包装

1. 运输包装的种类。商品在运输过程中，不一定都需要包装。随着运输装卸技术的进步，越来越多的大宗颗粒状或液态商品，如粮食、水泥、石油等，都采用散装方式，即直接装入运输工具内运送，配合机械化装卸工作，既降低了成本，又加快了速度。另外有一类可以自行成件的商品，在运输过程中，只需加以捆扎即可，这种方式称为裸装，如车辆、钢材、木材等。

但是绝大多数商品，在长途运输过程中，需要进行运输包装，按其包装方式，可分成单件包装和集合包装。

（1）单件包装，指货物在运输过程中作为一个计件单位的包装。常用的有箱、包、桶、袋、篓、罐等。

（2）集合包装，是在单件包装的基础上，把若干单件组合成一件大包装，以适应港口机械化作业的要求。集合包装能更好地保护商品，提高装卸效率，节省运输费用。常见的集合包装方式有托盘、集装袋和集装箱。

2. 运输包装的标志。运输包装的标志，其主要作用是在储运过程中识别货物，合理操作、按其用途可分成运输标志（Shipping Mark）、指示性标志（Indicative Mark）、警告性标志（Warning Mark）、重量体积标志和产地标志。

（1）运输标志。运输标志又称唛头，是一种识别标志。按国际标准化组织（International Organization for Standardization，简称 ISO）的建议，包括四项内容：①收货人名称的英文缩写或简称；②参考号，如订单、发票或运单号码；③目的地；④件号。例如：

ABCCO	收货人名称
SC9750	合同号码
LONDON	目的港
No. 4－20	件号（顺序号和总件数）

运输标志在国际贸易中还有其特殊的作用。按《公约》规定，在商品特定化以前，风险不转移到买方承担。而商品特定化最常见的有效方式，是在商品外包装上，标明运输标志。此外，国际贸易主要采用的是凭单付款的方式，而主要的出口单据如发票、提单、保险单上，都必须显示出运输标志。商品以集装箱方式运输时，运输标志可被集装箱号码和封口号码取代。举例如下：

➤一般性标志

ABC －－－－－－－－→ 几何图形

－－－－－－－－→ 收货人名称代号

LODON－－－－－－－－→ 目的地

NOS. 3－20 －－－－－－→ 件号

44cm×50cm×60cm －－－－－→ 体积

G:120KGS －－－－－－－－→ 毛重

N:100KGS －－－－－－－－→ 净重

MADE IN CHINA－－－－－－→ 原产国

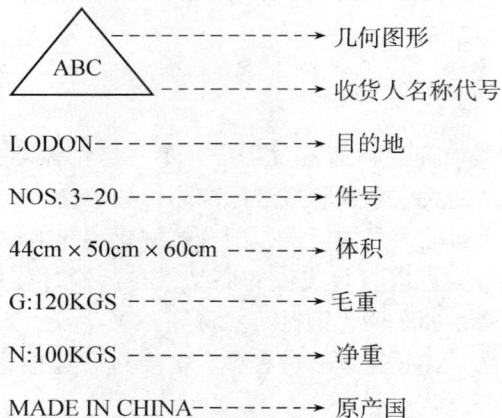

➤标准化运输标志：

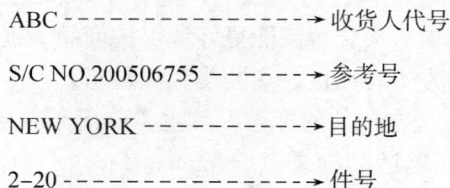

ABC －－－－－－－－－－－→ 收货人代号

S/C NO.200506755 －－－－－－→ 参考号

NEW YORK －－－－－－－－→ 目的地

2－20 －－－－－－－－－－→ 件号

刷制各种标志时都应该注意，标志要简明清晰，易于辨认，字母大小要合乎船公司的规定，着色牢固，在每件货物包装的正反两部位刷制相同的标志，不能在外包装上添加任何广告性图文。

（2）指示性标志（Indicative marks）。指示性标志又称注意标志，是提示有关人员在装卸、运输和保管过程中应注意事项的标志。这是一种操作注意标志，一般以简单醒目的图形和文字在商品的外包装上标识出来，如小心轻放、由此起吊、禁止翻滚等。

为了统一各国运输包装标志的图形和文字，一些国际性组织如国际标准化组织（ISO）、国际航空运输协会（IATA）、国际铁路货运会议（RID）分别指定了包装储运指示标志，并建议各会员国采用。我国国家质量技术监督局 2000 年根据国际标准 ISO 780—1997《包装——搬运图示标志》制定并颁布了我国的新的 GB 191—2000《包装储运图示标志》，于 2001 年 5 月 1 日起实施。列表如下：

标志名称和图形

①易碎物品

②禁用手钩

③向上

④怕晒
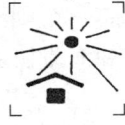

⑤怕辐射

⑥怕雨

⑦重心

⑧禁止翻滚

⑨此面禁用手推车

⑩禁用叉车
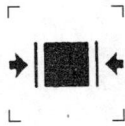

⑪由此夹起

⑫此处不能卡夹

⑬堆码重量极限

⑭堆码层数极限
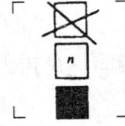

⑮禁止堆码
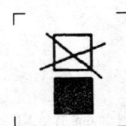

⑯由此吊起
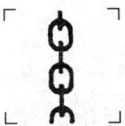

⑰温度极限
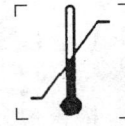

在文字使用上，最好采用出口国和进口国文字，一般使用英文的居多。

（3）警告性标志。又称危险品标志，用以说明商品系易燃、易爆、有毒、腐蚀性或放射性等危险性货物。用图形及文字表达。对危险性货物的包装储运，各国政府制定有专门的法规，应严格遵照执行。

中国技术监督局于 1990 年发布，1991 年 7 月 1 日起实施了《警告性标志》（Warning mark），又称危险品标志，是在运输爆炸品、易燃物品、有毒物品、腐蚀物品、氧化剂和放射性物资等危险品时，在运输包装上刷制的各种标志。目的是警告有关人员在装卸、运输和保管货物时按货物特性采取相应防护措施，以保护货物和人身安全。

此外，联合国政府间海事协商组织也规定有一套《国际海运危险标志》，并已被多国采用。有些国家在进口危险品时，要求运输包装上必须刷制该组织的危险品标志，否则不准靠岸卸货。因此，我国出口危险货物时，运输包装上一般要刷制我国和海事协商组织所规定的两套危险品标志。列表如下：

危险货物包装标志

①爆炸品标志　　　　　　②有毒气体标志

③一级放射性物品标志　　④自燃物品标志

（4）重量体积标志。运输包装外通常都标明包装的体积和毛重，以方便储运过程中安排装卸作业和舱位。

（5）产地标志。商品产地是海关统计和征税的重要依据，由产地证说明。但一般在内外包装上均注明产地，作为商品说明的一个重要内容。

（二）销售包装

销售包装（sale packing）又称内包装（inner packing），它是直接接触商品并随商品进入零售网点和消费者直接见面的包装，这类包装除必须具有保护商品的功能外，更应具有促销的功能。因此，对销售包装的造型构，装潢画面和文字说明等方面，都有较高的要求。

1. 销售包装的种类。目前国际市场上较流行的销售包装，按其形式和作用大致可分为三类：

（1）便于陈列展销类：如悬挂式、展开式、堆叠式包装等。

（2）便于识别商品类：如透明和开窗包装。

（3）便于使用类：如携带式、易开包装、喷雾包装、配套包装、礼品包装和复用包装等。

此外，衬垫物也是包装的重要组成部分，不容忽视。它的作用是防震、防碎、防潮、防锈等。一般用纸屑、纸条、防潮纸和各种塑料做衬垫物。

2. 销售包装的装潢和文字说明。在销售包装上，一般都附有装潢画面和文字说明，有的还印有条形码的标志，在设计和制作销售包装时，应一并做好这几方面的工作。

（1）包装的装潢画面。销售包装的装潢画面要美观大方，富有艺术上的吸引力，并突出商品特点，图案和色彩应适应有关国家的民族习惯和爱好。在设计装潢画面时，应投其所好，以利于扩大出口。

例如，伊斯兰国家忌用猪形图案；日本认为荷花图形不吉利；西欧人认为红色为凶兆；美国人不喜欢熊；英国人不喜欢大象和山羊，法国人不喜欢黑桃；意大利人不喜欢菊花。国际上将三角形作为警惕性标记，所以忌用三角形作为出口商标图案。不同国家对三角形的理解也不同，如捷克人把红三角视为有毒物品标志，而土耳其人则把绿三角图案视为免费商品。

（2）文字说明。在销售包装上应有必要的文字说明，如商标、品牌、品名、产地、数量、规格、成分、用途和使用方法等，文字说明要同装潢画面紧密结合，互相衬托，彼此补充，以达到宣传和促销的目的，使用的文字必须简明扼要，并让销售市场的顾客能看懂，必要时也可以中外文同时并用。

例如，加拿大《联邦消费包装及标签法》规定：在加拿大任何地方销售的所有预先包装产品标签，须用英语和法语两种文字表示。意大利政府规定：凡销往意大利的冷冻食品，必须在标签上注明"该冷冻品一旦解冻，不再冻结，应在24小时内食用。"的文句。

在销售包装上使用文字说明或制作标签时，还应注意有关国家的标签管理条件的规定。

（3）条形码。商品包装上的条形码是上一组带有数字的黑白及粗细间隔不等的平行条纹所组成，这是利用光电扫描阅读设备为计算机输入数据的特殊的代码语言。目前，世界许多国家都在商品包上使用条形码。只要将条形码对准光电扫描器，计算机就能自动地识别条形码的信息，确定品名，品种，数量，生产日期，制造厂商，产地等，并据此在数据库中查询其单价，进行货款结算，打出购货清单，这就有效地提高了结算的效益和准确性，也方便了顾客。目前，许多国家的超级市场都使用条形码技术进行自动扫描结算，如商品包装上没有条形码，即使是名优商品，也不能进入超级市场而只能当作低档商品进入廉价商店。加之，有些国家对某些包装上无条形码标志的商品不予进口，为此，在我国的商品包装上推广使用条形码标志，确系当务之急。为了适应国际市场的需要和扩大出口，1988 年 12 月我国建立了"中国特品编码中心"负责推广条形码技术，并对其进行统一管理。1994 年 4 月我国正式加入国际物品编码协会。该会分配给我国的国别号为"690"。现在，凡标有"690"、"691"、"692"和"693"条形码的，都表示是中国生产的商品。随着我国社会主义市场经济的发展和进一步改革开放，凡使用条形码的商品，特别是其中的出口商品，应争取在商品包装上印刷条形码。

3. 对销售包装的要求。为了使销售包装适应国际市场的需要，在设计和制作销售包装时，应体现下列要求：

（1）便于陈列展销；
（2）便于识别商品；
（3）便于携带和使用；
（4）要有艺术吸引力。

☞ 【案例】

我国某公司原来出口手绢是 12 打一包，后来改为 5 打一包，而后又改为 1 打一包，进而改为半打、5 条、3 条一盒，结果销量大增。为何会出现这种情况？

☞ 【评析】

因为现在家庭模式发生了很大变化，一般都是三口之家，小包装的商品便于消费者购买。另外，国外（尤其是发达国家）工资水平高，消费层次高，所以即使价格稍高，国外商人还是愿意直接购买小包装的商品，尤其是日用杂货、食品、药品之类的商品。

（三）定牌和中性包装

1. 定牌。定牌是商品包装上不采用卖方自己的商标、牌号而采用买方指定的商标或牌号。

卖方按买方的要求在其出售的商品或包装上标明买方指定的商标和牌号，称之为定牌生产。在国际或国内贸易中，有许多大百货商店、超级市场和专业商店，在其经营的商品中，有一部分商品使用该店专有的商标和牌名，这部分商品即是由商店要求有关厂商定牌生产的。

在国际贸易中，定牌商品有的在其定牌商标下标明产地，有的则不标明产地和生产厂商。后一种做法，称为定牌中性。

我国目前接受外商定牌的出口产品很多，大部分都标明"中国制造"。

定牌有三种做法：

（1）接受买方指定的商标或牌号，不注明生产国别标志，即定牌中性包装。对于某些国外大量的、长期的、稳定的订货的客户，可以接受这种做法。

（2）接受买方指定的商标、牌号，注明卖方的国别，即标明"中华人民共和国制造"或"中国制造"字样。

（3）接受买方指定的商标、牌号，在商标或牌号下注明卖方工厂制造，即定牌定产地。

定牌业务要注意的问题：买方指定的商标是否存在侵权行为。为了避免定牌业务中造成被动，可以在合同中规定："买方指定的商标。当发生被第三者控告侵权时，应由买方与控告者交涉，与卖方无关。由此引起给卖方所造成的损失应由买方负责赔偿。"

2. 中性包装。常用的中性包装有两种：一种是无牌中性包装，这种包装既无生产国别、地名、厂名、也无商标牌号；二是有牌中性包装，这种包装不注明商品生产的国别、地名、厂名，但要注明买方指定商标或牌号。

在国际市场上，中性包装已成为国际贸易中的一种习惯做法，它是推销出口商品的一种手段。我们接受中性包装，主要是为了打破某些国家和地区对我国商品实行高关税和不合理的配额限制，以便我国商品能顺利进入这类国家市场。

采用中性包装，是为了适应国外市场和交易的特殊需要，如转口销售等，它是出口商提高对外竞争水平和扩大出口的一种手段。

☞ 【案例】

某外商欲购我国"菊花"牌手电钻，但要求改用"鲨鱼"牌商标，并在包装上不得注明"MADE IN CHINA"字样。我方是否可以接受？

☞ 【评析】

可以接受。不过要先确定对方指定的商标和牌号在国外是否涉及工业产权侵权。在无法确定的情况下，为安全起见，应在合同中订明：如果发生工业产权争议，由买方负责。

（四）包装条款

合同中的包装条款主要包括包装方式、包装材料、包装规格、包装标志和包装费用的负担等内容。

【条款示例】包装条款

纸箱装，每箱48听×3 210Z净重。每件货物上标志毛重、净重、尺码、编号、目的口岸、原产地并刷明下列唛头：

In cartons of 48 tins ×312oz. net each. Each package shall be stenciled with gross and net weight, measurement, package numbers, port of destination, country of origin and the following Shipping Mark：

ABC Co. Ltd.

S/C NO. 200506755

NEW YORK

在实际业务中，有时对包装条款只作笼统规定，但因此类术语含义模糊，无统一解释，有些包装术语如"适合海运包装"、"习惯包装"等，因各方理解不一，除非买卖双方事先取得一致认识，否则应避免使用。一般来说包装条款应订得具体明确。

按国际惯例，唛头一般由卖方决定，并无必要在合同中作具体规定。如买方要求由其指定唛头，则可在合同中规定买方指定唛头的时限，并订明超过时限卖方可自行决定。

包装费用一般包括在货价以内。如买方要求特殊包装，除非事先明确包装费用包括在货价内，其超出的包装费用应由买方负担，并应在合同中具体规定负担的费用和支付办法。

经双方商定，全部或部分包装材料由买方负责供应者，合同中应同时规定包装材料最迟到达卖方的时限和逾期到达的责任。

包装费用一般包括在货价内，合同条款不必列入。但如买方要求特殊包装，则可酌加包装费用，如何计费及何时收费应在条款中列明。如果包装材料由买方供应，则条款中应明确包装材料到达时间以及逾期达到买方应负的责任。

运输标志如由买方决定，也应规定标志到达时间（标志内容须经卖方同意），逾期不到买方应负的责任等。

☞**【案例】**

1. 我国传统的出口产品——18头莲花茶具，因包装问题让外商赚了一大笔钱。18头莲花茶具本身质量很好，但由于采用简易的瓦楞纸盒做包装，既容易破损，又不美观；既难以辨别是什么商品，又给人以低档廉价的感觉，所以销路一直不好。后来，一个精明的外商将该产品买走后，仅仅在原包装上加了一个精制的美术包装，系上了一条绸带，使商品显得高雅华贵，一时销路大开，身价陡增，销售价格由一套1.7英镑提高到一套8.99英镑。

2. 众所周知，人参是名贵的稀有药材，价格昂贵。但是在改革开放以前，我国的有关单位在出口人参时，像捆萝卜干似地将人参捆扎起来，用麻袋或木箱（10 公斤）包装。可想而知，这种"稻草包珍珠"的包装方式，不能不让人对其商品的真实性表示怀疑，同时也极大地降低了人参的身价。在这种情况下，尽管价格很低，但是销路仍然不佳。在市场给我们上了一堂生动的"营销学"课程和外商赚取大笔利润后，我们的有关单位终于明智地改变了包装策略——采用小包装（一到两支），配上了绸缎锦盒，或使用木盒外套玻璃纸罩，这样的"装束"雅致大方，使人参的稀有名贵充分表现出来了。结果是不仅销路打开，而且每吨的售价比过去增加了 2.3 万元，使商品利润倍增。

3. 四川人在销售其"拳头"产品——榨菜时，一开始是用大坛子、大篓子将其商品卖给上海人；精明的上海人将榨菜倒装在小坛子里后，出口日本；在销路不好的情况下，日本商人又将从上海进口的榨菜原封不动地卖给了香港商人；而爱动脑子、富于创新精神的香港商人，以块、片、丝的形式把榨菜分成真空小袋包装后，再返销日本。从"榨菜的旅行"过程中，不难看出各方商人都赚了钱，但是靠包装赚"大钱"的还是香港商人。

本章小结

本章介绍了交易的标的物相关知识，涵盖了标的物的概念及构成条件，商品的品名、质量、数量和包装及相关的品质条款、数量条款等内容，希望在阅读完本章后，能对商品的标的物有个直观的认识。

▶ 思考题

1. 什么是标的物？构成合同标的物应具备哪些条件？
2. 商品命名的方法有哪些？约定品质条款应注意哪些事项？
3. 在进出口业务中，为何要注重商品的质量？表示商品质量的方法有哪些？
4. 商品的数量计算有哪些方法？制定数量条款应注意什么问题？
5. 商品的包装有哪几种？各自的特点是什么？
6. 什么是"中性包装"？在国际贸易中为何会出现中性包装？

▶ 案例应用

买方向卖方订购 50 公吨货物，合同规定 A、B、C、D、E 五种规格按同等数量搭配。卖方按合同开立发票，买方凭发票和其他单据付了款。货到后发现所有50公吨货物均为 A 规格，买方只同意接受其中的1/5，拒收其余的4/5，并要求退回4/5的货款。卖方争辩说，不同规格搭配不符合合同，只能给予适当经济补偿，不能拒收，更不能退款。于是诉诸法院。

▶ 问题

    1. 法院该如何判决？
    2. 为何这样判决？说明理由。

第三章

贸 易 术 语

❖ **本章学习目标**

阅读和学完本章后，你应该能够：

◇ 了解贸易术语的含义、作用和分类

◇ 了解与贸易术语相关的国际惯例

◇ 了解《2000 通则》中最常用的六个贸易术语：FOB、CIF、CFR、FCA、CPT 和 CIP

◇ 了解其他贸易术语的相关知识

◇ 了解贸易术语的选用，需要注意的问题，以及如何选用合适的术语维护我国利益

开篇案例

我国某内陆出口公司于某年向日本出口 30 吨甘草膏，每吨 40 箱共 1 200 箱，每吨售价 1 800 美元，FOB 新港，共 54 000 美元，即期信用证，装运期为 2 月 25 日之前，货物必须装集装箱。该出口公司在天津设有办事处，于是在 2 月上旬便将货物运到天津，由天津办事处负责订箱装船，不料货物在天津存仓后的第二天，仓库午夜着火，抢救不及，1 200 箱甘草膏全部被焚。办事处立即通知内地公司总部并要求尽快补发 30 吨，否则无法按期装船。结果该出口公司因货源不济，只好要求日商将信用证的有效期和装运期各延长 15 天。

我国一些进出口企业长期以来不管采用何种运输方式，对外洽谈业务或报盘仍习惯用 FOB、CFR 和 CIF 三种贸易术语。但在滚装、滚卸、集装箱运输的情况下，船舷无实际意义时应尽量改用 FCA、CPT 及 CIP 三种贸易术语。该出口公司所在地正处在铁路交通的干线上，外运公司和中远公司在该市都有集装箱中转站，既可接受拼箱托运也可接受整箱托运。假如当初采用 FCA（该市名称）对外成交，出口公司在当地将 1 200 箱交中转站或自装自集后将整箱（集装箱）交中转站，不仅风险转移给买方，而且当地承运人（即中转站）签发的货运单据即可在当地银行办理议付结汇。该公司自担风险将货物运往天津，再集装箱出口，不仅加大了自身风险，而且推迟结汇。由此可见，贸易术语在国际贸易中占有很重要的地位。

在对外贸易交往中，贸易术语的使用很频繁，贸易术语在合同的签订、履行以及其他方面都发挥着重要的作用。选择正确的贸易术语进行交易是非常重要的。

一、贸易术语综述

（一）贸易术语的含义及作用

在国际贸易中，确定一种商品的成交价，不仅取决于其本身的价值，还要考虑到商品从产地运至最终目的地的过程中，有关的手续由谁办理、费用由谁负担以及风险如何划分等一系列的问题。如果由卖方承担较多的责任、费用和风险，其价格自然要高一些；如果由买方承担较多的责任、费用和风险，其价格自然要低一些才有可能成交。这些问题是国际贸易中双方在洽谈交易、订立合同时必须要明确的问题。如果每一笔交易都要逐条分清双方的责任、费用和风险，则会给国际贸易带来一定的困难和麻烦。为了简化交易手续，缩短交易过程，节省磋商的时间和费用，同时提高成交的可能性，买卖双方便采用专门的、被广泛承认的贸易术语来约束双方的行为，表明双方的权利和义务。这种专门的术语就是"贸易术语"。

贸易术语是国际贸易发展过程中的产物，是在长期的国际贸易实践中产生的，其具体的含义是"用一个简短的概念或英文缩写字母来表示商品的价格构成、说明交货地点、确定买卖双方的责任、费用和风险划分等问题的专门用语"。

由此可见，贸易术语具有两重性：一方面它确定了交货条件，即说明了买卖双方在交接货物时各自承担的责任、费用和风险；另一方面又表示了该商品的价格构成因素。这两者是密切相关的。

贸易术语也促进了国际贸易的发展。贸易术语在国际贸易中的广泛应用，简化了交易手续，缩短了洽商时间，节约了费用开支，便于双方加强成本核算，同时为解决争议提供了依据。

（二）贸易术语的分类

按照不同的方式，贸易术语可以分为不同类型：

1. 按交货方式划分。按此方式划分，国际贸易术语可以分为两大类：实际交货的贸易术语和象征性交货的贸易术语。

（1）实际交货（Actual Delivery）。实际交货是指卖方只要按照合同规定，将货物实际交给买方，或者将货物置于买方有效的控制之下，就算完成交货任务。买方认领货物后，货物所有权随之转移，买方凭货付款。此种贸易术语的交货地点，可以在出口国，如"EXW"（工厂交货）贸易术语；也可以在进口国，如"DES"（目的港船上交货）。

（2）象征性交货（Symbolic Delivery）。象征性交货是指卖方按合同规定在货物装运之后，将装运单据（除预付货款者外，一般均通过银行）交给买方，即作为交货，买方凭单据付款，而不是凭货付款。此种贸易术语的交货地点，一般在出口国家，如CIF、FOB等。

2.《INCOTERMS2000》的划分方法。《INCOTERMS2000》共解释了13种贸易术语，为了便于人们理解和记忆，根据每个术语开头字母的不同，将其分为E、F、C、D四个组别。

（1）E组。本组包含一个贸易术语：工厂交货价EXW（EX Works），即指卖方在其所在处将货物交给买方，其他所有一切工作都由买方自己负责。属于启运（Departure）术语。

（2）F组。本组包含三个贸易术语：货交承运人FCA（Free Carrier）、装运港船边交货价FAS（Free Alongside Ship）、装运港船上交货价FOB（Free On Board）。按此种贸易术语成交，卖方必须将货物交至买方指定的承运人或运输工具。属于主要运费未付（Main Carriage Unpaid）术语。

（3）C组。本组包含四个贸易术语：成本加运费价 CFR（Cost and Freight）、成本加保险费加运费价 CIF（Cost，Insurance and Freight）、运费付至某地价 CPT（Carriage Paid To）、运费保险费付至某地价 CIP（Carriage and Insurance Paid To）。按此种贸易术语成交，卖方必须签订运输契约，但货物运输途中灭失或毁坏的风险，以及发运后产生的额外费用，卖方不承担责任。属于主要运费已付（Main Carriage Paid）术语。

（4）D组。本组包含五个贸易术语：边境交货价 DAF（Delivered At Frontier）、目的港船上交货价 DES（Delivered EX Ship）、目的港码头交货价 DEQ（Delivered EX Quay）、目的地未完税交货价 DDU（Delivered Duty Unpaid）、目的地完税交货价 DDP（Delivered Duty Paid）。按此种贸易术语成交，卖方必须承担货物交至目的地国家所需的一切费用和风险。

二、与贸易术语相关的国际惯例

在国际贸易的实际操作中，由于各国法律制度和习惯做法不同，因此，各国对每个贸易术语的解释与运用都有差异，经常引起贸易纠纷，为了避免各国在对贸易术语的解释上出现分歧和引起争议，有些国际组织和商业团体便对贸易术语作出统一的解释与规定。其中主要包括：国际商会制定的《国际贸易术语解释通则》（International Rules for the Interpretation of Trade Terms，简称 INCOTERMS）；国际法协会制定的《华沙—牛津规则》（Warsaw-Oxford Rules）；美国一些商业团体制定的《1941 美国对外贸易定义修订本》（Revised American Foreign Trade Definition 1941）。由于上述各项解释贸易术语的规则，在国际贸易中运用范围较广，从而形成一般的国际贸易惯例。

国际贸易惯例是国际贸易法的渊源之一，在当前各国都在积极谋求国际贸易法律统一化的过程中，国际贸易惯例起着重要的作用，这种作用日益受到各国政府，贸易界和法律界的重视。例如，许多国家在立法中明文规定了国际贸易惯例的效力，同时在国际立法中，特别是在 1980 年制定和 1988 年 1 月 1 日生效的《联合国国际货物销售合同公约》（United Nations Convention on Contracts for the International Sale of Goods）中得到充分的肯定。该公约明确规定：当事人在合同中没有排除适用的惯例，或双方广泛采用和经常遵守的惯例，即使当事人未明确同意采用，也可作为当事人默示同意惯例，因而该惯例对双方当事人具有约束力，因此，为了合理地商订和履行合同以及正确运用国际贸易惯例，国际贸易从业人员及有关人士必须对国际上各种通行的有关贸易术语的国际惯例进行深入研究，以便在实际业务中权衡利弊，考虑取舍，对其作出适当的抉择和正确的解释。

（一） 《1932 年华沙—牛津规则》

19 世纪中叶，CIF 贸易术语在国际贸易中被广泛采用，但由于各国对其解释不一，从而影响到 CIF 买卖合同的顺利履行。为了对 CIF 合同双方的权利和义务做出统一的规定和解释，国际法协会于 1928 年在波兰华沙制定了 CIF 买卖合同的统一规则，共 22 条，称为《1928 年华沙规则》。此后，在 1930 年纽约会议，1931 年巴黎会议和 1932 年牛津会议上，相继将此规则修订为 21 条，称之为《1932 年华沙—牛津规则》(Warsaw-Oxford Rules 1932)。

《华沙—牛津规则》对 CIF 合同的性质，特点及买卖双方的权利和义务都作了具体的规定和说明，为那些按 CIF 贸易术语成交的买卖双方提供了一套可在 CIF 合同易于使用的统一规则，供买卖双方自愿采用，在缺乏标准合同格式或共同交易条件的情况下，买卖双方可约定采用此项通则，凡在 CIF 合同中订明采用《华沙—牛津规则》者，则合同当事人的权利和义务，即应按此规则的规定办理，由于现代国际贸易惯例，是建立在当事人"意思自治"的基础上，具有任意法的性质，因此，买卖双方在 CIF 合同中也可变更，修改规则中的任何条款或增添其他条款，当此规则的规定与 CIF 合同内容相抵触时，仍以合同规定为准。

《华沙—牛津规则》自 1932 年公布后，一直沿用至今，并成为国际贸易中颇有影响国际贸易惯例，这因为此项规则在一定程度上反映了各国对 CIF 合同的一般解释。不仅如此，其中某些规定的原则还可适用于其他合同，例如，《华沙—牛津规则》规定，在 CIF 合同中，货物所有权称转移于买方的时间，应当是卖方把装运单据（提单）交给买方的时刻，即以交单时间作为所有权移转的时间。此项原则，虽是针对 CIF 合同的特点制订的，但一般认为也可适用于卖方有提供提单义务的其他合同。可见，《华沙—牛津规则》的制定和公布，不仅有利于买卖双方订立 CIF 合同，而且也利于解决 CIF 合同履行当中出现的争议，当合同当事人发生争议时，一般都参照或引用此项规则的规定与解释来处理。

（二） 《1941 年美国对外贸易定义修订本》

早在 1919 年，美国有几个商业团体即共同制定了有关对外贸易定义的统一解释，供从事对外贸易的人员参考使用，后鉴于贸易做法的演变，在 1940 年第 27 届全国对外贸易会议上要求对原有定义进行修改。1941 年 7 月 30 日，美国商会，美国进口商会理事会和全世界对外贸易理事会所组成的联合委员正式通过并采用了此项定义。并由全国对外贸易理事发行，此项定义，定名为《1941 年美国对外贸易定义修订本》（Revised American Foreign Trade Definitions 1941）。该定义对 Ex Point of Origin FAS，FOB，C&F，CIF 和 Ex Dock 等 6 种贸易术语作了解释。

值得注意的是，该定议把 FOB 分为六种类型。

（1）Ex（Point of Origin）（产地交货）；

（2）FOB（Free on Board）（在运输工具上交货）；

（3）FAS（Free Along Side）（在运输工具旁交货）；

（4）C&F（Cost and Freight）（成本加运费）；

（5）CIF（Cost，Insurance and Freight）（成本加保险费、运费）；

（6）Ex Dock（named port of importation）（目的港码头交货）。

其中只有指定的装运港船上交货（FOB Vessel）才同国际贸易中一般通用的 FOB 的含义大体相同，而其余五种的含义则完全不同，为了具体说明买卖双方在各种贸易术语下承担的权利和义务，在此修订本所列各种贸易术语之后，一般附有注解。这些注释，实际上是表明贸易术语定义不可分割的组成部分。因此，为充分了解在各种贸易术语下买卖双方各自承担的权利和义务，不仅应考虑定义本身，还应明确附加的有关贸易术语的注释。

（三）2000 年国际贸易术语解释通则

1. 宗旨及意义。《国际贸易术语解释通则》（以下称 Incoterms）的宗旨是为国际贸易中最普遍使用的贸易术语提供一套解释的国际规则，以避免因各国不同解释而出现的不确定性，或至少在相当程度上减少这种不确定性。

合同双方当事人之间互不了解对方国家的贸易习惯的情况时常出现。这就会引起误解、争议和诉讼，从而浪费时间和费用。为了解决这些问题，国际商会（INTERNATIONAL CHAMBER OF COMMERCE，简称 ICC）于 1936 年首次公布了一套解释贸易术语的国际规则，名为《Incoterms 1936》，以后又于 1953 年、1967 年、1976 年、1980 年和 1990 年，现在则是在 2000 年版本中做出补充和修订，以便使这些规则适应当前国际贸易实践的发展。

需要强调的是，Incoterms 涵盖的范围只限于销售合同当事人的权利义务中与已售货物（指"有形的"货物，不包括"无形的"货物，如电脑软件）交货有关的事项。

关于 Incoterms，看来有两个非常普遍的误解。一个是常常认为 Incoterms 适用于运输合同而不是销售合同。第二个是人们有时错误地以为它规定了当事人可能希望包含在销售合同中的所有责任。

首先，正如 ICC 一贯强调的那样，Incoterms 只涉及销售合同中买卖双方的关系，而且，只限于一些非常明确的方面。

对进口商和出口商来讲，考虑那些为完成国际销售所需要的各种合同之间的实际关系当然是非常必要的。完成一笔国际贸易不仅需要销售合同，而且需要运输合同、保险合同和融资合同等，而 Incoterms 只涉及其中的一项合同，即销售合同。

虽然如此，当双方当事人同意使用某一个具体的贸易术语时，将不可避免地对其他合同产生影响。比如，卖方同意在合同中使用 CFR 和 CIF 术语时，他就只能以海运方式履行合同，因为在这两个术语下，卖方必须向买方提供提单或其他海运单据，而如果使用其他运输方式，这些要求是无法满足的。而且，跟单信用证要求的单据也必然将取决于准备使用的运输方式。

其次，Incoterms 涉及为当事方设定的若干特定义务，如卖方将货物交给买方处置，或将货物交运或在目的地交货的义务，以及当事双方之间的风险划分。

另外，Incoterms 涉及货物进口和出口清关、货物包装的义务，买方受领货物的义务，以及提供证明各项义务得到完整履行的义务。尽管 Incoterms 对于销售合同的执行有着极为重要的意义，但销售合同中可能引起的许多问题却并未涉及，如货物所有权和其他产权的转移、违约、违约行为的后果以及某些情况下的免责等。需要强调的是，Incoterms 无意取代那些完整的销售合同所需订入的标准条款或商定条款。

通常，Incoterms 不涉及违约的后果或由于各种法律阻碍导致的免责事项，这些问题必须通过销售合同中的其他条款和适用的法律来解决。

Incoterms 一直主要用于跨国境的货物销售交付，因此，它是一套国际商业术语。然而，有时 Incoterms 也被用于纯粹国内市场的货物销售合同中。在此情况下，Incoterms 中的 A2、B2 以及任何与进出口有关的条款当然就变成多余了。

2. 修订国际贸易术语解释通则的原因。连续修订 Incoterms 的主要原因是使其适应当代商业实践的需要。1980 年修订本引入了货交承运人（现在为 FCA）术语，其目的是为了适应在海上运输中经常出现的情况，即交货点不再是传统的 FOB 点（货物越过船舷），而是在将货物装船之前运到陆地上的某一点，在那里将货物装入集装箱，以便经由海运或其他运输方式（即所谓的联合或多式运输）继续运输。

在 1990 年的修订本中，涉及卖方提供交货凭证义务的条款在当事方同意使用电子方式通讯时，允许用电子数据交换（EDI）信息替代纸面单据。为了使 Incoterms 更利于实物操作，其一直都在改进。

3.《Incoterms 2000》。在为期两年的修订过程中，ICC 尽其最大努力通过 ICC 各国家委员会吸取了各行业国际贸易从业者的意见和建议，完成了修订稿的多次修改。令人高兴的是，在 Incoterms 的这次修订期间，ICC 从全世界使用者得到的反馈意见超过了以往任何一次。ICC 与 Incoterms 的使用者之间交流的结果产生了 Incoterms 2000 这个版本，与 Incoterms 1990 相比看上去变化很小。原因很明显，即 Incoterms 当前已得到世界承认，所以 ICC 决定巩固 Incoterms 在世界范围内得到的承认，并避免为了变化而变化。另一方面，在修订过程中，ICC 尽量保证 Incoterms 2000 中的语言清楚准确地反映出国际贸易实务。新的版本在下面两个方面做出了实质性改变：

在 FAS 和 DEQ 术语下，办理清关手续和交纳关税的义务；

在 FCA 术语下装货和卸货的义务。

无论是实质变化还是形式变化都是在对 Incoterms 的使用者广泛调查的基础上作出的，而且对 1990 年以来 Incoterms 专家小组（专门为 Incoterms 使用者提供额外服务的机构）收到的咨询意见给予了充分考虑。

4. 在销售合同中订入 Incoterms。鉴于 Incoterms 不时修订，所以，如果合同当事方意图在销售合同中订入 Incoterms 时，清楚地指明所引用的 Incoterms 版本是很重要的。人们很容易忽略这一点，例如当在标准合同或订货单中引用了早期版本时，未能引用最新版本，可能会对当事方的意图是在合同中引用新版本还是早期版本引起纠纷。希望使用 Incoterms 2000 的商人，应在合同中明确规定该合同受 Incoterms 2000 的约束。

2000 年国际贸易术语解释通则中的贸易术语

E 组（发货）	
EXW	工厂交货（……指定地点）
F 组（主要运费未付）	
FCA	货交承运人（……指定地点）
FAS	装运港船边交货（……指定装运港）
FOB	装运港船上交货（……指定装运港）
C 组（主要运费已付）	
CFR	成本加运费（……指定目的港）
CIF	成本、保险费加运费付至（……指定目的港）
D 组（到达）	
DAF	边境交货（……指定地点）
DES	目的港船上交货（……指定目的港）
DEQ	目的港码头交货（……指定目的港）
DDU	未完税交货（……指定目的地）
DDP	完税后交货（……指定目的地）

三、《2000 通则》中最常用的六个贸易术语

在国际贸易中虽然有 13 种贸易术语，但在《2000 通则》中最常用的只有 6 个贸易术语，其中以 FOB、CIF 和 CFR 最为常用。随着集装箱运输和国际多式联运的迅速发展，现在 FCA、CPT 和 CIP 也成为较常使用的贸易术语了。

（一）FOB

1. 含义。FOB 是 FREE ON BOARD（…named port of shipment）的缩写，翻译为装运港船上交货（……指定装运港）。

这一贸易术语规定当货物在指定的装运港越过船舷，卖方即完成交货。这意味着买方必须从该点起承当货物灭失或损坏的一切风险。FOB 术语要求卖方办理货物出口清关手续。该术语仅适用于海运或内河运输。如当事各方无意越过船舷交货，则应使用 FCA 术语。

2. 买卖双方的基本义务。按《2000 通则》对 FOB 的解释，买卖双方各自承担的基本义务概括起来，可分为以下几种：

（1）卖方义务：

①在合同规定的时间或期限内，在装运港，按照习惯方式将货物交到买方指派的船上，并及时通知买方。

②自负风险和费用，取得出口许可证或其他官方批准证件。在需要办理海关手续时，办理货物出口所需的一切海关手续。

③负担货物在装运港越过船舷为止的一切费用和风险。

④自付费用提供证明货物已交至船上的通常单据。如果买卖双方约定采用电子通讯，则所有单据均可被具有同等效力的电子数据交换（EDI）信息所代替。

（2）买方义务：

①自负风险和费用取得进口许可证或其他官方批准的证件。在需要办理海关手续时，办理货物进口以及经由他国过境的一切海关手续，并支付有关费用及过境费。

②负责租船或订舱，支付运费，并给予卖方关于船名、装船地点和要求交货时间的充分的通知。

③负担货物在装运港越过船舷后的一切费用和风险。

④接受卖方提供的有关单据，受领货物，并按合同规定支付货款。

3. 《1941年美国对外贸易定义修订本》对FOB的解释。《1941年美国对外贸易定义修订本》对FOB的解释分为六种，其中只有：指定装运港船上交货（FOB Vessel，"named port of shipment"）与《2000年通则》对FOB术语的解释相近。所以，《1941年美国对外贸易定义修订本》对FOB的解释与运用，同国际上的一般解释与运用有明显的差异，这主要表现在下列几方面：

（1）美国惯例把FOB笼统地解释为在某处某种运输工具上交货，其适用范围很广，因此，在同美国、加拿大等国的商人按FOB订立合同时，除必须标明装运港名称外，还必须在FOB后加上"船舶"（Vessel）字样。如果只订为"FOB San Francisco"而漏写"Vessel"字样，则卖方只负责把货物运到旧金山城内的任何处所，不负责把货物运到旧金山港口并交到船上。

（2）在风险划分上，不是以装运港船舷为界，而是以船舱为界，即卖方负担货物装到船舱为止所发生的一切丢失与损坏。

（3）在费用负担上，规定买方要支付卖方协助提供出口单证的费用以及出口税和因出口而产生的其他费用。

4. FOB的变形。在按FOB条件成交时，卖方要负责支付货物装上船之前的一切费用。但各国对于"装船"的概念没有统一的解释，有关装船的各项费用由谁负担，各国的惯例或习惯做法也不完全一致。如果采用班轮运输，船方管装管卸，装卸费计入班轮运费之中，自然由负责租船的买方承担；而采用程租船运输，船方一般不负担装卸费用。这就必须明确装船的各项费用应由谁负担。为了说明装船费用的负担问题，双方往往在FOB术语后加列附加条件，这就形成了FOB的变形。主要包括以下几种：

（1）FOB Liner Terms（FOB班轮条件）。这一变形是指装船费用按照班轮的做法处理，即由船方或买方承担。所以，采用这一变形，卖方不负担装船的有关费用。

（2）FOB Under Tackle（FOB吊钩下交货）。指卖方负担费用将货物交到买方指定船只的吊钩所及之处，而吊装入舱以及其他各项费用，概由买方负担。

（3）FOB Stowed（FOB理舱费在内）。指卖方负责将货物装入船舱并承担包括理舱费在内的装船费用。理舱费是指货物入舱后进行安置和整理的费用。

（4）FOB Trimmed（FOB平舱费在内）。指卖方负责将货物装入船舱并承担包括平舱费在内的装船费用。平舱费是指对装入船舱的散装货物进行平整所需的费用。

在许多标准合同中，为表明由卖方承担包括理舱费和平舱费在内的各项装船费用，常采用FOBST（FOB Stowed and Trimmed）方式。

FOB的上述变形，只是为了表明装船费用由谁负担而产生的，并不改变FOB

的交货地点以及风险划分的界限。《2000 年通则》指出，《通则》对这些术语后的添加词句不提供任何指导规定，建议买卖双方应在合同中加以明确。

5. 使用 FOB 术语订立合同时需注意的几个问题。

（1）关于"船舷为界"的概念。"船舷为界"是 FOB 划分风险的界限，国际上不同惯例对"装船"的解释不尽一致。按国际商会《2000 通则》规定：卖方负担货物在装运港越过船舷为止的一切风险，即当货物在装运港越过船舷时，卖方即履行了交货任务。卖方的交货点（Point of delivery）是船舷（Ship's Rail），买方自该交货点起，负担货物灭失或损坏风险。但《1990 通则》规定是可以被买卖合同的具体规定或买卖双方确立的习惯做法所超越或改变的。因此，在实际业务中，FOB 合同的卖方，往往根据合同规定或双方确立的习惯做法，负责将货物在装运港实际装到船上，并提供清洁已装船收据或提单。

《1941 年美国对外贸易定义修正本》还规定：卖方负责货物的灭失和损失，直至货物装到船上。即"交货点"是船上而不是船舷。而美国《统一商法典》则规定：卖方必须取得一份声明货物已经载于船上的可流通的提单（A negotiable bill of lading）。

（2）船货衔接问题。FOB 合同中，买方负责安排船只（租船或订舱），卖方负责装货，船货衔接就是一个重要的问题。如果船只提前或延迟到达指定的装运港，则船等货或货等船引起的费用损失均要由买方负担；因此，在 FOB 合同中，必须对船货衔接问题作明确规定，并在订约后加强联系、密切配合，防止船货脱节。

在按 FOB 术语订约的情况下，如成交数量不大，只需部分舱位或用班轮装运时，卖方可接受买方委托代为租船或订舱。但这纯属代办性质，运费及其他相关费用仍应由买方负担，如租不到船只或订不到舱位，其风险由买方自负。

（3）关于装船的费用划分。FOB 合同买卖双方费用的划分是以装上船为界。但是在买方用定程租船方式装运货物时，就涉及与装船有关的理舱费和平舱费由谁负担的问题，需要买卖双方进行洽商。在班轮运输情况下，由于班轮运费包括装船费用和在目的港的卸货费用，因此，装船费用实际上由买方负担。为了明确有关装船费用的划分，也可以在 FOB 术语后加列字母或缩写表示附加条件，即用 FOB 术语的变形来表示。变形后的费用承担如下：

FOB 班轮条件（FOB Liner terms），指装船费用如同班轮装运一样，即由船方负担。

FOB 吊钩下交货（FOB Under tackle），指卖方将货物置于轮船吊钩所及之处，从货物起吊开始的装船费用由买方负担。

FOB 包括理舱（FOB Stowed，FOB. S.），指卖方负责将货物装入船舱支付包括理舱费在内的装船费用。

FOB 包括平舱（FOB Trimmed，FOB. T.），指卖方负责将货物装入船舱并支付包括平舱费在内的装船费用。

FOB 包括理舱、平舱（FOB Stowed and Trimmed，FOB. S. T.）指卖方负责将货物装入船舱，并支付包括理舱费和平舱费在内的装卸费用。

使用贸易术语变形可以明确和改变买卖双方关于费用和手续的划分，但不改变交货点和风险的划分。

☞【案例】

买卖双方签订 FOB 合同，卖方向买方出口一级大米 300 吨，装船时货物经公证人检验，符合合同规定的品质条件，卖方于装船后及时发出装船通知。货物运输中由于风浪过大，大米被海水浸泡，品质受到影响，当货物到达目的港后，只能按三级大米价格出售，因而买方要求卖方赔偿差价损失。卖方是否应当负责？为什么？

☞【评析】

卖方不应负责任。因为在 FOB 条件下，买卖双方风险的划分是以船舷为界，货物越过船舷后的风险由买方承担。本案货物的品质问题不是卖方交货不符合要求，而是货物在途中遇风险而受损失，且卖方在装船后也及时发出了装货通知，所以卖方不负责任。

（二）CIF

1. 含义。CIF 是 COST，INSURANCE AND FREIGHT（…named port of destination）的缩写，翻译为成本、保险费加运费（……指定目的港），是指在装运港当货物越过船舷时，卖方即完成交货。卖方必须支付将货物运至指定的目的港所需的运费和费用，但交货后货物灭失或损坏的风险及由于各种事件造成的任何额外费用，即由卖方转移到买方。但是，应注意的是，在 CIF 条件下，卖方还必须办理买方货物在运输途中灭失或损坏风险的海运保险。因此，卖方需订立保险合同，并支付保险费。同时，买方应注意到，CIF 术语只要求卖方投保最低限度的保险险别。如买方需要更高的保险险别，则需要与卖方明确地达成协议，或者自行作出额外的保险安排。如果双方当事人不想以货物越过船舷作为交货转移条件，则应采用 CIP 术语。

2. 买卖双方的基本义务。按《2000 通则》对 CIF 的解释，买卖双方各自承担的基本义务概括起来，可分为以下几种：

（1）卖方义务：

①签订从指定装运港承运货物的合同；在合同规定的时间和港口，将合同要求

的货物装上船并支付至目的港的运费；装船后须及时通知买方。

②承担货物在装运港越过船舷之前的一切费用和风险。

③按照买卖合同的约定，自负费用办理水上运输保险。

④自负风险和费用，取得出口许可证或其他官方证件，并且办理货物出口所需的一切海关手续。

⑤提交商业发票和在目的港提货所用的通常的运输单据或具有同等作用的电子信息，并且自费向买方提供保险单据。

（2）买方义务：

①接受卖方提供的有关单据，受领货物，并按合同规定支付货款。

②承担货物在装运港越过船舷之后的一切风险。

③自负风险和费用，取得进口许可证或其他官方证件，并且办理货物进口所需的海关手续。

3. CIF 的变形—卸货费用的负担。在国际贸易中，大宗商品的交易通常采用程租船运输，在多数情况下，船公司一般是不负担装卸费的。因此，在 CIF 条件下，买卖双方容易在卸货费由何方负担的问题上引起争议。为了明确责任，买卖双方应在合同中对卸货费由谁负担的问题做出明确具体的规定。如买方不愿负担卸货费，在商订合同时，可要求在 CIF 术语后加列"Liner Terms"（班轮条件）或"Landed"（卸到岸上）或"Ex Tackle"（吊钩下交货）字样。如卖方不愿负担卸货费，在商订合同时，可要求在 CIF 术语后加列"Ex Ship's Hold"（舱底交货）字样。具体如下：

（1）CIF 班轮条件（CIF liner terms），指卸货费用按班轮条件处理，由支付运费的一方（即卖方）负担；

（2）CIF 舱底交货（CIF ex ships hold），指买方负担将货物从舱底起吊卸到码头的费用；

（3）CIF 吊钩交货（CIF ex tackle），指卖方负担将货物从舱底吊至船边卸离吊钩为止的费用；

（4）CIF 卸到岸上（CIF landed），指卖方负担将货物卸到目的港岸上的费用。

CIF 合同属于象征性交货（symbolic delivery）合同。卖方只提交符合合同要求的单据，即等同于交付货物，即使在卖方提交单据时，货物已经灭失或损坏，买方仍必须凭单据付款，但他可凭提单向船方或凭保险单向保险公司要求赔偿。

4. 使用 CIF 术语应注意的事项。

（1）CIF 合同属于"装运合同"。在 CIF 术语下，卖方在装运港将货物装上船，即完成了交货义务。因此，采用 CIF 术语订立的合同属于"装运合同"。但是，由于在 CIF 术语后所注明的是目的港（例如"CIF 伦敦"），在我国曾将 CIF

术语译作"到岸价",所以 CIF 合同的法律性质常被误解为"到货合同"。为此必须明确指出,CIF 以及其他 C 组术语(CFR、CFR、CIP)与 F 组术语(FCA、FAS、FOB)一样,卖方在装运地完成交货义务,采用这些术语订立的买卖合同均属"装运合同"性质。按此类术语成交的合同,卖方在装运地(港)将货物交付装运后,对货物可能发生的任何风险不再承担责任。

（2）卖方办理保险的责任。在 CIF 合同中,卖方是为了买方的利益办理货运保险的,因为此项保险主要是为了保障货物装船后在运输途中的风险。《2000 通则》对卖方的保险责任规定:如无相反的明示协议,卖方只需按《协会货物保险条款》或其他类似的保险条款中最低责任的保险险别投保。如买方有要求,并由买方负担费用,卖方应在可能情况下投保战争、罢工、暴动和民变险。最低保险金额应为合同规定的价款加 10%,并以合同货币投保。

在实际业务中,为了明确责任,我外贸企业在与国外客户洽谈交易采用 CIF 术语时,一般都应在合同中具体规定保险金额、保险险别和适用的保险条款。

（3）象征性交货问题。从交货方式来看,CIF 是一种典型的象征性交货（Symbolic Delivery）。所谓象征性交货,是针对实际交货（Physical Delivery）而言。前者指卖方只要按期在约定地点完成装运,并向买方提交合同规定的包括物权凭证在内的有关单证,就算完成了交货义务,而无需保证到货。后者则是指卖方要在规定的时间和地点,将符合合同规定的货物提交给买方或其指定人,而不能以交单代替交货。在象征性交货方式下,卖方是凭单交货,买方是凭单付款,只要卖方按时向买方提交了符合合同规定的全套单据,即使货物在运输途中损坏或灭失,买方也必须履行付款义务。反之,如果卖方提交的单据不符合要求,即使货物完好无损地运达目的地,买方仍有权拒付货款。由此可见,CIF 交易实际上是一种单据的买卖。所以,装运单据在 CIF 交易中具有特别重要的意义。但是,必须指出,按 CIF 术语成交,卖方履行其交单义务,只是得到买方付款的前提条件,除此之外,他还必须履行交货义务。如果卖方提交的货物不符合要求,买方即使已经付款,仍然可以根据合同的规定向卖方提出索赔。

☞【案例】

某年我国某外贸公司出售一批核桃给数家英国客户,采用 CIF 术语,凭不可撤销即期信用证付款。由于核桃销售的季节性很强,到货的迟早,会直接影响货物的价格,因此,在合同中对到货时间作了以下规定:"10 月份自中国装运港装运,买方保证载货轮船于 12 月 2 日抵达英国目的港。如载货轮船迟于 12 月 2 日抵达目的港,在买方要求下,卖方必须同意取消合同,如货款已经收妥,则须退还买方。"合同订立后,我外贸公司于 10 月中旬将货物装船出口,凭信用证规定的装运单据(发票、提单、保险单)向银行收妥货款。不料,轮船在航运途中，主要机件损坏，无法继续航行。为保证如期抵达目的港，我外贸公司以重金租用大马力拖轮拖带该轮继续前进。但因途中又遇大风浪，致使该轮抵达目的港的时间，较合同的限定的最后日期晚了数小时。适遇核桃市价下跌，除个别客户，多数客户要求取消合同。我外贸公司最终因这笔交易遭受重大经济损失。

问：（1）我外贸公司与英国客户所签订的合同，是真正的 CIF 合同吗？

（2）是或不是，请说明理由。

☞ 【评析】

（1）分析该案例中，合同条款规定卖方须保证货物抵达目的港的时间，这一规定与 CIF 术语的风险划分相矛盾，所以不是真正的合同。（2）合同中规定付款后买方在货物不能及时抵达目的港的情况下，应买方要求，须退款。

这一要求与付款条款的规定（凭不可撤销即期信用证付款）相矛盾，所以在履行合同时买方承担很大风险。

我外贸公司应吸取这次贸易的教训，在今后交易中尽力避免制定此类不切实际合同。

（三）CFR

1. 含义。CFR 是 COST AND FREIGHT （…named port of destination） 的缩写，翻译为成本加运费（……指定目的港），是指在装运港货物越过船舷卖方即完成交货，卖方必须支付将货物运至指定的目的港所需的运费和费用。但交货后货物灭失或损坏的风险，以及由于各种事件造成的任何额外费用，即由卖方转移到买方。CFR 术语要求卖方办理出口清关手续。该术语仅适用于海运或内河运输。如当事各方无意越过船舷交货，则应使用 CPT 术语。

2. 买卖双方的义务。按国际商会对 CFR 的解释，买卖双方各自承担的基本义务，概括起来，可作如下划分：

（1）卖方义务：

①自负风险和费用，取得出口许可证或其他官方批准的证件，在需要办理海关手续时，办理货物出口所需的一切海关手续。

②签订从指定装运港承运货物运往指定目的港的运输合同；在买卖合同规定的时间和港口，将货物装上船并支付至目的港的运费；装船后及时通知买方。

③承担货物在装运港越过船舷为止的一切风险。

④向买方提供通常的运输单据，如买卖双方约定采用电子通讯，则所有单据均可被同等效力的电子数据交换（EDI）信息所代替。

（2）买方义务：

①自负风险和费用，取得进口许可证或其他官方批准的证件，在需要办理海关手续时，办理货物进口以及必要时经由另一国过境的一切海关手续，并支付有关费用及过境费。

②承担货物在装运港越过船舷以后的一切风险。

③接受卖方提供的有关单据，受领货物，并按合同规定支付货款。

④支付除通常运费以外的有关货物在运输途中所产生的各项费用，以及包括驳运费和码头费在内的卸货费。

3. CFR 的变形。按 CFR 术语成交，如货物是使用班轮运输，运费由 CFR 合同的卖方支付，在目的港的卸货费用实际上由卖方负担。大宗商品通常采用租船运输，如船方按不负担装卸费条件出租船舶，故卸货费究竟由何方负担，买卖双方应在合同中订明。为了明确责任，可在 CFR 术语后加列表明卸货费由谁负担的具体条件：

（1）CFR Liner Terms（CFR 班轮条件）。这是指卸货费按班轮办法处理，即买方不负担卸货费。

（2）CFR Landed（CFR 卸到岸上）。这是指由卖方负担卸货费，其中包括驳运费在内。

（3）CFR EX Tackle（CFR 吊钩下交货）。这是指卖方负责将货物从船舱吊起卸到船舶吊钩所及之处（码头上或驳船上）的费用。在船舶不能靠岸的情况下，租用驳船的费用和货物从驳船卸到岸上的费用，概由买方负担。

（4）CFR Ex Ship's Hold（CFR 舱底交货）。这是指货物运到目的港后，由买方自行启舱，并负担货物从舱底卸到码头的费用。

应当指出，CFR 术语的附加条件，只是为了明确卸货费由何方负担，其交货地点和风险划分的界线，并无任何改变。《2000 通则》对术语后加列的附加条件不提供公认的解释，建议买卖双方通过合同条款加以规定。

4. 使用 CFR 的注意事项。

（1）卖方应及时发出装船通知。按 CFR 条件成交时，由卖方安排运输，由买方办理货运保险。如卖方不及时发出装船通知，则买方就无法及时办理货运保险，甚至有可能出现漏保货运险的情况。因此，卖方装船后务必及时向买方发出装船通知，否则，卖方应承担货物在运输途中的风险和损失。

（2）按 CFR 进口应慎重行事。在进口业务中，按 CFR 条件成交时，鉴于由外商安排装运，由我方负责保险，故应选择资信好的国外客户成交，并对船舶提出适当要求，以防外商与船方勾结，出具假提单，租用不适航的船舶，或伪造品质证书与产地证明。若出现这类情况，会使我方蒙受不应有的损失。

☞ **【案例】**

我某出口公司按 CFR 条件向日本出口红豆 250 吨，合同规定卸货港为日本口岸，发货时，正好有一船驶往大阪，我公司打算租用该船，但在装运前，我方主动去电询问在哪个口岸卸货时，正值货价下跌，日方故意让我方在日本东北部的一个小港卸货，我方坚持要在神户、大阪。双方争执不下，日方就此撤销合同。试问我方做法是否合适？日本商人是否违约？

☞ **【评析】**

不合适。

选择港的使用；合同中规定的卸货港为日本口岸，按照惯例，进口商在装运前应通知出口商，否则出口商可自行决定，可在日本的任何一个港口卸货；我方去电询问纯属多此一举，这种做法不妥当；日方撤销合同没有正常理由，违约的原因是价格下跌，属正常商业风险，不能作为撤约的理由。

（四）FCA

1. 含义。FCA 是 FREE CARRIER（…named place）的缩写，翻译为货交承运人（……指定地点），是指卖方只要将货物在指定的地点交给买方指定的承运人，并办理了出口清关手续，即完成交货。需要说明的是，交货地点的选择，对于在该地点装货和卸货的义务会产生影响。若卖方在其所在地交货，则卖方应负责装货，若卖方在任何其他地点交货，卖方不负责卸货。该术语可用于各种运输方式，包括多式联运。"承运人"指任何人在运输合同中，承诺通过铁路、公路、空运、海运、内河运输或上述运输的联合方式履行运输或由他人履行运输。若买方指定承运人以外的人领取货物，则当卖方将货物交给此人时，即视为已履行了交货义务。

2. 买卖双方的基本义务。

（1）卖方义务：

①自负风险和费用，取得出口许可证或其他官方批准证件，在需要办理海关手续时，办理货物出口所需的一切海关手续。

②在合同规定的时间、地点，将符合合同规定的货物置于买方指定的承运人控制下，并及时通知买方。

③承担将货物交给承运人之前的一切费用和风险。

④自负费用向买方提供交货的通常单据，如买卖双方约定采用电子通讯，则所有单据均可被具有同等效力的电子数据交换（EDI）信息所代替。

（2）买方义务：

①自负风险和费用，取得进口许可证或其他官方证件，在需要办理海关手续时，办理货物进口和经由他国过境的一切海关手续，并支付有关费用及过境费。

②签订从指定地点承运货物的合同，支付有关的运费，并将承运人名称及有关情况及时通知卖方。

③承担货物交给承运人之后所发生的一切费用和风险。

④根据买卖合同的规定受领货物并支付货款。

3. 使用 FCA 术语应注意的事项。

（1）关于交货问题。《2000 通则》规定，在 FCA 术语下，卖方交货的指定地点如是在卖方货物所在地，则当货物被装上买方指定的承运人的运输工具时，交货即算完成；如指定的地点是在任何其他地点，当货物在卖方运输工具上，尚未卸货而交给买方指定的承运人处置时，交货即算完成。

（2）关于运输合同。《2000 通则》中的 FCA 术语，应由买方自付费用订立从指定地点承运货物的运输合同，并指定承运人，但《通则》又规定，当卖方被要求协助与承运人订立合同时，只要买方承担费用和风险，卖方也可以办理。当然，卖方也可以拒绝订立运输合同，如若拒绝，则应立即通知买方，以便买方另作安排。

（3）FCA 与 FOB 的异同点。FCA 与 FOB 两种术语均属 F 组术语，按这两种术语成交的合同均属装运合同。买卖双方责任划分的基本原则是相同的。

FCA 与 FOB 的主要不同在于适用的运输方式、交货和风险转移的地点不同。FCA 术语适用于各种运输方式，交货地点视不同运输方式的不同约定而定，其风险划分是卖方将货物交至承运人时转移；FOB 术语仅用于海运和内河运输，交货地点为装运港，风险划分以装运港船舷为界；此外，在装卸费的负担和运输单据的使用上也有所不同。

☞ 【案例】

我国某出口企业按 FCA Shanghai Airport 条件向印度 A 进口商出口手表一批，货价 5 万美元，规定交货期为 8 月份，自上海空运至孟买。

约定的支付条件是：买方由孟买某银行转交的航空公司空运到货通知即期全额电汇付款。我国出口企业于 8 月 31 日将该批手表运到上海虹桥机场，交由航空公司收货，并出具航空运单。我国企业随即向印商用电传发出装运通知。航空公司于 9 月 2 日将该批手表运到孟买，并将到货通知连同有关发票和航运单送孟买某银行。该银行立即通知印商前来收取上述到货通知等单据并电汇付款。此时，国际市场手表价下跌，印商以我交货延期，拒绝付款、提货。我国出口企业则坚持对方必须立即付款、提货。双方争执不下，遂提起仲裁。假如你是仲裁员你认为谁是谁非，应如何处理？说明理由。

☞【评析】

FCA（FREE CARRIER）"货交承运人（……指定地点）"是指卖方只要将货物在指定的地点交给买方指定的承运人，并办理了出口清关手续，即完成交货。此案例中没有指明承运货物的航空公司是否为买方所指定的，但即便买方没有指定，卖方也可按惯例指定航空公司运输（费用到付，即买方承担），只要卖方在约定的时间内（8月31日前，包括8月31日）将货交承运人，卖方即完成交货，买方需按约付费，所谓的延迟交货不成立，买方应立即支付所有款项。

（五）CPT

1. 含义。CPT 是 CARRIAGE PAID TO（…named place of destination）的缩写，翻译为运费付至（……指定地点），是指卖方向其指定的承运人交货，但卖方还必须支付将货物运至目的地的运费。亦即买方承担交货之后一切风险和其他费用。

"承运人"是指任何人，在运输合同中，承诺通过铁路、公路、空运、海运、内河运输或上述运输的联合方式履行运输或由他人履行运输。如果还使用接运的承运人将货物运至约定目的地，则风险自货物交给第一承运人时转移。CPT 术语要求卖方办理出口清关手续。该术语可适用于各种运输方式，包括多式联运。

2. 买卖双方的基本义务。按 CPT 术语成交，买卖双方的基本义务可概括划分如下：

（1）卖方的基本义务：

①办理出口结关手续，负责订立运输合同，将货物运至指定目的地约定的地点，并给予买方货物已交付的充分通知。

②承担货物交给承运人以前的一切费用和货物灭失与损坏的一切风险，以及装货费和从装运地至目的地的通常运费。

③向买方提供约定的单证或相等的电子信息。

（2）买方的基本义务：

①从卖方交付货物时起，承担货物灭失和损坏的一切风险项费用及卸货费。

②支付除通常运费之外的有关货物在运输途中所产生的各项费用及卸货费。

③在目的地从承运人那里受领货物，并按合同规定受领单据和支付货款。

3. 使用 CPT 术语应注意的问题。

（1）按 CPT 条件成交时，由于卖方要负担从装运地到约定目的地的运输责任和正常运费，故卖方对外报价时，要认真核算运费，务必将运费因素考虑到货价中去。在核算运费时，应充分考虑运输距离的远近，通常运输路线和各种方式的收费情况或运价变动趋势，以免对外盲目报价，出现偏高或偏低现象。关于 CPT 条件下的装卸费是否包括在动费中，以及卖方协助买方办理有关事项而产生的费用等，买卖双方均应事先予以明确。

（2）在 CPT 条件下，货物交给承运人或第一承运人照管时起，货物发生灭失或损坏的一切风险，即由卖方转移给买方，可见货物在运输途中的风险，概由买方承担。

（3）为了明确买卖双方各自承担的费用和风险的责任，并防止买方故意拖延受领货物和风险转移的情况出现，按 CPT 条件成交，如由于买方未向卖方通知或未按时受领货物，由此引起的额外费用和风险，应由买方负担。

（4）按 CPT 条件成交时，买卖双方一般应约定装运费和目的地，以便卖方自费订立运输合同，按期将货物交给承运人。以运至指定的目的地，如买方有权确定装货时间和（或）目的地时，买方应给予卖方充分的通知，以利卖方行使交货义务，卖方将货交给承运人后，应向买方发出货已交付的通知，以利买方在指定目的地从承运人那里收领货物，如果交货地点未约定或习惯上未确定，卖方可在给定目的地选择最适合其要求的地点。

（5）CPT 与 CFR 的相同点是：如果分别按这两种术语成交，货价构成因素都包括运费。故卖方都要负责安排运费，将货运往约定目的地，而货物在运输途中的费用由卖方负担，它们都属装运地交货的术语，按这两种术语签订的合同，都属装运合同。但这两种术语也有不同之处，如 CFR 仅适用于水上运输方式，而 CPT 则适用于包括多式联运在内的任何运输方式，此外，在交货的具体地点，费用和风险划分的具体界线以及运用的单据等方面也存在着差异。

（六）CIP

1. 含义。CIP 是 Carriage and Insurance Paid to（…named place of destination）的缩写，翻译为运费，保险费付至（……指定目的地）。按此术语成交，货价构成因素中包括从装运地运至约定目的地通常运费和约定的保险费，因此，卖方除负有与 CPT 术语相同的义务外，还需办理货物在运输途中应由买方承担的货物灭失损坏风险的海运保险，也即卖方除应订立运输合同和支付通常运费外，还应负责订立保险合同并支付保险费。并自费向买方提供保险单据。在此需提请买方注意，按 CIP 条件成交，只能要求卖方取得最低的保险险别。CIP 术语的适用范围同 CPT 术语完全一样，它适用于各种运输方式，包括多式联运。

2. 买卖双方的基本义务。按 CIP 术语成交，买卖双方的基本义务可概括划分如下：

（1）卖方的基本义务：

①办理出口结关手续，自费订立运输合同和保险合同，按期将货物交给承运人，以运至指定目的地，并向买方发出货物已交付的充分通知。

②承担货物交付承运人以前的一切费用和货物灭失与损坏的一切风险。

③向买方提交约定的单证或相等的电子信息。

（2）买方的基本义务：

①从卖方交付货物时起，承担货物灭失和损坏的一切风险。

②支付除通常运之外的有关货物在运输途中所产生的各项费用和卸货费用。

③在目的地从承运人那里受领货物，并按合同规定受领单据和支付货款。

3. 使用 CIP 术语应注意的问题。

（1）合理定价。按 CIP 条件成交时，由于卖方要负担货物从装运地至目的地通常运费和约定的保险费，故卖方对外报价时，应当认真核算成本和价格，把将要支付的运费和保险费计到货价中去。卖方核算成本和价格时，应考虑运输距离，保险险别，各种运输方式和各类保险的收费情况，以及运价和保险费率的变动趋势，发以防止对外盲目报价，买方对卖方的报价也应认真分析研究，切实做好比价工作，以免盲目成交。

（2）正确理解风险和保险问题。应当指出，在 CIP 条件下，货物运输保险的责任和费用虽由卖方负责，但货物在运输途中灭失或损坏的风险却由买方负担。由此可见，卖方是为买方的利益代办保险，卖方之所以自费办理保险则是因为货物的售价中包括保险费。在一般情况下，卖方只按约定的险别投保，如未约定险别，卖方也按惯例投保最低限度的险别，保险金额一般在合同基础上加成 10% 投保。如有可能，卖方应按合同货币投保。按 CIP 条件成交，是否加保战争、罢工、暴乱及民变险，由买方决定，卖方并无加保此险的义务，但若买方要求加保，卖方应予办理，不过，加保此险的费用，如事先未约定计入售价中，同应由买主另行负担。

（3）CIP 与其他术语的关系。与其他贸易术语相比，CIP 等于 CPT 加保险费，或者等于 FCA 加运费和保险费。CIP 与 CIF 这两种术语有许多相似之处。如在其价格构成因素中，都包括通常的运费和约定的保险费，故卖方都应承担安排运输，保险的责任并支付有关的运费与保险费，而且按这两种术语成交，都属装运地交货，其合同性质都为装运合同，故货物在运输途中的风险，均由买方承担。这两种术语的不同之外，主要是适用范围不同，CIF 仅适用于水上运输方式，而 CIP 则适用于任何运输方式，其中包括多式联运。此外，在交货和风险转移的具体部位以及运用的单据等方面存在一些差异。

☞ 【案例】

某年 5 月，美国某公司从我国江西某公司进口一批瓷具，CIF 合同，以不可

中小企业管理系列丛书

撤销的跟单信用证付款。出口方随后与宁波某运输公司签订运输合同。8月初出口方将货物备妥，装上承运人派来的货车。途中由于驾驶员的过失发生车祸，错过了信用证规定的装船日期。得到发生车祸的通知后，出口方即刻与进口方洽商要求将信用证的有效期和装船期延展半个月，并本着诚信原则告知进口方两箱瓷具可能受损。进口方同意延期，但要求货价应降5%。出口方同意受震荡的两箱瓷具降价1%，但认为其余货物并未损坏，不能降价。

但进口方坚持要求全部降价。最终出口方做出让步，受震荡的两箱降价2.5%，其余降价1.5%，为此有关损失共计达15万美元。事后，出口方作为托运人又向承运人就有关损失提出索赔。承运人同意承担有关仓储费用和两箱震荡货物的损失；利息损失只赔50%，理由是自己只承担一部分责任，主要是由于出口方修改单证耽误时间；但对于货价损失不予理赔，认为这是由于出口方单方面与进口方的协定所致，与己无关。出口方却认为货物降价及利息损失的根本原因都在于承运人的过失，坚持要求其全部赔偿。3个月后经多方协商，承运人最终赔偿各方面损失共计5.5万美元。出口方实际损失9.5万美元。该案件出口方受损，主要是贸易术语使用不当。你认为内陆地区的出口业务比较适合哪些术语成交？

☞ 【评析】

此案例充分表明了 CIF 术语自身的缺陷，在用于内陆地区出口业务时显得心有余而力不足。

（1）CIF 合同的交货义务分离使风险转移严重滞后于货物实际控制权的转移；

（2）CIF 运输单据规定有限制，致使内陆出口方无法在当地交单；

（3）内陆地区使用 CIF 术语还有一笔额外的运输成本。

所以，CIP 术语比 CIF 术语更适合内陆出口业务。

四、其他贸易术语

《2000 通则》中的 13 个贸易术语，常用的是以上介绍的 6 个。其余 7 个术语在实际业务中虽较少使用，但有时还是能够满足买卖双方的特点要求的。

（一）EXW

E 组惟一的术语是 EXW，是 Ex Works（…named place）的缩写，即工厂交货。按此贸易术语成交，卖方即不负责将货物装上买方备妥的运输车辆，也不负责办理货物出口结关手续，除另有约定外，买方应承担从卖方的所在地将货物运至预期目的地的全部费用和风险，因此，工厂交货是买方承担责任和费用的贸易术语。

工厂交货，本属按国内贸易的办法进行交货，但也可用于国际贸易，特别是陆地接壤国家之间，应用得比较普遍。工厂交货的适用范围很广，它适用于任何运输方式，其中包括多式联运。

交易双方按工厂交货条件成交，办理货物出口结关手续，不是卖方负责，而由买方负责，在此情况下，买方须了解出口国家的政府当局是否接受一个不住在该国的当事人或其代表在该国办理出口结关手续，以免蒙受不必要的损失。如果在买方不能直接或间接地办理货物出口通关手续的情况下，就不应使用这一术语，而应选用 FCA 术语。

（二）FAS

FAS 是 Free Alongside Ship（...named port of shipment）的缩写，翻译为装运港船边交货（……指定装运港），是指卖方把货物送到装运港码头船边，即船舶吊钩所及之处，以便用钢轮上吊钩，将货物吊到船上。

按装运港船边交货条件成交，买卖双方的费用和风险的划分，以船边为界，货物交至船边前的一切费用和风险（其中可能包括驳运费用和驳运过程中发生的货物风险损失）概由卖方负担，当货物有效地交到船边后，费用风险即由卖方转移给买方，因此 FAS 术语要求买方办理出口结关手续，在买方不能直接或间接办理出口手续的情况下，不应使用这一术语。

FAS 术语的适用范围，包括海运或内河航运，按装运港船边交货条件成交，卖方只负责按规定把货物交到船边，而无办理货物出口手续的责任，买方则应自行承担费用和风险，取得出口许可证和其他官方批准证件，并办理货物出口结关手续，但是，如买方要求卖方协助取得出口许可证或其他官方批准证件，在由买方承担费用和风险的情况下，卖方也可协助办理。关于这问题，除上述一般解释外，各国的惯例并不一致。如有些国家规定，卖方应协助取得出口许可证；也有个别国家规定，应由卖方取得出口许可证。为了明确责任，买卖双方在商订合同时，应予以注意。

（三）DAF

DAF 是 Delivered at Frontier（...named place）的缩写，翻译为边境交货（……指

定地点）。按 DAF 条件成交卖方应负责办理货物出口结关手续，备妥货物后，将出售的货物运至边境上的指定地点，在毗邻国家海关关境之前，履行其交货义务，在此术语下，买卖双方费用风险的划分，以边境交货地点为界，卖方承担货交买方处置以前的一切费用和风险，买方则承担交货后所发生的一切费用风险。

DAF 术语主要用于铁路或公路运输方式，也可用其他作任何运输方式。

根据《2000 通则》的规定，买卖双方按边境交货条件成交时，"边境"一词可适用于任何边境，包括出口国边境。为了明确交货责任和避免履约当中引起争议，买卖双方事先准确地规定边境交货的具体地点是非常重要的，假如在边境上被指定的交货地的具体地点未约定或习惯上未确定的话，则卖方可以指定交货地，选择最适合其要求的具体地点。

此外，按 DAF 条件成交，在边境交货后，风险即由卖方转移给买方，卖方无订立保险合同的义务。但是，如买方要求卖方提供办理保险所必要的信息时，卖方应予以提供。

（四）DES

DES 是 Delivered Ex Ship（…named port of destination）的缩写，翻译为目的港船上交货（……指定目的港）。按 DES 术语成交，卖方应将其出售的货物运至约定的目的港，并在船上交货，买卖双方责任，费用和风险的划分，以目的港船上办理交接手续为界，卖方承担在目的港船上将货交由买方处置以前的一切费用和风险，买方同承担船上货物交由其处置时起的一切费用和风险，其中包括负责卸货和办理货物进口结关手续。

上述内容表明，这一术语同 CIF 术语存在不同点，表现在下列几个方面：第一，交货地点不同，即 CIF 是装运港船上交货，而 DES 是目的港船上交货。第二，风险划分不同，即在 CIF 中的风险由卖方负担。第三，交货方式不同，CIF 属象征性交货，而 DES 属实际交货。第四，费用负担不同，即在 CIF 条件下，卖方则须负担货物运抵目的港交货前的一切费用，由于有些人不了解这些差别，故将 CIF 误称为"到岸价"。

DES 术语的适用范围和 CIF 术语一样，也只适用于海运和内河航运。

采用 DES 术语时，卖方虽无订立保险合同的义务，但因货物在运输途中的风险由卖方承担，故卖方必须通过向保险公司投保来转嫁这方面的风险。可见，卖方及时办理货运保险是关系到其自身利益的一项不可缺少的重要工作。卖方投保，应根据船舶所驶航线的风险程度和货物特性，投保适当的险别。

按 DES 条件成交，因卖方自费订立运输合同或派船送货，故卖方应将船舶预期到达时间通知买方，以方便买方做好受领货物的准备，如买方有权决定交货时间和受领货物的地点时，要及时通知卖方充分的通知，发利货物交接工作的顺利进行，如买方未按规定及时通知卖方，或未按时受领货物，而由此引起的额外费用和风险，由买方承担。

（五）DEQ

DEQ 是 Delivered Ex Quay（…named port of destination）的缩写，翻译为目的港码头交货（……指定目的港）。

按此术语成交，卖方要负责将合同规定的货物按照通常航线和惯常方式运到指定的目的港，将货物卸到岸上，并且承担有关卸货费用。卖方在交货期内，在指定目的港的码头将货物置于买方的控制下即完成交货。在此之前，卖方要将船名和船舶预计到港时间及时通知买方。买方要承担在目的港码头接受货物后的一切风险、责任和费用。

按 DEQ 条件成交时，卖方应自负费用和风险取得进口许可证或其他官方批准证件，并办理货物的进口手续。如卖方不能直接取得进口许可证，在费用和风险由买方负担的情况下，卖方可要求买方协助，以间接取得这些证件。如卖方没有直接或间接取得进口许可证，就不应采用 DEQ 术语。

采用 DEQ 术语时，常在 DEQ 后加注"Duty Paid"（关税已付）字样，但是，如果当事人希望买方办理货物进口手续并支付关税，同在 DEQ 后应加注"Duty Unpaid"（关税未付）词不达意。因此，合同当事人要求排除卖方承担货物进口时征收的某项费用（如增值税）的义务，则应加注"Delivered Ex Quay V. A. T. Unpaid（…named port of destination）"（目的港码头交货，增值税款付）。DEQ 术语如同 DES 术语一样，仅适用于海运和内河航运。

（六）DDU

DDU 是 Delivered Duty Unpaid（…named place of destination）的缩写，翻译为未完税交货（……指定目的地）。是国际商会在《1990 通则》中新增加的一种贸易术语。

采用此术语时，卖方必须承担货物运至指定地点的一切费用及风险（不包括关税，捐税及进口时应支付的其他关费）以及办理海关出口手续的费用和风险。买方则须承担因其未能及时办理货物进口结关而引起的额外费用和风险。但如果当事人希望卖方承担货物进口时应支付某项费用（如增值税）的义务，则应订明

"Delivered Duty Unpaid，VAT Paid（…named port of destination）"（未完税交货，增值税已付……指定目的地）。

DDU 术语适用于各种运输方式。

在国际贸易实践中，一般地说，外国公司在许多国家不仅很难得到进口许可证，而且也很难获得关税及增值税等税捐的减免。而采用未完税交货术语，则免除了卖方这些义务，当卖方在目的地国家准备交货，而且办理进口结关和支付关税的情况下，可使用此术语，例如，欧洲共同市场各国货物进口结关一般不会遇到什么困难，故使用此术语非常合适，但是，对办理进口结关困难和费时的国家，卖方在结关以后承担交货义务可能会遇到风险，尽管按此术语成交，买方应承担因其未能及时办理进口结关手续而产生的额外费用和风险，但对那些办理货物进口结关手续困难的国家，卖方最好还是不要采用 DDU 术语。

（七）DDP

DDP 是 Delivered Duty Paid（…named place destination）的缩写，翻译为完税后交货（……指定目的地）。

DDP 是《2000 通则》中包含的 13 种贸易术语中卖方承担风险、责任和费用最大的一种术语。按此术语成交，卖方要负责把货物运至进口国指定的目的地并交付买方支配，才算完成交货。在货物交由买方处置以前的所有责任，费用和风险，其中包括关税，捐税，有关交货的其他费用，货物在运输途中发生灭失损坏的风险以及办理货物出口和进口手续的费用风险概由卖方承担。

可见，DDP 与 DDU 在交货地点和风险划分上是相同的。区别在于在 DDU 条件下，办理货物进口清关的风险、责任和费用均由买方承担，而在 DDP 条件下，由卖方承担。如果当事人希望买方办理货物进口结关并支付关税，则应使用 DDU 术语，如果当事人希望排队卖方承担货物进口应支付的某些费用（如增值税）的义务，则应明确规定："Delivered Duty Paid，VAT。unpaid（…named place destination）"完税后交货，增值税未付（……指定目的地）。

按照《2000 通则》的解释，DDP 术语和 DDU 术语一样，可适用于各种运输方式。但是，当交货地点是在目的港的码头或船上时，应采用 DES 或 DEQ 术语。

按 DDP 术语成交，卖方应自行承担费用和风险，直接取得进口许可证或其他官方批准证件；也可以在卖方承担费用和风险的情况下，要求买方协助，以间接取得这些证件，如卖方不能直接或间接地取得进口许可证，就不应当采用 DDP 术语。

中
小
企
业
管
理
系
列
丛
书

五、贸易术语与买卖合同的关系

贸易术语是买卖合同中货物价格的重要组成部分，它是确定买卖合同性质的重要因素，但又不是惟一因素，贸易术语与买卖合同有着密切的联系。

1. 当事人可自愿选择买卖合同中的贸易术语。在国际贸易中，交易双方采用何种贸易术语成交，应在买卖合同中具体订明，由于有关贸易术语的国际贸易惯例是建立在当事人"意思自治"的基础上，具有任意法的性质，故当事人选用何种贸易术语及其所采用的术语受何种惯例管辖，完全根据自愿的原则来确定。如交易双方愿意采用《2000 通则》中的 CIF 术语，并愿受该通则的管辖，则可在买卖合同中明确规定：CIF INCOTERMS2000。

2. 贸易术语是确定买卖合同性质的一个重要因素。贸易术语可以明确买卖双方交接货物的方式和条件，即明确买卖双方在交接货物过程中各自应承担的责任、费用和风险，从而划分了双方的权利和义务，并说明了合同的基本特征。所以，贸易术语是确定买卖合同性质的一个重要因素。一般地说，采用何种贸易术语成交，则买卖合同的性质也相应可以确定，有时，甚至以某种贸易术语的名称来给买卖合同命名，如 FOB 合同，CIF 合同等。通常情况下，贸易术语的性质与买卖合同的性质是相符合的，如按 E 组术语成交，卖方在货物所在地交货，故其签订的合同为产地交货合同；按 F 组和 C 组术语成交时，卖方都是在起运国或装船国履行其交货义务，这两种术语都具有装运港（地）交货的性质。因此，按这两组术语签订的买卖合同，其性质都属于装运合同。但是按 D 组术语成交时，卖方必须承担货物运至目的地的所有费用和风险，即在到达点履行其交货义务，故按 D 组术语签订的买卖合同，其性质属于到达合同。

3. 避免贸易术语与买卖合同中的其他条件相矛盾。贸易术语虽然能确定买卖合同的性质，但它并不是决定合同性质惟一的因素，决定买卖合同性质的还有其他因素，如支付、检验和交货等条件。所以交易双方应根据交货等成交条件选用相应的贸易术语，防止出现贸易术语与买卖合同的其他条件不符合，甚至互相矛盾的情况。尤其在选用 C 组术语成交时，在涉及增加卖方义务的规定时，更应审慎从事，以免出现与贸易术语性质相矛盾的内容。如交易双方约定使用 CIF 术语，但同时又规定："以货物到达目的港作为支付货款的前提条件。"则支付条件的规定与 CIF 术语的性质就相违背，这种情况下，双方很有可能因对合同性质认识不同而发生争议。

4. 注意买卖合同中的贸易术语与运输合同中的术语互相衔接。《2000 通则》

仅适用于买卖合同中的贸易术语，而不适用于运输合同中的术语，尤其不适用于各种租船合同中的贸易术语。由于租船合同的术语对于装卸时间和装卸费用的限定更为严格，故交易双方签订买卖合同时，应尽可能考虑运输合同的要求，以便为随后订立的运输合同打下良好的基础，从而有利于买卖合同的履行。如忽略运输条件，使买卖合同中的运输条件订得不适当，这不仅会给运输造成困难，而且会影响买卖合同的履行；另一方面运输合同是为履行买卖合同而签订的，因此，负责安排运输的买方或卖方在商订运输合同时，务必以买卖合同为依据，使运输合同与买卖合同互相衔接，以保证买卖合同的顺利履行。

例如，交易双方按 CIF Liner Terms 条件签订买卖合同，即约定买方不负担卸货费，则卖方签订运输合同时，就应考虑卸货费的负担问题，如卖方也不愿负担卸货费，则应按由船方负担卸货费（Free In，FI）的条件洽租船舶，以便使运输合同与买卖合同互相衔接。

六、贸易术语的选用

采用不同的贸易术语买卖双方承担不同的义务。因此，采用何种贸易术语，既关系到双方的利益所在，也关系到能否顺利履约，所以在洽谈交易时，双方应慎重地选择贸易术语。目前在国际贸易中，较多使用象征性交货的术语，即以装运港或装运地交货的方式成交。我国外贸企业在进出口业务中，对贸易术语的选用主要考虑下列因素：

1. 有利于我国远洋运输业和保险业的发展，增收减支。从宏观经济利益考虑，出口业务应为我国增加外汇收入，而进口业务要为我国节省外汇支出。同时也为了扶持和促进我国与贸易相关行业，如国际运输业、保险业的发展，在可能的情况下，我国企业在进口贸易中，尽量采用 FOB 或 FCA 等术语；在出口贸易中，则争取按 CFR、CPT、CIF 或 CIP 方式成交。

2. 有利于发展双方的合作关系。有些国家规定进口贸易必须在本国投保，有些买方为了谋求保险费的优惠，与保险公司订有预保合同，则我方可同意按 CFR 和 CPT 方式出口。在大宗商品出口时，国外买方为谋求以较低运价租船，我方也可按 FOB 或 FCA 方式与之成交。

3. 与运输方式相适应。FOB、CFR、CIF 只适合于海洋运输和内河运输。在航空运输和铁路运输情况下，则应采取 FCA、CPT、CIP 术语。但即使是海洋运输，在以集装箱方式运输时，出口商在货交承运人后即失去了对货物的控制，因而作为出口方，应尽量采用 FCA、CPT、CIP 方式成交。此类贸易术语还有利于出口方提早转移风险，提前出具运输单据，早日收汇，加快资金周转。

4. 重视规避风险。我方进口大宗货物需以租船方式装运时，原则上应采用FOB方式，由我方自行租船、投保，以避免卖方与船方勾结，利用租船提单，骗取货款。贸易术语又是合同诸多贸易条件中的一个方面，它的选用必须和其他贸易条件相适应。

5. 考虑货物的特性和成交量的大小。在国际贸易中，进出口货物的品种繁多，不同类别的货物具有不同的特点，对运输方面的要求各不相同，运费开支的大小也有差异。有些货物价值较低，但运费占货价的比重较大，对这类货物，应选用由对方安排运输的术语，如选用 F 组术语出口，C 组术语进口。此外，成交量的大小，也涉及运输安排的难易和经济核算的问题。当成交量太小，又无班轮通航的情况下，负责安排运输的一方势必会增加运输成本，因此选用贸易术语时应予以考虑。

6. 体现平等互利和双方自愿的原则。选择贸易术语时，买卖双方应本着平等互利的原则，从方便贸易和促进成交出发，在双方自愿基础上商定。如大多数客户习惯上按 FOB、CFR 或 CIF 这三种传统的贸易术语成交，则我们应尊重客户的贸易习惯。另外，有些国家为了支持本国保险事业的发展，规定在进口时，须由本国办理保险，我方为表示与其合作的意向，出口可采用 FOB 或 CFR 术语。又如，我方在出口大宗商品时，国外买方为了争取到运费和保险费的优惠，要求自行办理租船订舱和保险，为了发展双方贸易，可采用 FOB 术语。在进口贸易中，如进口货物的数量不大，可采用 CIF 术语。

综上所述，在贸易术语的运用方面，不仅要正确理解和处理好贸易术语与买卖合同的关系，而且还要充分考虑影响贸易术语选用的各种有利害关系的因素。只有这样，才能选择好适当的贸易术语，并有利于合同的订立和履行，从而有效地提高对外贸易经济效益。

☞【案例】

某年 5 月，美国某公司从我国广东某公司进口一批瓷具，CIF 合同，以不可撤销的跟单信用证付款。出口方随后与上海某运输公司签订运输合同。8 月初出口方将货物备妥，装上承运人派来的货车。途中由于驾驶员的过失发生车祸，错过了信用证规定的装船日期。得到发生车祸的通知后，出口方即刻与进口方洽商要求将信用证的有效期与装船期延展半个月，并本着诚信原则告知进口方两箱瓷具可能受损。进口方同意延期，但要求货价应降 5%。出口方同意受震荡的两箱瓷具降价 1%，但认为其余货物并未损坏，不能降价。

但进口方坚持要求全部降价。最终出口方做出让步，受震荡的两箱降价

2.5%，其余降价1.5%，为此有关损失共计达15万美元。事后，出口方作为托运人又向承运人就有关损失提出索赔。承运人同意承担有关仓储费用与两箱震荡货物的损失；利息损失只赔50%，理由是自己只承担一部分责任，主要是"由于出口方修改单证耽误时间"；但对于货价损失不予理赔，认为这是由于出口方单方面与进口方的协定所致，与己无关。出口方却认为货物降价及利息损失的根本原因都在于承运人的过失，坚持要求其全部赔偿。3个月后经多方协商，承运人最终赔偿各方面损失共计5.5万美元。出口方实际损失9.5万美元。

该案件出口方受损，主要是贸易术语使用不当。你认为内陆地区的出口业务比较适合哪些术语成交？

☞【评析】

此案例充分表明了CIF术语自身的缺陷，在用于内陆地区出口业务时显得心有余而力不足。

（1）CIF合同的交货义务分离使风险转移严重滞后于货物实际控制权的转移。

（2）CIF运输单据的规定有限制，致使内陆出口方没法在当地交单。

（3）内陆地区使用CIF术语还有一笔额外的运输成本。

所以，CIP术语比CIF术语更适合内陆出口业务。

《2000通则》将每种贸易术语项下买方和卖方各自应承担的义务相互对比，纵向排列；还在买方义务的第三条的标题上加了保险合同一项。具体情况见表3-1：

表3-1

A1. 提供符合合同规定的货物
B1. 支付货款
A2. 许可证、批准文件及海关手续
B2. 许可证、批准文件及海关手续
A3. 运输合同与保险合同
B3. 运输合同与保险合同
A4. 交货
B4. 受领货物
A5. 风险转移
B5. 风险转移
A6. 费用划分
B6. 费用划分

A7. 通知买方

B7. 通知卖方

A8. 交货凭证、运输单证或有同等作用的电子信息

B8. 交货凭证、运输单证或有同等作用的电子信息

A9. 核查、包装及标记

B9. 货物检验

A10. 其他义务

B10. 其他义务

注解：A 代表卖方义务；B 代表买方义务。

下面以表格方式将 13 种贸易术语进行归纳对比，见表 3-2：

表 3-2

贸易术语	交货地点	风险划分界限	运输责任及运费的负担方	保险责任及保险费的负担方	出口清关的责任及费用的负担方	进口清关的责任及费用的负担方	适合的运输方式
EXW	商品产地或所在地	货交买方处置	买卖双方均无义务	买卖双方均无义务	买方	买方	任何方式
FCA	出口国内地或港口	货交承运人	买方负责	同上	卖方	买方	任何方式
FOB	装运港口	货物越过装运港船舷	买方负责	同上	卖方	买方	水上运输
FAS	装运港口	货交船边	买方负责	同上	卖方	买方	水上运输
CFR	装运港口	货物越过装运港船舷	卖方负责	同上	卖方	买方	水上运输
CIF	装运港口	货物越过装运港船舷	卖方负责	卖方负责	卖方	买方	水上运输
CPT	出口国内地或港口	货交承运人	买方负责	买卖双方均无义务	卖方	买方	任何方式
CIP	出口国内地或港口	货交承运人	卖方负责	卖方负责	卖方	买方	任何方式
DAF	两国边境指定地点	货交买方处置	卖方负责	买卖双方均无义务	卖方	买方	任何方式

● 本章小结 ●

本章介绍了贸易术语的相关知识，涵盖了有关贸易术语方面的国际贸易惯例，《2000 通则》中常用贸易术语，其他的七个贸易术语和在贸易实践中贸易术语的选择等内容。希望在阅读完本章以后，能对贸易术语有个直观的认识。

▶ **思考题**

1. 贸易术语分为哪几组？每组都各含有哪些术语？
2. 有关国际贸易术语方面的国际贸易惯例主要有哪几种？
3. 《2000 通则》中常用的贸易术语有哪些？各有什么特点？
4. 如何理解按 FOB 术语成交时，以"船舷为界"划分风险的问题？
5. 什么是到达合同？它与装运合同有何区别？
6. 在国际贸易实务中，如何正确的选择恰当的贸易术语？

▶ **案例应用**

某外贸公司以 FOB 中国口岸价与香港某公司成交钢材一批，港商即转手以 CFR 釜山价卖给韩国商人。港商开来信用证是 FOB 上海，先要求直运釜山并在提单上表明"freight prepaid"（运费预付）。

▶ **问题**

1. 试分析港商为何这么做？
2. 我们应如何处理？

第四章

进出口商品的价格

❖ **本章学习目标**

阅读和学完本章后，你应该能够：

◇ 了解进出口商品价格的核算、价格种类、作价原则和成本核算

◇ 了解商品的作价方法

◇ 了解计价货币与支付货币及计价方法

◇ 了解佣金与折扣的定义、计算及应用

◇ 了解价格条款的内容及注意事项

┈┉ 开篇案例 ┉┈┉┈┉┈┉┈┉┈┉┈┉┈┉┈┉┈┉┈┉┈┉┈┉┈

　　某出口公司对外报某商品"每桶 150 美元 FOB 青岛"，国外要求改按 CIFC3 洛杉矶报价，已知每桶运费为 15 美元，加成为 1.1，保费率为 1%。国际贸易中的价格计算比较复杂，涉及贸易术语、佣金、折扣及保险费等问题。因此，掌握价格核算的方法以及正确的选用计价货币，是很重要的。

　　价格是国际贸易中交易双方磋商的核心内容，价格条款是国际货物销售合同中的核心条款。由于价格的敏感性，如何确定进出口商品的价格和制定合同中的价格条款，是交易双方最为关心的一个重要问题。有的时候，价格条款还会影响到合同中的其他条款的商定，价格条款的内容与其他条款有相互影响的作用。

　　由于国际贸易中商品价格的制定比较复杂，涉及面太广，定价方法也有很多不同，因此，一定要慎重制定商品的价格。要正

確掌握进出口商品价格，合理采用各种作价方法，选择有利的计价货币，适当运用与价格有关的佣金和折扣。能否正确合理地制定国际贸易商品的价格，不仅关系到进出口企业的经济效益，而且对一国对外政策和经济政策，都有一定的影响。

一、进出口商品价格的核算

（一）商品的价格种类

国际市场商品价格的种类很多，从不同角度区分，主要有以下几种：

1. 买价和卖价。买价（Buying Price）即买方价格，或买进价格。卖价（Selling Price）即卖方价格，或卖出价格。在一般情况下，买价与卖价是一致的，只有在商品交易所等少数交易情况下，买价和卖价才有所不同。其差价一般是中间人的佣金。

2. 单价和总价。单价（Unit Price）是指商品的每一计量单位的价格金额，即通常的买卖价格。

一个完整的单价，必须由四部分组成，即计价的数量单位、金额、计价货币和成交的贸易术语（价格术语）。例如：USD 100 per FOB SHANGHAI（每件 100 美元上海港船上交货）。在实际运用中，贸易术语后面根据不同要求加注装运港、目的港、目的地或指定地点的名称。为了避免以后的纠纷，在合同中要订明使用哪种度量衡制度的计量单位。

总价又称总值（Total Value），是单价和数量的乘积，是指一批商品的总价格或价值金额，表示一批货物的全部金额。总值使用的货币名称必须与单价的货币名称一致。

3. 含佣价和净价。含佣价（Price Including Commission），是指商品价格中包含了佣金。净价（Net Price），则是指价格中不包含佣金或折扣。

4. 基价和推算价。基价（Base Price），是指凭等级标准买卖的商品（如棉花、生丝）的基础品质的价格，该种商品只要确定了基价，其他各级品质的价格，按一定时期内一定公认的比价推算即得。推算价（Computed Price），是指按基价和比价推算出的价格。

5. 成交价和参考价。成交价（Trade Price），是指买卖双方达成交易的实际价格。参考价格（Reference Price），有两种含义：一是指交易一方的报价，仅供对方参考，而不是真正的报价；二是指国际市场上由各种刊物或批发价格统计表中公布的价格，有时，它与国际市场价格出入很大。

6. 现货价和期货价。现货价（Spot Price），是指现货交易的成交价格。现货交易一般是当成交后卖主就应即时交货。期货价（Forward Price），是指期货交易的成交价格。期货交易是双方约定一定日期后交货。通常在国际市场上，价格趋涨时，期货价格高于现货价格；价格趋跌时，期货价格低于现货价格。

7. 开盘价和收盘价。开盘价（Opening Price），是指商品交易所每天开业后首次成交的价格。收盘价（Closing Price），是指商品交易所在每天营业结束前最后一次的成交价格。[①]

（二）作价原则

1. 按照国际市场的价格作价。

（1）按照国际上比较有代表性的交易所的销售价作价。交易所能及时反映商品的时价，众多商人在交易所大量出售和购买商品，是一种有固定组织形式和固定交易场所的特殊市场。

世界上有很多著名的交易所。按规模来看，世界上最大的交易所有纽约和伦敦商品交易所；按商品分类来看，谷物交易较为有名的交易所有芝加哥、温尼伯、伦敦、利物浦、鹿特丹等城市的交易所；有色金属商品交易较为有名的交易所有伦敦、纽约、新加坡等城市的交易所；棉花交易较为有名的交易所有圣保罗、孟买、芝加哥等城市的交易所。

（2）按照大宗产品的产地国的价格水平作价。有些产品尤其是初级产品的生产往往集中在某个特定的生产地区，其供应的商品量占有该商品整个国际贸易量的相当比例，由此，此地的商品成交价格可以作为世界市场价格的参考。例如，沙特阿拉伯的石油、澳大利亚的羊毛、巴西的食糖、新西兰的牛肉和奶制品等等都可以代表该商品的世界市场价格。

（3）按照输入国或地区的当地市场价格作价。有时，消费习惯对价格的制定也有一定影响。所以，我国商品出口时，不仅要根据当地国际贸易价格作为定价的参考，还要考虑当地市场的消费习惯。以大豆为例，日本进口大豆主要是为了做豆腐，芬兰进口大豆主要是为了榨油。我国生产的大豆蛋白质比较高，脂肪含量比较

---

① 佟家栋：《国际贸易实务》，南开大学出版社 2004 年版。

低，出油率低，适合于做豆腐，不适合榨油；而美国产的大豆情况正好相反。因此我国的大豆在日本市场上定价比美国产的大豆高，美国产的大豆在芬兰市场上定价比我国产的大豆定价高。

（4）按照国际博览会价格作价。国际博览会（International Fair）也称国际集市，是指在一定地点定期举办的，由一国或多国联合举办，邀请各国商人参加交易的贸易形式。

博览会上一般是展卖新产品或技术革新成果，举办期间参加者很多，成交量大，因此价格具有一定的代表性，可以作为当时或以后一段时间此类商品的作价依据。例如，我国的广州交易会（Guang Zhou Trade Fair，简称"广交会"），是中国各进出口公司联合举办的、邀请国外客户参加的一种展览与交易相结合的商品展销会。在广交会闭幕期间，在某些产品的产地或出口口岸等地，还举办一些专业性的小型交易会（Minifair，简称"小交会"）。

2. 结合购销意图作价。在参考国际市场价格水平的基础上，进出口商品的定价可根据双方的购销意图来确定，可以略高于或者略低于国际市场价格。

对于竞争激烈的商品，可采用竞争性的价格；对于新上市的、还没有打开销路的产品，可以按照低于国际市场价格水平定价；对于库存积压的产品，可以采取低价策略；对于我国一些特别的产品，如古玩、艺术品、名贵的土特产等等，要适当的以高价卖出。

3. 多方面考虑影响价格的各种具体因素。商品的价格受供求关系的影响上下波动，而国际市场的市场供求变化莫测，瞬息万变。因此，在制定成交价格时，必须充分考虑市场供求关系的变化和国际市场价格涨落的趋势，作出正确的判断，合理地制定进出口商品的价格，使交易能够顺利达成，也使我国能顺利卖出商品收回外汇。

影响价格的各种因素具体有以下几个：

（1）商品质量的档次。在国际贸易中，一般是贯彻按质论价的原则。品质的优劣，档次的高低，包装的好坏，式样的新旧，品牌的知名度，都会影响商品的价格。

（2）运输的距离。国际货物的买卖，一般都要经过长时间长路途的运输，由此产生的运费和保险费也是成本的一部分，需要反映在商品价格中。因此，在确定商品价格时，必须要核算运输成本，考虑运输距离的远近和贸易术语的选择等问题。

（3）交货地点和交货条件。国际贸易中，由于交货地点和交货条件的不同，买卖双方承担的责任、风险和费用也不相同，这些都要考虑在价格的制定中。

（4）季节性需求的变化。在国际市场上，某些时令性的商品，如果在时令前到货，上市出售，一般能卖个好价钱；过了时令的商品，一般售价都很低，甚至以低于成本价的"清仓价"出售。因此，应掌握好季节性差价，尽量争取按有利于我国的优势价格成交。

（5）成交的数量。成交量不同，价格也不同。在国际贸易习惯做法中，成交量的大小影响价格。成交量大时，在价格上应适当优惠，或采用数量折扣的方法；反之，如果成交量很少，甚至低于起订量时，也可适当提高出售价格。不能不论成交量多少，都采取同一个价格成交。

（6）支付条件和汇率变动的风险。支付条件是否有利，汇率变动风险的大小，都是影响商品价格的因素。例如，同一商品在其他交易条件相同的情况下，采取预付货款方式和凭信用证付款方式，其价格应该有所区别。同时，确定商品价格时，一般应争取采用对自己有利的货币成交，如采用不利的货币成交时，应把汇率变动的风险考虑到货价中去，即适当提高出售价格或压低购买价格。

此外，交货期的远近，市场销售习惯和消费者的偏好等因素，对确定价格也有不同程度的影响，我们必须在调查研究的基础上统筹兼顾，权衡得失，然后确定适当的价格。

☞【案例】

例1：商品03001（三色戴帽熊）的包装单位是CARTON（箱），销售单位是PC（只），规格描述是每箱装60只，每箱体积为0.164立方米，试分别计算该商品用20英尺、40英尺集装箱运输出口时的最大包装数量和报价数量。

例2：商品01006（蓝莓罐头）的包装单位是CARTON（箱），销售单位是CARTON（箱），每箱体积为0.0095立方米，试分别计算该商品用20英尺、40英尺集装箱运输出口时的最大包装数量和报价数量。

☞【评析】

【评析】例1：

（1）每20英尺集装箱：

包装数量 $= 25 \div 0.164 = 152.439$，取整152箱

报价数量 $= 152 \times 60 = 9\,120$（只）

（2）每40英尺集装箱：

包装数量 $= 55 \div 0.164 = 335.365$，取整335箱

报价数量 $= 335 \times 60 = 20\,100$（只）

例2：

（1）每20英尺集装箱：

包装数量 $= 25 \div 0.0095 = 2\,631.578$，取整2 631箱

报价数量 $= 2\,631$（箱）

（2）每 40 英尺集装箱：

包装数量 ＝55÷0.0095＝5 789.473，取整 5 789 箱

报价数量 ＝5 789 （箱）

注意：由于该商品的包装单位和销售单位相同，故此例的报价数量＝包装数量。

（三）成本核算

在价格掌握上，要注意加强成本核算，以提高经济效益，防止出现不计成本、不计盈亏和单纯追求成交数量的情况。尤其在出口方面，强调加强成本核算，掌握出口总成本、出口销售外汇（美元）净收入和人民币净收入的数据，并计算和比较各种商品出口的盈亏情况，更有现实意义。

☞ 【案例】

商品 03001 "三色戴帽熊"，供应商报价为每只 6 元，求采购 9 120 只的成本？

☞ 【评析】

采购成本 ＝6×9 120＝54 720 （元）

1. 基本概念。

（1）出口总成本是指出口商品的进货成本加上出口前的一切费用和税金。

（2）出口销售外汇净收入是指出口商品按 FOB 价出售所得的外汇净收入。

（3）出口销售人民币净收入是指出口商品的 FOB 价按当时外汇牌价折成人民币的数额。

根据以上这些数据，可以计算出出口商品盈亏率、出口商品换汇成本和出口创汇率。

2. 几个重要的计算。

（1）出口商品盈亏率。出口商品盈亏率是指出口商品盈亏额与出口总成本的比率。出口盈亏额是指出口销售人民币净收入与出口总成本的差额，前者大于后者为盈利；反之为亏损。其计算公式如下：

出口商品盈亏率 ＝（出口销售人民币净收入－出口总成本）/出口总成本×100%

（2）出口商品换汇成本。出口商品换汇成本也是用来反映出口商品盈亏的一项重要指标，它是指以某种商品的出口总成本与出口所得的外汇净收入之比，得出用多少人民币换回一美元。出口商品换汇成本如果高于银行的外汇牌价，则出口为亏损；反之，则说明出口盈利。其计算公式如下：

出口商品换汇成本 ＝出口总成本(人民币)/出口销售外汇净收入（美元）

（3）出口创汇率。出口创汇率是指加工后成品出口的外汇净收入与原料外汇成本的比率。如果原料为国产品，其外汇成本可按原料的 FOB 出口价计算。如果

原料是进口的，则按该原料的 CIF 价计算。通过出口的外汇净收入和原料外汇成本的对比，则可看出成品出口的创汇情况，从而确定出口成品是否有利。特别是在进料加工的情况下，核算出口创汇率这项指标，更有必要。其计算公式如下：

出口创汇率 =（成品出口外汇净收入 - 原料外汇成本）/ 原料外汇成本 ×100%

☞【案例】

我国对美国出口某种商品 100 公吨，出口价格为 CIF New York USD325.00/MT，其中运费为每公吨 30 美元，保险费共计 225 美元。商品进价为每公吨 2 060 人民币元（含增值税 17%），费用定额率为 10%，出口退税率 9%，当时银行美元买入价为 8.02 元。请计算该商品的出口盈亏率和换汇成本。

☞【评析】

每公吨商品的定额费用 = 每公吨出口商品购进价（含增值税）× 定额费用率 = 2 060 ×10% = 206（人民币元）

每公吨出口退税收入 =［每公吨出口商品购进价（含增值税）/（1 + 增值税率）］× 退税率 =［2 060/（1 + 17%）］×9% = 158.46（人民币元）

则 出口总成本 = 出口商品购进价（含增值税）+ 定额费用 - 出口退税收入 = 2 060 + 206 - 158.46 = 2 107.54（人民币元）

每公吨保险费 = 总保险费/商品数量 = 225/100 = 2.25（美元）

出口销售每公吨商品人民币净收入 = FOB 价格 × 汇率（银行买入价）=（CIF 价格 - 运费 - 保险费）× 汇率（银行买入价）=（325 - 30 - 2.25）× 8.02 = 2 347.85（人民币元）

则 出口商品盈亏率 =（出口销售人民币净收入 - 出口总成本）/出口总成本 ×100% =（2 347.85 - 2 107.54）/2 107.54 ×100% = 11.4%

出口商品换汇成本 = 出口总成本（人民币元）/出口销售外汇净收入（美元）= 2 107.54/（325 - 30 - 2.25）= 7.1991

二、作价方法

根据有关法律或国际惯例，经济合同中的价格可以是明确规定的，也可以只规定作价的方法而不明确规定价格。应该根据具体情况来确定作价方法。

（一）固定作价

固定作价是指在价格条款中明确规定的价格。除非经双方当事人的同意，否则任何一方不得随意变更。这种方法适用于交货期短的交易，因为贸易双方要承担市场变化的风险。

在合同中规定固定价格是一种常规做法。它具有明确、具体、肯定和便于核算的特点。不过，由于国际市场行情瞬息万变，价格涨落不定。因此，在国际货物买卖合同中规定固定价格，就意味着买卖双方要承担从定约到交货付款以致转售时价格变动的风险。如果市场变动过于剧烈，这种做法还可能影响合同的顺利执行。某些不守信用的商人很可能为逃避亏损，而寻找各种借口撕毁合同。因此，为了减少价格风险，在采用固定价格时，首先，必须对影响商品供需的各种因素进行细致的研究，并在此基础上，对价格的前景作出判断，以此作为决定合同价格的依据。其次，必须对客户的资信进行了解和研究，慎重选择订约的对象。

但是，国际商品市场的变化往往受各种临时性因素的影响，变化莫测。特别是在金融危机爆发时，由于各种货币汇价动荡不定，商品市场变动频繁，暴涨暴跌的现象时有发生。在此情况下，固定价格往往会给买卖双方带来巨大的风险，尤其是当价格前景捉摸不定时，更容易使客户裹足不前。因此，为了减少风险，促成交易，提高履约率，在合同价格的规定方面，也日益采取一些变通的做法。

（二）具体价格待定

具体价格待定，是指买卖双方考虑到价格走势难以预测，而在进行贸易磋商时只对商品的品质、数量、包装、交货和支付等条件达成协议，而暂不规定固定价格，合同中只规定确定价格的方式。

通常有两种方式：

1. 在价格条款中明确规定定价时间和定价方法。例如，"在装船月份前30天，以当地商品交易所该商品的收盘价的 1.5 倍为价。"

2. 只规定作价时间。例如，"由双方在××年×月×日协商确定价格。"这种方式由于未就作价方式作出规定，容易给合同带来较大的不稳定性。在日后商定价格时，双方可能会各执己见，难以达成协议。因此，这种方式一般只适用于有长期贸易关系的老客户。

（三）暂定价格

买卖双方在洽谈某些价格变化较大的货物的远期交易时，可先在合同中规定一个暂定价格，待日后交货期前一定时间，再由双方按照当时市价确定最后价格。这个暂定价格可作为开立信用证和初步付款的依据，待双方确定最后价格后，再进行最后清算，多退少补。

例如，"单价暂定 CIF 上海，每公吨 3 000 美元，作价方法：以××交易所三个月期货，按装船月份月平均价加 15 美元计算，买方按本合同规定的暂定价开立信用证。"

这种做法由于确定了定价依据，又不影响信用证开出，有利于合同的履行，而且风险较小。

（四）滑动价格

某些商品，如成套机器设备，从合同订立到结汇时间较长，为了避免因原材料、物价、工资的变化而承担风险，双方同意以合同约定价格为基础，即规定基础价格（Basic Price），到交货前一定时间或交货时再根据工资、物价变动的情况进行调整，这种价格称为"滑动价格"。通过在合同中加列"价格调整条款"订明。

滑动价格的计算公式为：

$$P = P_0(A + B \times M/M_0) + C \times W/W_0$$

在上面的公式中：

P——交货时商品的最终价格；

P_0——签订合同时约定的基础价格；

M——计算最终价格的有关物价指数；

M_0——签订合同时的有关物价指数；

W——计算最终价格时引用的有关工资指数；

W_0——签订合同时引用的有关工资指数；

A——经营管理费用和利润在价格中的比重；

B——原料费用在价格中的比重；

C——工资在价格中的比重；

A、B、C 的百分比由买卖双方在签订合同时商定，三者之和为 100%。

如果买卖双方在合同中规定，按上述公式计算出来的最终价格和约定的基础价格的差额不超过约定的范围，则基础价格可不予调整，合同约定价格对双方当事人仍有约束力。

三、计价货币与支付货币

计价货币（Money of Account）是指合同中规定用来计算价格的货币。如果合同中的价格是用一种双方当事人约定的货币（如英镑）来表示的，没有规定用其他货币支付，则合同中规定的货币，既是计价货币，又是支付货币（Money of Payment）。如果在计价货币之外，还规定了其他货币（如美元）支付，则美元就是支付货币。

进出口业务中选择使用何种计价货币结算，关系到买卖双方的切身利益。计价货币选择得当，就会减少和避免汇率变动的风险，反之就会遭受损失。

（一）本币计价法

进出口贸易中进口方和出口方有三种计价货币的选择方式：第一，以进口方本国货币计价；第二，以出口方本国货币计价；第三，以"第三国"货币计价。一般而言，进出口商均应争取以本国货币计价，因为用本币收付无外汇风险。

（二）出口选硬币，进口选软币

当出口（或构成债权）时，应该尽量争取使用硬货币，即汇率呈上升趋势的货币。这样对出口商无风险。

当进口（或构成债务）时，应该尽量争取采用软货币，即汇率呈下降趋势的货币。

但在实际业务中，货币选择对交易双方来说是对立的。选择何种货币并非一相情愿，双方往往各执己见。所以，采用这种方法只有在对方处于被动（或劣势）的交易情况下方可为之，否则难以成交。

（三）软、硬货币搭配法

各种货币的"软"与"硬"是相对的，而且是有时间性的，这一段时间是硬币，过一段时间可能成为软币。在进出口贸易中，如果要求以某一种货币计价付款，使交易双方中的一方单独承担汇率风险，一般是难以接受的。但是，如果采取软硬币适当搭配的办法，使汇率风险由交易双方合理分担，则是比较恰当的。

（四）多种货币组合法

多种货币组合法也称一揽子货币计价法，是指在进出口合同中使用两种以上的货币来计价，以消除外汇汇率波动的风险。当公司进口或出口货物时，假如其中一种货币发生升值或贬值，而其他货币的价值不变，则该货币价格的改变不会给公司带来很大的外汇风险，或者说风险因分散开来而减轻；若计价货币中几种货币升值，另外几种货币贬值，则升值的货币所带来的收益可以抵消贬值的货币所带来的损失，从而减轻外汇风险的程度或消除外汇风险。

另外，也可以用特别提款权或欧洲货币单位来进行保值，这些综合货币单位由一定比重的硬币与软币搭配而成，其价值较为稳定，用它们保值可以减少外汇风险。

四、佣金与折扣

在磋商价格条款时，往往会涉及佣金和折扣的规定。货价中是否包含佣金和折扣，以及佣金和折扣比例的大小，不仅直接影响到商品的价格，而且也影响买卖双方或第三方的经济利益。因此，正确的运用佣金与折扣，有利于灵活掌握价格，调动外商的经营积极性，是出口企业必须予以重视的问题之一。

（一）佣金

1. 佣金的含义。佣金（Commission）又称经手费（Brokerage），是中间商因介绍交易或代为买卖商品而取得的报酬。佣金的比率一般应掌握在 1%～5%，不宜偏高。

在国际贸易中，有的交易是通过中间代理商进行的，这就需要向中间商支付一定的酬金，这个酬金可由卖方支付，也可由买方支付。如果卖方委托中间商推销商品，则佣金由卖方支付；如果买方委托中间商采购商品，则佣金由买方支付。有些中间商采用一定的手法（如暗佣），在一笔交易中同时从买卖双方获取佣金，人们习惯上称之为"双头佣"。

2. 佣金的表示方法和支付方法。凡价格中含有佣金的叫"含佣价"。佣金有"明佣"、"暗佣"之分。

（1）明佣。在价格中明确表示佣金百分比的，叫做"明佣"。明佣的表示方法有以下几种：

①用文字说明。例如，每公吨 300 美元，CIF 上海，包括 5% 佣金（USD 300 per M/T CIF Shanghai including 5% Commission）。

②在贸易术语后面加注 Commission 的缩写字母"C"和佣金的百分比。例如，每公吨 300 美元，CIFC5% 上海（USD 300 per M/T CIFC5% Shanghai）。

③用绝对数表示。例如，"每公吨付佣金30美元。"

（2）暗佣。在价格中不标明佣金的百分比，甚至连"佣金"字样也不表示出来，有关佣金的问题，由双方另行约定，这种做法叫做"暗佣"。暗佣的表示方法，从贸易条件本身看不出来，双方就具体内容可签订"付佣协议"或"代理协议"加以规定。为了明确区分净价和暗佣价，一般可在贸易术语后加注"净价"字样。

（3）支付方法。佣金的支付一般有两种做法：一种是中间代理商直接从货价中扣除佣金；另一种是在委托人收清货款之后，再按事先约定的期限和佣金比率，另行付给中间代理商。在支付佣金时，应防止错付、漏付和重付等情况发生。

但暗佣的支付有所不同，一般情况下，暗佣是在卖方收到货款以后另行支付，在所有的支付凭证中都不表明"暗佣"或"含佣"字样。

3. 佣金的计算。佣金的计算因其计佣基础的不同而不同。在实际业务中，有的按成交金额约定的百分比计算，有的按成交商品的数量来计算。在我国的对外贸易中，一般是以发票金额为基数计算佣金。

有关佣金计算的公式如下：

$$含佣价 = 净价 + 单位佣金 \qquad\qquad (1)$$
$$单位佣金 = 含佣价 \times 佣金率 \qquad\qquad (2)$$

将（2）代入（1），得：

$$含佣价 = 净价 \div (1 - 佣金率)$$
$$净价 = 含佣价 \times (1 - 佣金率)$$

4. 进出口业务中应用佣金时应注意的几个问题：

（1）佣金有明佣与暗佣之分，应酌情采用；

（2）佣金的额度要适当；

（3）明确佣金的计算方法；

（4）在合同中明确约定佣金的支付方法。

（二）折 扣

1. 折扣的含义。折扣（Discount），是指卖方在原价基础上给予买方一定的价格减让。折扣直接关系到商品的价格，货价中是否包括折扣和折扣率的大小，都会影响商品价格，折扣率越高，则价格越低。灵活运用折扣，有助于调动进口方的成交积极性和开拓市场，是扩大出口和提高出口竞争能力的有效手段之一。

2. 折扣的表示方法和支付方法：

（1）折扣的表示方法：

①用文字说明。例如，"CIF 上海每公吨 300 美元，折扣 5%"（USD300 per M/T CIF Shanghai including 5% discount）。或者，"CIF 上海每公吨 300 美元，减 5%折扣"（USD300 per M/T CIF Shanghai Less 5% discount）。

②在贸易术语后面加注 Discount 的缩写字母 "D" 或者 Rebate 的缩写字母 "R"。例如，"CIFD"或者"CIFR"。但是此种方法容易引起误解，所以最好不使用此缩写语。

③用绝对数表示。例如，"每公吨折扣 8 英镑"。

（2）折扣的支付方法。折扣一般是在买方支付货款时预先予以扣除。也有的折扣金额不直接从货价中扣除，而按暗中达成的协议另行支付给买方，这种做法通常在给"暗扣"或"回扣"时采用。

3. 折扣的计算。

$$单位货物折扣额 = 原价 \times 折扣率$$
$$卖方实际净收入 = 原价 - 单位货物折扣额$$

（三）常用贸易术语的价格换算

1. FOB、CIF、CFR 之间的换算

（1）FOB 和 CIF 价格换算成 CFR 价格

①如果已知 CIF 价格，现改报 CFR 价格，则 CFR 价格为：

$$CFR = FOB + 国外运费$$

②如果已知 CIF 价格，现改报 CFR 价格，则 CFR 价格为：

$$CFR = CIF \times (1 - 保险加成 \times 保险费率)$$

（2）FOB 和 CFR 价格换算成 CIF 价格

①如果已知 FOB 价格，现改报 CIF 价格，则 CIF 价格为：

$$CIF = (FOB 价格 + 国外运费) \div (1 - 保险加成 \times 保险费率)$$

②如果已知 CFR 价格，现改报 CIF 价格，则 CIF 价格为：

$$CIF = CFR 价格 \div (1 - 保险加成 \times 保险费率)$$

（3）CIF 和 CFR 价格换算成 FOB 价格

①如果已知 CFR 价格，现改报 FOB 价格，则 FOB 价格为：

$$FOB = CFR - 国外运费$$

②如果已知 CIF 价格，现改报 FOB 价格，则 FOB 价格为：

$$FOB = CIF \times (1 - 保险加成 \times 保险费率) - 国外运费$$

2. FCA、CPT、CIP 之间的换算

（1）FCA 价格换算成 CPT 或 CIP 价格

如果已知 FCA 价格，现改报 CPT 价格或 CIP 价格，则 CPT 价格和 CIP 价格分别为：

$$CPT = FCA + 国外运费$$

$$CIP = (FCA + 国外运费) \div (1 - 保险加成 \times 保险费率)$$

（2）CIP 价格换算成 FCA 或 CPT 价格

如果已知 CIP 价格，现改报 FCA 价格或 CPT 价格，则 FCA 价格和 CPT 价格分别为：

$$FCA = CIP \times (1 - 保险加成 \times 保险费率) - 国外运费$$

$$CPT = CIP \times (1 - 保险加成 \times 保险费率)$$

（3）CPT 价格换算成 FCA 或 CIP 价格

如果已知 CPT 价格，现改报 FCA 价格或 CIP 价格，则 FCA 价格和 CIP 价格分别为：

$$FCA = CPT - 国外运费$$

$$CIP = CPT \div (1 - 保险加成 \times 保险费率)$$

五、价格条款

（一）价格条款的内容

进出口合同中的价格条款，通常包括单价和总值两部分。还包括有确定单价的作价方法和与单价有关的佣金与折扣的运用，也属于价格条款的内容。

【条款示例】价格条款

单价：每公吨 200 美元 CIF 纽约。"Unit price：USD200 per M/T CIF New York"
总值：2 000 美元。Total：USD2 000.（US DOLLARS TWO THOUSAND ONLY）

（二）订立价格条款时的注意事项

（1）合理确定商品的单价，正确填写单价金额。如果在合同中将金额写错，不论写错的价格比原定的价格低还是高，都有可能被外商利用，使我方遭受损失。

（2）计价单位应与数量条款中的计量单位一致。如果计价数量单位为"公吨"，则计价单位和数量中均用"公吨"，不要再出现其他计量单位。

（3）贸易术语的表示要准确、完整，不能省略港口名称。如 FOB 后的港口名称就是卖方交货地点,卖方所承担的责任、风险和费用都以此为界。

(4)如交货品质和数量约定有一定的机动幅度,则对机动部分的作价也应一并规定。

(5)根据实际情况,在综合考虑的基础上选用合适的贸易术语。

(6)争取选择有利的计价货币,以免遭受币值变动带来的风险,如采用不利的计价货币时,应当加订保值条款。

☞【案例】

　　某年3月15日,某蔬菜公司与某商贸公司签订了购销番茄的合同。该合同对标的物的数量、质量、履行方式、地点、时间及违约责任均作出了约定。其中价格条款的约定是:"预计单价6 000元/吨,以当年5月双方传真确认并加盖单位合同公章为准。单价随行就市,低于市价150元左右,当年5月双方确定合同实施价格。"

　　合同签订后,商贸公司支付11万元定金。当年5月,蔬菜公司未向商贸公司报价,双方没有商谈实施价格。同年9月,蔬菜公司向商贸公司报价6 200元/吨,商贸公司表示不能接受并要求减少供货数量,推迟发货时间,蔬菜公司未同意。

　　为此,蔬菜公司以商贸公司不履行合同给其造成损失为由诉之法院;商贸公司也反诉要求退回定金。

☞【评析】

　　此案的焦点在于蔬菜公司与商贸公司签订的购销番茄合同是否成立,也即合同的价格条款是否为明确的可执行的条款。

　　一般而言,价格条款是购销合同的主要条款,但根据《合同法》的精神,价格条款没有约定或约定不明不必然导致整个合同不成立。《合同法》第62条还对此专门设计了解决方案,《合同法》第62条规定:当事人就合同质量要求约定不明确的按照国家标准、行业标准履行;没有国家标准、行业标准的,按照通常标准或者符合合同目的的特定标准履行。然而就本案而言,双方就价格条款约定的核心是:"以当年5月双方传真确认并加盖单位合同公章为准。"这种约定有两层含义:一是,双方对于价格作为需要特别约定的条款,也即价格条款因双方当事人的特殊要求而成为合同的必要条款;二是,当事人对价格条款尚未达成协议,既然约定以当年5月双方传真确认并加盖单位合同公章为准,那么完成约定之前合同价格问题的"合意"就未达成,至于"预计单价6 000元/吨、单价随行就市,低于市价150元左右"的约定属于确定价格的参考因素,而非确定价格的计算方法。

　　因此本案中,双方一方面将价格条款约定为必要条款,一方面又未达成协议,故合同不成立。

● 本章小结 ●

本章介绍了商品价格的相关知识，涵盖了在贸易实践中的作价原则、方法、作价时应考虑的因素，计算方法，以及价格条款等内容。希望在阅读完本章后，能对国际贸易的商品价格有个直观的认识。

▶ 思考题

1. 进出口商品的作价原则是什么？在确定进出口商品价格时应考虑哪些因素？
2. 我国进出口货物的作价方法有哪些？选用不同的作价方法时应注意什么问题？
3. 为何要强调加强成本核算？如何计算出口商品盈亏率、出口商品换汇成本和出口创汇率？
4. 在进出口贸易中为什么要正确选择计价货币？
5. 在进出口贸易中，如何正确使用佣金与折扣？怎样计算佣金与折扣？
6. 进出口合同中的价格条款包括哪些内容？制定价格条款时应注意什么问题？

▶ 案例应用

已知甲商品的出口销售收入为 1 500 美元，出口总成本为人民币 4 500 元，乙商品的出口销售收入为 1 300 美元，出口总成本为人民币 5 200 元。试计算甲、乙商品的出口盈亏额、出口盈亏率和出口换汇成本（按中行外汇牌价：100 美元 = 818.39/819.94 人民币元）。

▶ 问题

1. 在进出口贸易中，有哪几种作价方法？
2. 国际贸易中成本核算的必要性是什么？其主要内容是什么？
3. 佣金和折扣有什么不同？
4. 价格条款的基本内容是什么？

第五章

国际货物运输

❖ **本章学习目标**

阅读和学完本章后，你应该能够：
◇ 了解国际货物运输方式及特点
◇ 熟悉海洋运输的方式、特点以及海运提单
◇ 掌握海洋运输中的装运条款以及海运提单的缮制

开篇案例

我国某出口企业向中东某国出口茶叶600箱，信用证中相关条款规定"从6月开始每月装200箱"。我方在装运货物时，6月份装200箱，7月份不装，8月装200箱，9月装200箱。结果进口商以违反信用证条款为由，拒付货款。由此可见，在国际贸易中，必须熟悉货物运输的基本知识，以免违反装运规定而引起争议。

在国际贸易中，国际货物运输是必不可少的一个环节。凡是涉及运输的买卖合同，都需要就货物的运输方式以及当事人双方在有关货物运输方面的责任做出安排。而从事国际贸易事务的人员必须熟悉国际货物运输的基本知识和相关国际惯例，进而掌握国际货物买卖合同中的运输条款及国际货物运输合同的签订。

目前国际贸易货物运输的方式很多，主要有海洋运输、铁路运输、航空运输、邮政运输、公路运输、河流运输以及由各种运输方式组合的国际多式联运等。现将我国常用的几种运输方式简介如下。

一、海洋运输

　　海洋运输是指利用商船在国内外港口之间通过一定的航区和航线进行货物运输的一种方式。它是国际贸易中历史最悠久和最重要的一种运输方式。

　　国际货物主要依靠海洋运输的原因，除地理条件因素外，主要由于海洋运输有如下优点：①运量大。海运船舶的运载能力远远大于铁路和公路运输的运载能力。②运费低。因为运量大、航程远，分摊于每单位货物的运输成本就少。因此运价相对低廉。③对货物的适应性强。远洋运输的船舶可适应多种运输的需要。现在许多船舶是专门根据货物需要设计的，如多用途船舶、专用化船舶的产生，为不同货物的运输提供了条件。

　　但海洋运输也有不足之处：①易受自然条件和气候等因素影响，风险较大。②普通商船的航运速度相对较慢，因而，对不能经受长距离长时间运输的货物和易受气候条件影响以及急需的货物，一般不宜采用海运。

（一）海洋运输船舶营运方式

　　按照海洋运输船舶营运方式的不同，可分为班轮运输（Liner Transport）和租船运输（Charter Transport）两种方式。

　　1. 班轮运输。班轮是指按照预定的航行时间表，沿着固定的航线，按照既定的港口顺序，以相对固定的运费，经常从事航线上各港口之间货物运输的船舶。班轮运输的特点：

　　（1）"四固定"的特点。即固定的航线、固定的港口、固定的船期和相对固定班轮运费。"四固定"的特点有利于买卖双方洽商装运期、装运港口和计算运费。

　　（2）船、货双方的权利和义务以船方或其代理人签发的班轮提单为依据。

　　（3）承运人负责货物的装卸，全部装卸费用均已包括在班轮运费之内。

　　（4）班轮运输一般不规定货物的装卸时间，不计算滞期费和速遣费。

　　可见，班轮运输方便灵活，尤其对成交量少、分运批次多、交货港口分散的货物较合适。

　　2. 租船运输。租船是指租船人向船东租赁整船或部分舱位运输货物。租船运输是相对于班轮运输而言的另一种船舶营运方式。它与班轮运输不同，具有如下特点：

　　（1）没有固定的航线、装卸港口和船期，可根据货主各种不同的需要，结合租船市场上的各种因素临时决定。

（2）没有固定的运价，运价可随租船市场供求情况的变化而变动。与班轮运输相比，租船运价一般是比较低的。

（3）出租人和承租人之间的权利义务以双方签订的租船合同为准。

（4）租船运输适用于大宗货物的运输。对于大宗低值货物矿石、矿砂、粮食等，成交数量大，班轮不能一次提供足够的货舱，用租船装运较为适宜和方便。

租船运输主要有以下几种方式：

（1）定程租船（Voyage Carrier）。又称程租船或航次租船，它是以航程（航次）为基础的租船方式，由船舶出租人按照约定向承租人提供船舶或船舶的部分舱位，在指定港口间完成约定货物的运输，由承租人支付约定运费的运输方式。程租船一般可分为单航次、来回航次、连续单航次和连续来回航次等租船。

（2）定期租船（Time Charter）。又称期租船。它是按一定期限租赁船舶的，是指船舶所有人按照租船合同的约定，在约定的期限内，将特定的船舶，交给承租人使用的一种租船方式。租期可长可短，从数日到数年，长的可达 20 年，用到船舶报废为止，承租人可将此期租船充作班轮或程租船使用。

和程租船比较，期租船具有以下几个方面的不同：

第一，程租船的运费是按装运货物的数量计收的，它直接表现为货物的运输成本；期租船支付的租金是按船舶的载重吨计收的，因此租金不能直接表现为货物的运输成本。

第二，在营运方式方面，程租船的船方负责船舶的经营管理，他既要对船舶航行、驾驶和管理负责，又要对运输的货物负责；而期租船的船方仅负责配备船员和管理船舶，保证船舶的正常运转，而船舶的调度权、航行和日常营运管理、运输中货物的管理全部由租船人负责。

第三，在程租船的条件下，要规定装卸期限或装卸率，计算滞期费、速遣费，而期租船一般不规定。

（3）航次期租（Time Charter on Trip Basis，TCT）。航次期租船是一种介于定期租船和航次租船之间的一种租船方式。船舶按航次整船租赁，但租金按实际使用的天数计算，故又称为"日租租船"（daily charter）。

（4）光船租船（Bareboat Charter）。光船租船是指船舶所有人将一条空船舶出租给承租人使用一定时期的租船方式。承租人要自己任命船长、配备船员，负责船员的给养和船舶营运管理所需的一切费用。在海运业务中，采用光船租船的方式进行运输的情况较少，多半是船东欲出售船舶，而买方无力一次付清全款。采用这种方式，买方可以分期付款，款项付足，船舶所有权随即转移。

（二）海上货物运输费用

海上货物运输费用，按照船舶的不同营运方式，主要分为班轮运费、程租船运输费用和期租船租金三种。

1. 班轮运费。班轮运费（Liner Freight）是指班轮承运人根据运输契约，完成货物运输后，从托运人那里取得的报酬。班轮运费通常是按照班轮运价表（Liner's Freight Tariff）的规定来计收的。目前，国际航运业务中，班轮运价表的种类很多，主要有 4 种：班轮公会运价表、班轮公司运价表、双方运价表和货方运价表。

班轮运费的构成包括两部分内容：基本运费（Basic Freight）和附加运费（Surcharges）。基本运费是班轮公司为一般货物在航线上各固定停靠港口之间即"基本港口（Basic Port）"之间进行运输，从装运港到卸货港所收取的基本运费，它是构成全程运费的主要部分。基本运费是对任何一种商品都要计收的运费，要按照班轮运价表中规定的计收标准计收。附加运费是指班轮公司承运一些需要特殊处理的货物，或者由于燃油、货币、港口等原因收取的附加费。

（1）基本运费的计收标准。在班轮运价表中，基本运费的计收标准，根据不同商品通常采用下列几种：

①按货物的重量（毛重）计收，故称重量吨（Weight Ton），运价表内用"W"表示，适合于重金属、矿产品等重货。

②按货物的体积/容积计收，故称尺码吨（Measurement Ton），运价表内用"M"表示，适合于纺织品等轻泡货物。重量吨和尺码吨统称为运费吨（Freight Ton）或计费吨。

③按重量或体积计收，即在重量吨和尺码吨两种标准中从高收费，在运价表内用"W/M"表示。

④按货物价格计收，即以货物在装运地的 FOB 价格按一定百分率计收，一般不超过 5%，俗称从价运费。运价表内用"A. V."或"Ad. Val"表示。通常承运贵重货物时才按从价计收运费。

⑤按货物重量或体积或从价计收。即在重量吨或尺码吨或从价运费中选择最高的一种标准计收，在运价表中用"W/M or A. V."表示。

⑥先按照货物重量或体积计收，然后另加一定百分比的从价运费，即在重量吨或尺码吨两种标准中，选择较高的一种计收，再加上一定百分比的从价运费，在运价表中用"W/M plus A. V."表示。

⑦按货物个数（件数）计收，如卡车按辆，活牲畜按头。

⑧由货主和船公司临时议定。这种办法通常是在承运粮食、矿石、煤炭等运量

大、货价低、装卸容易、装卸速度快的农副产品和矿产品时选用，在运价表中一般只列出"议价货"或以"Open"表示。

实际业务中，基本运费的计算标准以按货物的毛重（"W"）和按货物的体积（"M"）或按重量、体积选择（"W/M"）的方式为多。

（2）附加费的种类。班轮附加费的名目繁多，主要包括：超重附加费（Extra Charges On Heavy Lift/Heavy Lift Additional）、超长附加费（Extra Charges On Long Lengths/Long Length Additional）、直航附加费（Direct Additional）、转船附加费（Transshipment Additional）、港口附加费（Port Additional）、港口拥挤附加费（Port Congestion Surcharge）、燃油附加费（Bunker Surcharge/Bunker Adjustment Factor，简称BAF）、变更卸货港附加费（Alteration of Destination Additional）、绕航附加费（Deviation Surcharge）、货币贬值附加费（Currency Adjustment Factor，简称CAF）。

（3）班轮运费的计算：

计算公式：

$$F = Fb + \sum S$$

其中：F——运费总额；

Fb——基本运费；

S——某一项附加费。

基本运费是所运商品的计费吨（重量吨或容积吨）与基本运费率的乘积，即：

$$Fb = fQ$$

其中：f——基本费率；

Q——计费吨。

附加运费是各项附加费的总和。若各项附加费均按基本运费的一定百分比计算，则附加费的总额应为：

$$\sum S = Fb \times (S1 + S2 + S3 + \cdots + Sn)$$
$$= fQ \times (S1 + S2 + S3 + \cdots + Sn)$$

其中：S1，S2，S3，…，Sn——各项附加费占基本运费的百分比。

由上可知，运费总额的计算公式可列为：

$$F = Fb + \sum S$$
$$= fQ + fQ \times (S1 + S2 + S3 + \cdots + Sn)$$
$$= fQ(1 + S1 + S2 + S3 + \cdots + Sn)$$

各项附加费中货币附加费的计算方法与一般的附加费计算不同。请考虑包含货币附加费的总运费计算公式会有什么改变。

【例题】某轮船从上海港装运 1 000 箱茶叶到伦敦，要求直航，计算全程应收多少运费。其中每箱货物毛重 20 千克，每箱体积是 20cm×30cm×40cm。

（查商品分级表得知，茶叶属 8 级，计算标准 W/M；查中国/欧洲航线等级费率表得知，8 级商品的基本运费是 90.00 美元；查附加费率表得知，伦敦港直航附加费率为基本运费的 35%，伦敦港的港口附加费为基本运费的 10%。）

【解】因为茶叶的容积吨大于重量吨，0.2 立方米×0.3 立方米×0.4 立方米 > 0.02 公吨

所以应按容积吨计收运费，则全程运费为：

F = 90.00 × 0.024 × (1 + 35% + 10%) × 1 000 = 3 132.00（美元）

2. 租船运输费用。程租船运输费用主要包括程租船运费和装卸费。此外，还有滞期费和速遣费。

（1）程租船运费。一般按装运货物的数量计算，也有按航次包租总金额计算的。按运费率（rate of freight），即规定每运费单位或单位体积的运费额，同时还要规定是按装船时的货物重量还是按卸船时的货物重量来计算总运费的方法。

按整船包价（lump-sum freight），即规定一笔整船运费，船东保证船舶能提供的载货重量和容积，不管租方实际装多少，一律按照整船包价支付。

（2）程租船的装卸费。租船运输方式下，有关货物的装卸费用由租船人和船东协商确定后在程租船合同中作出具体规定。具体有以下四种规定方法：

①船方负担装货费和卸货费。又可称为"班轮条件（liner terms；gross terms or berth terms）"。即装卸费用采用班轮运输的做法，将货物的装卸费用包括在程租船运费内。在此条件下船货双方一般以船边划分费用。多用于木材和包装货物的运输。

②船方管装不管卸（free out-FO）。即船方负担装货费用，但不负担卸货费用。

③船方管卸不管装（free in-FI）。即船方负担卸货费用，但不负担装货费用。

④船方装和卸均不管（free in and out-FIO）。即船方既不负担装货费，也不负担卸货费。这种条件一般适用于散装货。

（3）装卸时间。装卸时间是指"合同当事人双方约定的船舶所有人使船舶并且保证船舶适于装卸货物，而无需在运费之外支付附加费的时间。"也就是承租人和船舶所有人约定的，承租人保证将合同所约定的货物在装货港全部装完和在卸货港全部卸完的时间。

对于装卸时间的规定方法，可以规定装卸货物的定额标准，即每船或每个舱口每一个工作日装卸若干量。也可以规定固定的装卸天数，即只规定总天数，不定装卸率。它一般应按港口习惯的正常装卸速度来确定，应从港口实际出发，掌握实事求是原则。

有些合同中用"按港口习惯速度尽快装卸（to load/discharge in customary quick

despatch)"。这种方法既不具体规定装卸率也不规定可用于装卸货物的天数，而按照有关港口习惯的装卸方法和装卸速度尽快装卸。这种笼统规定，使用时容易引起争议。

在规定的装卸期限内，还要具体明确规定装卸时间的计算方法。计算方法通常有以下几种：

①日（Days）或连续日（Running Days；Consecutive Days）：指按 24 小时为一个连续日，也就是日历上的日数，其中没有任何折扣。以"日"表示装卸时间时，从装货或卸货开始，到装货或卸货结束，整个经过的日数，就是总的装货或卸货时间。在此期间内，不论是实际不可能进行装卸作业的时间（如雨天、罢工或其他不可抗力），还是星期日或节假日，都应计为装卸时间。这种规定对租船人很不利。

②工作日（Working Days）：是指按照港口习惯、可以进行正常工作的日子，星期日和法定节假日除外，世界上大多数港口都以 8 小时为一个工作日。

③晴天（好天）工作日（Weather Working Days）：是指工作日或部分工作日中，没有天气影响，可进行装卸货物的时间，也就是说除了星期日和节假日外，因天气不良而不能进行装卸作业的工作日，也不计入装卸时间内。

④24 小时晴天工作日（Weather working Days of 24 Hours）：是指不论工作小时跨及几天的时间，以累计港口晴天工作 24 小时作为一个晴天工作日。如果港口的工作时间是每天 8 小时，那么一个 24 小时晴天工作日就相当于 3 个正常工作日，这种规定对租船人有利，对船舶所有人很不利。

⑤连续 24 小时晴天工作日（Weather Working Days of 24 Consecutive Hours）：这是指星期天、节假日、天气不良影响装卸的工作日或工作时间除外，以真正连续 24 小时为一个工作日。这一规定不论港口的正常工作日规定为几小时，均按 24 小时计算。这种方法目前使用较多，我外贸部门也多采用此方法。

为计算装卸时间，合同中还须对装卸时间的起算时间加以约定。关于起算时间，各国法律规定或习惯不完全一致，一般规定在船长向承租人或其代理人递交了"装卸准备就绪通知书"（Notice of Readiness；N/R）以后，经过一定的规定时间（称为通知时间）后，才开始计算。

工作日通常要订明星期日、节假日除外（Sundays and holidays excepted）。为了明确起见，还要说明星期日、节假日进行的作业算不算做装卸时间。即星期日、节假日除外，即使使用了也不算（even if used）或星期日、节假日除已使用者不算（unless used）。

3. 期租船租金。期租船的租船人支付给船舶所有人的费用称为租金（rent）。租金率取决于船舶的装载能力和租期的长短，通常规定为按月每载重吨若干金额或整船每天若干金额。

（三）海上货物运输单据

海上货物运输单据主要为班轮运输中的海运提单。此外，还有近年来开始使用的海上货运单。

1. 海运提单（Bill of Lading，简称 B/L）。按照我国《海商法》第 71 条的解释，海运提单是指用以证明海上货物运输合同和货物已经由承运人接收或者装船，以及承运人保证据以交付货物的单证。

（1）海运提单的性质和作用：

①它是承运人或其代理人签发的货物收据（Receipt of the Goods），证明已按提单所列内容收到货物。

②它是承运人与托运人之间所运输契约的证明（Evidence of the Contract of Carriage）。它是处理承运人与托运人在运输中产生争议的依据。

③它是代表货物所有权的凭证（Document of Title）。提单持有人凭提单可在目的港向轮船公司提取货物，也可在载货船舶到达目的港之前通过转让提单而转移货物所有权，或凭以向银行办理押汇贷款（异地交易中卖方以货运单据作为抵押，向出口地银行借得贷款）。

（2）海运提单的格式和内容。提单的格式很多，每个船公司都有自己的提单格式和提单条款，但其基本内容大致相同，一般包括提单正面的记载事项和提单背面印就的运输条款。

提单正面内容包括：托运人、收货人、被通知人、船名、国籍，航次、装货港、卸货港、标记及号码、重量和体积、货名及件数、运费、正本提单的张数、签发提单的地点、日期、船公司或其代理人签章等。详细格式请参照附录。

背面条款包括：承运人的责任与义务条款、承运人免责条款、索赔与诉讼条款、托运人的责任与义务条款、有关特殊货物运输条款、其他条款。这些条款是作为确定承运人与托运人之间以及承运人与收货人、提单持有人之间的权利和义务的主要依据。

（3）海运提单的种类。

——按照提单的使用有效性分，可分为正本提单和副本提单。

①正本提单（Original B/L）：是指提单上有承运人，船长或其代理人签字盖章，并注明签发日期的提单。这种提单在法律上和商业上都是公认有效的单证。提单上必须标有"正本"（original）字样，以示和副本提单有别。

②副本提单（Copy B/L）：是指提单上没有承运人，船长或其代理人签字盖章，是仅供工作上参考使用的提单。在副本提单上，一般都有"Copy"或者

"Non-Negotiable"（不作流通转让）字样，以表示和正本提单的区别。

——根据提单收货人抬头的不同，又分为记名提单、不记名提单和指示提单。

①记名提单（Straight B/L）：又称收货人抬头提单，它是指在提单的收货人栏内，具体写明收货人的名称。这种提单的特点是收货人已经确定，不得进行转让。

②不记名提单（Bear B/L，Open B/L）：又称空白提单，它是指在提单的收货人栏内，不填明具体的收货人或指示人的名称，而留出空白的提单或简单写给来人（to bearer）。这种提单可以转让，而且不需要任何背书手续，仅凭提单交付即可，提单持有人凭提单提货。采用这种提单风险大，国际贸易中较少采用。

③指示提单（Order B/L）：是指在收货人栏内，只填写"凭指示"（To order）或者"凭某人指示"（To order of…）字样的提单。这种提单通过指示人的背书，可以转让，所以又称为可转让提单。背书人可以是出口方、银行或进口方。

指示提单可以通过背书转让，适应了正常贸易需要，所以在实践中被广泛应用。背书分为记名背书（Special Endorsement）和空白背书（Endorsement in Blank）。前者是指背书人（指示人）在提单背面写上被背书人的名称，并由背书人签名。后者是指背书人在提单背面不写明被背书人的名称。在国际贸易实践中，使用较多的是"凭指示"并经过空白背书的提单，习惯上称为"空白抬头，空白背书"的提单。

——按运输方式分类，可分为直达提单、转船提单和联运提单。

①直达提单（Direct B/L）：是指轮船装货后，中途不经过转船而直接驶往目的港时，承运人签发的提单。这种提单不能出现"在某地转船"的字样。在国际贸易中，如果信用证规定不准转船，托运人一般要取得直达提单才能结汇。

②转船提单（Transshipment B/L）：是指货物在装运港装船后，不能直接运往目的港，而需要在中途其他港口换装另一船只运往目的港时，由第一承运人在装运港签发的提单。这种提单一般注明"在某港转船"的字样。

③联运提单（Through B/L）：亦称全程提单，是指海陆、海空、海河等联运货物，由第一承运人或其代理人收取全程运费后并负责代办下一程运输手续，在装运港签发的全程提单。转运提单和联运提单的区别在于前者仅限于转船，后者可在中途转换其他运输工具。

——按照货物是否已经装船，分为已装船提单和备运提单。

①已装船提单（Shipped on board B/L）：是指承运人在已将货物装上指定的船只后签发的提单。这种提单上面有载货船舶名称和装货日期，同时还应由船长或其代理人签字。

②备运提单（Received for shipment B/L）：是指承运人在收到托运的货物后准备装船期间签发给托运人的提单。这种提单上面没有装船日期，也无载货的具体船

名，将来货物能否装运，何时装运，都很难预料，因此，买方一般都不愿意接受这种提单。《UCP500》规定，在信用证无特殊规定的情况下，银行不接受备运提单。

但当货物装船后，承运人在备运提单上加注装运船名和装船日期并签字盖章后，备运提单即成为已装船提单。同样，托运人也可以用备运提单向承运人换取已装船提单。

——根据提单上对货物外表状况有无不良批注可分为清洁提单和不清洁提单。

①清洁提单（Clean B/L）：是指货物装船时，表面状况良好，承运人在签发提单时未加任何货损、包装不良或其他有碍结汇批注的提单。货物表面状况一般是指货物的包装情况，如没有包装，则是指货物本身的外表状况。在实际业务中，一般提单都印有"在提单内所列表面状况良好的货物已经装船"的词句，未加批注，说明货物装船时外观良好，但并不包含货物的内在质量。

②不清洁提单（Unclean B/L or Foul B/L）：是指承运人收到货物之后，在提单上加注货物外表状况不良，或货物存在缺陷或包装破损等批注的提单。例如，在提单上批注：若干箱货物包装损坏（Package in damaged condition），铁扣松散（Iron-strapes loose or missing）等。对于不清洁提单，银行为了保障买方的利益，可以拒绝接受。因此，为了安全收汇，在货物装船时，如果发现问题应及时采取措施，对不良的包装或货物进行整修或调换，力求取得清洁提单。

但是，并非提单有批注即为不清洁提单。国际航运公会于1951年规定下列3种内容的批注，不能视为不清洁：

第一，不明白地表示货物或包装不能令人满意，如只批注"旧包装"、"旧箱"、"旧桶"等等；第二，强调承运人对于货物或包装性质所引起的风险不负责任；第三，否认承运人知悉货物内容、重量、容积、质量和技术规格。这三项内容已被大多数国家和航运组织所接受。

——根据提单背面内容的繁简，提单又可以分为全式提单和简式提单。

①全式提单（Long form B/L）是指既有正面内容又有背面提单条款的提单。背面提单条款规定了承运人与托运人的权利与义务。

②简式提单（Short form B/L），又称略式提单，是指省略了提单背面条款的提单。简式提单的背面无条款，只在提单正面列出必须记载的事项。简式提单一般都列有"本提单货物的收受、保管、运输和运费等项，均按本公司全式提单的条款办理"的字样。此外，租船合同项下所签发的提单，通常也是简式提单，在这种简式提单上一般注明："所有条件根据某年某月某日签订的租船合同"。根据《UCP500》第23条的规定，除非信用证有特别规定，银行一般不拒绝接受简式提单。

2. 海运单。海运单（sea waybill; ocean waybill），是证明海上货物运输合同和货物由承运人接管或装船，以及承运人保证据以将货物交付给单证所载明的收货人的一种不可流通的单证。因此又称为"不可转让海运单"（non-negotiable sea way-bill）。与提单比较，海运单不是物权凭证，不能凭以提货；不能通过背书而转让流通。海运单的作用有三：货物收据；运输合同证明；解决贸易纠纷时作为货物担保的基础。

目前欧洲、北美等国家和地区的海运贸易越来越倾向于使用不可转让的海运单，主要是因为海运单能方便进口人及时提货，简化手续，节省费用，还可以在一定程度上减少以假单据进行欺诈的现象。但要注意海运单对银行的债权没有保证，而且货物所有权不能转让，因此，必须在银行同意和收货人确定的情况下使用。

二、铁路运输

在国际贸易货物运输中，铁路运输是仅次于海洋运输的主要运输方式。特别是在内陆国家间的贸易中，起着更为重要的作用。即使是以海洋运输的进出口货物，也大多是靠铁路运输进行货物的集中和分散的。

铁路运输一般不受气候条件的影响，可保证全年的正常运输；运量上仅次于海运，运速上仅次于空运。运转过程中遭受风险较小。其不足之处是因轨道限制，不能任意改变运输路线。

国际贸易铁路货物运输按营运方式的不同分为国内铁路货物运输和国际铁路货物联运两种。

（一）对香港澳门铁路货物运输

我国大陆对港铁路货物运输的特点是"租车方式，两票运输"，即采取租车的方式，由国内段运输和港段运输两部分构成。

我国出口货物经铁路运至港口装船出口，进口货物卸船后经铁路运往全国各地，均属国内铁路运输的范围。供应港、澳地区的物资经铁路运往香港九龙，或运至广州南站转船到澳门，也属于国内铁路运输的范畴。

（二）国际铁路联运

凡是使用一份统一的国际联运票据，由铁路负责经过两国或两国以上铁路的全程运送，并由一国铁路向另一国铁路移交货物时，不需要发货人或收货人参加，这种运输称为国际铁路联运。

1. 《国际货协》关于国际铁路联运货物的有关规定。

（1）国际铁路联运货物的运送：

①国际货协成员国之间的货物运送，由发货人使用一张联运运单在发货站向铁路托运，由铁路部门以连带责任办理货物的全程运输，在最终到达站将货物交付收货人。

②向未参加国际货协的国家运送货物，一般是使用一张联运运单办理至参加国际货协的最后一个过境国的出口境站，由该站站长办理转发至未参加国际货协国家的最后到达站。反向运输亦可。

（2）国际铁路联运货物的运输费用：

①发送国铁路的运送费用，按当日发送国铁路的国内运价，以本国货币向发货人计收；

②到达国铁路的运送费用，按当日到达国铁路的国内运价，以本国货币向收货人计收；

③过境国铁路的运送费用，按国际货协的过境运价规程的规定，统一以瑞士法郎计价，按当日牌价折合成发送国货币向发货人计收，或折合成到达国货币向收货人计收。

2. 国际铁路联运运单。铁路运单（rail waybill）是铁路承运人收到货物后所签发的铁路运输单据。铁路运单是铁路运输中的主要运输单据，是收、发货人与铁路部门之间的运输契约，对双方都有法律约束力。

在发货人提交全部货物和付清所负担的一切费用后，铁路运单及其副本由发货站加盖日期戳记，成为货物业已被承运的证明。

铁路运单副本是卖方通过银行向买方结算货款的主要单据之一。运单副本在铁路发货站加盖戳记后交还给发货人，发货人凭此单向银行结汇。

铁路运单正本随同货物从始发站至终点站后交给收货人。到达站按运单上所记载的项目内容，向收货人核收应收的运杂费用后交付所运货物。

目前，我国对朝鲜和前苏联的大部分进出口货物，以及对东欧一些国家的小部分进出口货物都是采用国际铁路联运方式运送的。国际铁路运输缩短了路程，节省了运费，有力地促进了外贸事业的发展。

三、航空运输

与海洋、铁路运输相比较，航空运输具有交货迅速、安全性能高，货物破损率小、节省包装、保险和存储费用低，不受地面条件限制可以飞往世界各地的优点。

因此，航空运输最适宜于运送急需物资，鲜活商品，季节性较强商品和精密、贵重物品。航空运输的缺点是运输成本较高，运量有限，并且不适于体积大和笨重的货物。近年来，随着国际贸易的迅速发展以及国际货物运输技术的不断现代化，采用空运方式日趋普遍。

（一）航空货运方式

1. 班机运输（airliner transport）。班机是指定期开航的定航线、定始发站、目的站和途经站的飞机。采用班机运输方式，能安全迅速地把外贸货物运输到世界各通航地点，收、发货人可确切掌握货物起运和到达的时间，这对市场上急需的商品以及贵重商品的运送是非常有利的。但是，班机通常是使用客货混合型飞机，舱位有限，不能满足大批量货物及时装运的需求，而且班机运价也较包机方式昂贵。

2. 包机运输（chartered carrier transport）。包机运输是指包租整架飞机或发货人（或航空货运代理公司）联合包租一架飞机来运送货物，分为整架包机和部分包机两种形式。包机可以预先确定起飞和到达时间。包机费用一般是一次一议，随国际市场供求情况的变化随时调整。中国民航包机费用是按每飞行公里固定费率核收，并对空驶里程按每飞行公里固定费率的 80% 收取空驶费。所以，如只利用单程运输，费用往往很高；如来回运程都有货载，其运费则较班机为低。

3. 集中托运（consolidation transport）。集中托运是指集中托运人把若干单独发运的货物组成一整批货物，集中向航空公司办理托运，用一份总运单整批发运货物到预定目的地，由集中托运人委托到达站当地的代理人收货、报关、分拨后将货物交给实际收货人的一种运输方式。集中托运的运价比国际空运协会公布的班机运价低 7%～10%。因此，发货人比较愿意将货物交由航空货运公司安排。但是贵重物品、危险物品、活动物以及文物等不能办理集中托运。

集中托运，对于航空公司来讲，若干批货物一起托运，可以减少手续；对货主来讲，可免去自行办理手续的麻烦，而且节省费用；对航空货运代理人来讲，可以争取业务，收取手续费，还可以从运费差价中获得利益。集中托运业务在国际航空运输中开展非常普遍，我国外运公司也已开展该业务。

我国外贸进口商品空运的货物主要有电脑、成套设备中的精密部件，电子产品等；出口商品中采用空运的主要有丝绸、纺织品、海产品、水果和蔬菜等。

4. 航空货物快运。也称为航空快件服务或速递服务（air carrier of express cargo service），是由专门经营该项业务的航空货运代理公司派专人用最快的速度在货主—机场—用户之间运送货物的运输方式，其有以下一些特点：

（1）上门服务。能以最快的速度登门取货，上门送货，代办全部单证和报关手续等。

（2）信息跟踪。实行计算机管理，内外联网，使客户能及时掌握货物传递的动态。

（3）收费灵活方便。可采用国内收费、国外收款或由货主选择比重灵活支付等。

（4）服务全面。根据货主的要求或货运的需要，可派人随机押运，把货物直接交付收货人。

（5）送交货物有回音，查询及时，信息反馈迅速。

在现代商品对外交易中，资料和样品的递送需要迅速而准确，利用航空快运可提高这些资料、样品的交货速度和交货质量，保证交易磋商的顺利进行和合同的履行。

航空快运还可以使银行支票、信用证和有关单据可靠迅速地交到异地银行进行结汇。这项服务颇受涉外企业、公司和科技部门的欢迎，目前的发展速度很快。

（二）航空运输单据——航空运单（Air Waybill，AWB）

航空运单是由承运的航空公司或其代理人签发的货运单据。它是货物的收据，也是托运人与承运人之间签订的运输契约的证明。但不具有物权凭证的性质，也不能通过背书转让。收货人提货，不是凭航空运单，而是凭航空公司的提货通知单。在航空运单的收货人栏里，必须详细填写收货人全称和地址。

航空运单共有正本一式三份：第一份正本注明"Original for the shipper"，应交托运人；第二份正本注明"Original for the issue carrier"，由航空公司留存；第三份正本注明"Original for the consignee"由航空公司随机带交收货人；副本若干份，分别注明"for airport destination"，"delivery receipt"，"for second carrier"；"extra copy"等，由航空公司按规定和需要进行分发。

航空运单依据签发人不同可以分为主运单（master airway bill）和分运单（house airway bill）。前者是由航空公司签发的，后者是由航空货运代理公司签发的。两者在内容上基本相同，法律效力也无不同。

我国的航空货运正处在成长和发展阶段，目前国内航线四通八达，国际航线也不断增加。2005年，中国的航线总数为1 200条，其中国内航线1 009条，国际航线201条，通往国内城市130个，国外33个国家和地区的62个城市。日益增多的国际航线为我外贸利用空运创造了条件。

四、其他运输方式

（一）集装箱运输 （Container Transport）

集装箱运输是以集装箱作为运输单位进行货物运输的一种现代化运输方式。它可适用于海洋、铁路及国际多式联运等。

海上集装箱运输始于 1956 年 4 月，美国海陆运输公司将一艘油船予以改装，并在其国内航线上试用成功，引起世界各国的广泛注意，从而使这一运输方式迅速发展。特别自 20 世纪 70 年代以来集装箱运输发展尤为迅速，迄今已形成一个世界性的集装箱运输体系，成为国际主要班航线上占支配地位的运输方式。

1. 集装箱海运的特点。集装箱海运之所以如此迅速发展，是因为同传统海运相比具有下列优点：

（1）提高了装卸效率，加速了船舶的周转；

（2）有利于提高运输质量，减少货损货差；

（3）节省各项费用，降低货运成本；

（4）简化货运手续，便利货物运输；

（5）把传统单一运输串联成为连贯的成组运输，从而促进了国际多式联运的发展。

2. 集装箱的含义及种类。集装箱是一种集合包装，是一种具有一定的强度和刚度，专供周转使用并便于机械操作和运输的大型货物容器，又称为"货柜"或"货箱"。

按照国际标准化组织（ISO）第 104 技术委员会的规定，集装箱应具备下列条件：

（1）能长期反复使用；

（2）途中转运，不动容器内的货物，可直接换装；

（3）能快速装卸，并能从一种运输工具上直接和方便地换装到另一种运输工具上；

（4）便于货物的装满和卸空；

（5）每个容器具有一立方米（即 35、32 立方英尺）或以上的容积。

国际标准化组织为统一集装箱的规格，推荐了三个系列 13 种规格的集装箱，而在国际航运上使用的主要为 20 英尺和 40 英尺两种，即 1A 型（8 英尺 ×8 英尺 ×40 英尺），1AA 型（8.6 英尺 ×8 英尺 ×40 英尺）；1C 型（8 英尺 ×8 英尺 ×20

英尺）。为了适应运输各类货物的需要，集装箱除通用的干杂货集装箱外，还有罐式集装箱、冷冻集装箱、框架集装箱、通风集装箱、牲畜集装箱、散货集装箱等种类。

3. 集装箱运输货物的交接。集装箱运输有整箱货（full container load-FCL）和拼箱货（less than container load-LCL）之分。整箱货由发货人在工厂或仓库进行装箱，装箱后直接运到集装箱堆场（container yard-CY）等待装运，货到目的港或目的地后，收货人可直接从目的港或目的地的集装箱堆场提货。拼箱货是指货量不足一整箱，需由承运人在集装箱货运站（container freight station-CFS）负责将不同发货人的货物拼装在一个集装箱内，货到目的港或目的地后，由承运人拆箱后分拨给各收货人。

常用的集装箱货物交接方式有：堆场到堆场（CY/CY），即发货人整箱货交货，收货人整箱收货；货运站到货运站（CFS/CFS），即发货人拼箱交货，收货人拼箱交货。此外，集装箱运输亦可实现"门到门"（door to door D/D）的运输服务，即由承运人在发货人工厂或仓库接货，在收货人工厂或仓库交货。

4. 集装箱运输的主要单证。集装箱运输单证主要有场站收据（dock receipt-D/R）、集装箱装箱单（container load plan-CLP）、提单（bill of lading）或集装箱联运提单（combined transport B/L-CTB/L）或多式运输单据（multi-modal transport document-MTD）。此外，还有设备交接单（equipment receipt，E/R）、收（交）货记录（delivery record）等。

5. 集装箱运输的费用。集装箱运输的费用构成和计算方法与传统的运输方式不同。以海运为例，它包括内陆或装运港市内运输费、拼箱服务费、堆场服务费、海运运费、集装箱机器设备使用费等。

内陆运输费（inland transport charge）。内陆或港口市内运输可以由承运人完成，也可以由货主自理。通常情况下，在出口地发生费用由发货人负责，在进口地发生的费用由收货人负责。

拼箱服务费（LCL service charge）包括拼箱货在货运站至堆场之间空箱或重箱的运输、理货、货运站内的搬运、分票、堆存、装拆箱以及签发场站收据、装箱单制作等各项服务费用。

堆场服务费（terminal handling charge）也称码头服务费，包括在装船港堆场接受来自货主或集装箱货运站的整箱货和堆存、搬运至装卸桥下的费用，以及在卸货港从装卸桥下接收进口箱，将箱子搬运到堆场和堆场的堆存费用。堆场服务费还包括在装卸港的有关单证费用。

集装箱及其他设备使用费（fee for use container and other equipment）是指当货主使用由承运人提供的集装箱及底盘车等设备时发生的费用。它还包括集装箱从底盘车上吊上吊下的费用。

集装箱海运运费由船舶运费和一些有关杂费组成。目前，计费方法有以下两种：

（1）按件杂货基本费率加附加费计费法。这是传统的按件杂货计算办法，以每运费吨为计算单位，再加收一定附加费。

（2）按包箱费率计费法，这是以每个集装箱为计费单位的计费法。包箱费率视船公司和航线等不同因素而有所不同，且包箱费率的计算方法已逐步取代传统的按件杂货运费的计算方法。

经营集装箱运输的船运公司为保证营运收入不低于成本，通常还有最低运费的规定，即在拼箱装的情况下，最低运费的规定与班轮运输中的规定基本相同。在整箱货的情况下，由货主自行装箱，如箱内装货未达到规定的最低计费标准时，则亏舱损失由货主负担。各船公司都分别按重量吨和尺码吨对不同类型与用途的集装箱规定了装箱吨数，并以两者中高者作为装箱货物的最低运费吨，这样可以提高集装箱内积载技术，充分利用箱容，有利于节省运费。

（二）国际多式联运

国际多式联运（International Multimodal Transport/International Combined Transport，美国称为 International Intermodal Transport）是在集装箱运输的基础上产生和发展起来的一种综合性连贯运输方式，它以集装箱为媒介，把海、陆、空各种传统的单一运输方式有机地结合起来，组成一种国际间的连贯运输。《联合国国际货物多式联运公约》对国际多式联运的定义是："国际多式联运是指按照多式联运合同，以至少两种不同的运输方式，由多式联运经营人把货物从一国境内接收货物的地点运至另一国境内指定交付货物的地点。"根据这一定义，构成国际多式联运的基本条件有下列几项：

（1）必须有一个多式联运合同（multi-modal transport contract）；

（2）必须使用一份包括全程的多式联运单据（Multimodal or Combined Transport Document）；

（3）必须是至少两种不同运输方式的连贯运输；

（4）必须是国际间的货物运输；

（5）必须由一个联运经营人（Multimodal Transport Operator）对全程运输负责；

（6）必须实行全程单一的运费费率（Single Factor Rate）。

开展国际多式联运是实现"门到门"运输的有效途径，它简化了手续，减少了中间环节，加快了货运速度，降低了成本，提高了运输质量。

多式联运合同是指多式运输经营人与托运人之间订立的凭以收取运费、负责完成或组织完成国际多式运输的合同，它明确规定了多式运输经营人和托运人之间的权利、义务、责任和豁免。多式联运经营人是指其本人或通过其代表订立多式运输合同的任何人，他是事主，而不是发货人的代理人或代表或参加多式运输的承运人的代理人或代表，并且负有履行合同的责任。他可以充任实际承运人，办理全程或部分运输业务，也可以是无船承运人（non-vessel operating common carrier，NVOCC），即将全程运输交由各段实际承运人来履行。无船承运人为了提高服务质量、增加收入，常选择合理的运输路线，把运输方式有机地结合起来。货主只需办理一次委托，支付一笔费用，即可取得包括全程运输的单据，手续十分简便。

多式运输单据（multi-modal transport document）是指证明多式运输合同以及证明多式运输经营人接管货物并负责按照合同条款交付货物的单据。根据发货人的要求，它可以做成可转让的，也可以做成不可转让的。它应由多式运输经营人或经他授权的人签署。

采用多式联运应注意的问题是：要考虑货物和货价是否适宜于这一方式；要了解装运港和目的港有无集装箱航线和装卸设备，及沿途铁路公路情况；装箱点和起运点是否办理海关手续。

（三）大陆桥运输

大陆桥运输（land-bridge transport）是指以集装箱为媒介、大陆上的铁路或公路运输系统为中间桥梁，把大陆两端的海洋运输连接起来，构成海/陆/海的连贯运输。它具有集装箱运输和国际多式运输的优点，并且大陆桥运输可以大大缩短营运时间，降低营运成本。

（四）公路运输

公路运输（road transport）是一种现代化的运输方式，它不仅可以直接运进或运出对外贸易货物，而且也是车站、港口和机场集散进出口货物运输的重要手段。公路运输具有机动灵活、速度快和方便等特点，尤其在实现"门到门"运输中，更离不开公路运输。同时公路运输也有一定的不足之处，如载货量有限，运输成本高，容易造成货损事故。

公路运输在我国对外贸易运输中占有重要的地位。我国同许多周边国家都有公路相通，同这些国家的进出口货物，可以经过国境公路运输。此外，我国内地同港、澳地区的部分进出口货物，也是通过公路运输的。随着我国公路建设的扩展，特别是高速公路的修建，公路运输在对外贸易上将发挥更重要的作用。

（五）内河运输

内河运输（Inland waterway transport）是水上运输的重要组成部分，它是连接内陆腹地与沿海地区的纽带，在运输和集散进出口货物中起着重要的作用。

我国拥有四通八达的内河航运网，我国长江、珠江等主要河流中的一些港口已对外开放，我国同一些邻国还有国际河流相通。这就为我国进出口货物通过河流运输和集散提供了十分有利的条件。

五、贸易合同中的装运条款

合同中装运条款的内容与合同的性质和运输方式有密切关系。我国进出口合同大多是 FOB、CIF 和 CFR 合同。按照国际贸易惯例的解释，在上述条件下，卖方只要将合同规定的货物在装运港履行交货手续，取得清洁的已装船提单，并将其交给买方或其代理人，即完成交货义务。因此，上述合同的装运条款应包括装运时间、装运港、目的港、是否分批和转船、装运通知等。

（一）装运时间

装运时间又称装运期（Time of shipment），是合同中的一项重要条款。在合同签订后，卖方能否按规定的装运时间装运，直接关系到买方能否及时取得货物，以满足其生产、消费或转售的需要。因此，卖方必须按合同规定的时间交货，如果卖方未按合同规定的时间交货，即构成卖方的违约行为，买方有权撤销合同，并要求卖方赔偿其损失。

1. 装运时间的规定方法。国际贸易合同中，对装运时间的规定方法一般有以下几种：

（1）明确规定具体装运时间。装运时间一般不确定在某一个日期上，而只是确定在某一段时间内。可以规定为某年某月装或跨月装，也可以规定最迟装运时间。如"2006 年 5 月份装运（Shipment during May 2006）"；

这种规定方法，期限具体，含义明确，双方不至于因在交货时间的理解和解释上产生分歧，因此，在合同中采用较普遍。

（2）规定在收到信用证后若干天或若干月内装运。例如在合同中订明："收到信用证后45天内装运（Shipment within 45 days after receipt of L/C)"；等。

这种规定方法主要适用于下列情况：

①按买方要求的花色、品种和规格或专为某一地区或某商号生产的商品，或一旦买方拒绝履约难以转售的商品，为防止遭受经济损失，则可采用此种规定方法。

②在一些外汇管制较严的国家或地区，或实行进口许可证或进口配额的国家，合同签订后，买方因申请不到进口许可证或其国家不批准外汇，迟迟不开信用证。卖方为避免因买方不开证而带来的损失，即可采用这种方法来约束买方。

③对某些信用较差的客户，防止其不及时开证可能带来的损失，为促其按时开证，也可采用此方法。

在这种规定方式下，合同中还要规定有关信用证的开到期限或开出期限。例如："买方必须最迟于某月某日以前将信用证开抵卖方"（The buyers must open the relative L/C to reach the sellers before××date.）。如不订明信用证开到期限或开出期限，则可能由于买方拖延或拒绝开证，使卖方无法及时安排生产、包装、装运而陷于被动。为了促使买方按期开证，通常还应在合同中加列约束性条款，如"买方如不按合同规定开证，则卖方有权按买方违约提出索赔。"

（3）笼统规定近期装运。采用国际贸易中的一些术语，例如"立即装运"（Immediate Shipment）表示装运期。这些术语在国际上无统一解释，一般不宜采用。

2. 规定装运时间应注意的问题：船、货、港、证。

（1）根据船源情况，明确具体规定装运时间。不要使用"立即"、"迅速"、"尽可能快"等词。

（2）应注意货源情况、商品特性及交货的季节性等。有现货，装运期可以短一些，无现货，则长一些；雨天不要装运烟叶、棉花；夏天不宜装运沥青、橡胶及易腐烂变质的货物等。还要考虑销售的季节性。

（3）应结合交货港、目的港的特殊季节因素。冬天会结冰的港口，不要在封冻季节装运货物；比较偏远的港口，船少，交货期订的长一些。

（4）注意与信用证的开证日期相适应。收到信用证后一段时间装运。太短，备货和租船订舱有困难；太长，会占压买方的资金，增加买方的利息损失。

3. 装运通知（Shipping Advice）。规定这一条款的目的在于明确买卖双方的责任，促使双方互相配合，共同做好船货衔接工作。

按国际贸易的一般做法，在按FOB条件成交时，卖方应在约定的装运期开始以前，一般是30天或45天，向买方发出货物备妥通知，以便买方及时派船接货。买方接到卖方发出货物备妥通知后，应按约定的时间将船名、船舶到港受载日期等通知卖方，以便卖方及时安排货物出运和准备装船。货物装船后，卖方应在约定的时间将合同号、货物名称、件数、重量和发票金额、船名及装船日期等项内容电告买方，以便买方办理保险并做好接卸货物准备，及时办理报关手续。

（二）装运港（地）和目的港（地）

装运港（Port of Shipment）又称装货港（loading Port），是指货物起始装运的港口。目的港（Port of Destination）又称卸货港（Unloading Port），是指货物最终卸下的港口。

1. 装运港和目的港的规定方法。为了方便卖方安排货物的装运和适应买方接受或转售货物的需要，在一般情况下，装运港都是由卖方提出，经买方同意后确定，而目的港由买方提出，经卖方同意后确定。

规定装卸港口的基本方法有：

（1）装运港和目的港各规定一个。例如：装运港—青岛，目的港—伦敦，这是最常用的规定方法。

（2）装运港和目的港分别规定两个或两个以上。例如：装运港—大连/天津/青岛，目的港—伦敦/利物浦/鹿特丹。

（3）选择港（Optional Ports）。在磋商交易时，如明确规定一个或几个装运港有困难，可采用选择港（Optional Ports）的办法。规定选择港有两种办法，一种是在两个或两个以上港口中选择一个，如 CIF 伦敦，选择港汉堡或鹿特丹，或者 CIF 伦敦/汉堡/鹿特丹；另一种是笼统规定某一航区为装运港或目的港，如"地中海主要港口"、"西欧主要港口"等。

双方在确定装运港或目的港时，通常都从自身利益和需要出发，根据产、销和运输等因素考虑的。为使装运港和目的港条款订得合理，我们必须多方面加以考虑，特别是国外港口情况较复杂，在确定国外装运港和目的港时应格外谨慎。

2. 规定国外装运港和目的港应注意的问题：

（1）不应选择我国政府不允许往来的港口为装卸港。

（2）对国外装卸港的规定应力求具体明确。在磋商交易时，对外商笼统地提出的以"欧洲主要港口"或"非洲主要港口"为装运或目的港的要求，不宜轻易接受。因为各港距离远近不一，条件各异，基本运费和附加运费相差很大。

但在实际业务中，有时根据具体情况和需要，也可允许同一航区规定两个或两个以上的邻近港口为装运港或目的港。同时在合同中应明确规定：第一，因所选目的港而增加的运费，应由买方负担；第二，买方应在开信用证的同时，明确最后目的港。

（3）除非多式联运承运人能够接受全程运输，一般不能接受内陆城市为装货地和卸货地。填写装卸港口的名称，后面一般要加注国家名称。因为世界各国港口重名很多，为防止差错和引起纠纷，应在合同中订明港口所在的国家或地区。

（4）要注意装卸港口的具体情况。如有无直达班轮，港口装卸条件及运费和附加费水平等。如租船运输时，还应进一步考虑码头泊位的深度，有无冰封期、冰封具体时间以及对船舶国籍有无限制等港口制度。

（5）选择港。在使用选择港时，一般不得超过三个，而且港口必须在同一班轮航线上，并且是班轮的基本停靠港。还要明确规定对方做出最后选择的时限（通常是货物到达第一个选卸港前48小时通知船方）。核算价格和运费时，应按备选港中费率最高者计算。因选择港而增加的运费、保险费和其他风险费用由对方负担。

3. 确定国内装运港和目的港时应注意的问题：

（1）在出口业务中，规定装运港时，一般以接近货源地的港口为宜，以方便运输和节省运费。按 FOB 术语成交的合同，应考虑对方来船大小与我港口水深，以免船进不了港，引起争议。

（2）在进口业务中，规定目的港时，一般应选择接近用货单位或消费地区的港口为好。

（3）对于成交量大或货源分散的货物进出口，可规定多个装卸地，甚至"中国口岸"，以方便货物的装运、卸货及拨交。

（三） 分 批 装 运

分批装运（Partial Shipments）是指一个合同项下的货物分若干批或若干期装运。买卖合同中往往都规定分批装运条款。对于分批装运，从卖方来说，成交数量大，货源不充分，国内运输紧张或租船有困难时，总希望允许分批装运；从买方来说，一般都不希望分批装运。所以，是否允许分批装运应在合同中订明。

对于分批装运，一般有3种规定方法：

（1）只规定"允许分批装运"，不加任何限制（Partial Shipment Allowed）。

（2）订明分若干批次装运，而不规定每批装运数量。例如："3~6月份分4批装运（Shipment during March/June in four lots）"。

（3）订明每批装运时间和数量，即定期、定量分批装运。例如："3~6月份分4批每月平均装运（Shipment during March/June in four equal monthly lots）"。

对于分批装运条款中明确规定分批数量，以及类似的限批、限时、限量的条款，卖方的机动余地很小，只要其中任何一批未按时、按量装运，就可作为违反合同论处，对此《UCP500》做了相关规定。

（四）　转　船

转船（Transshipment）是指远洋货运中，货物至目的港无直达船或无合适的船运输，需在中途港换装其他船舶转运至目的港。对此买卖双方可在合同中订立"允许转船"（Transshipment Allowed）的条款。但对"允许转船"一般不宜接受买方指定中转港口、二程船公司或船名的条件。

根据《UCP500》的规定，除非信用证规定禁止分批装运和转船，可准许分批装运和转船。但买卖合同如对分批装运和转船不做规定，按国外合同法，则不等同于可以分批装运和转船。因此为避免不必要的争议，应在合同中对此明确规定。

☞ 【案例】

山东某进出口公司向英国商人出口烟台苹果一批，国外客户开来不可撤销信用证，证中的装运条款规定："Shipment from Chinese port to London in May, Partial shipment prohibited"。我公司因货源不足，先于5月15日在青岛港将100公吨烟台苹果装"东风"轮，取得一套提单；后又在烟台联系到一批货源，在我公司承担相关费用的前提下，该轮船又驶往烟台港装了100公吨烟台苹果于同一轮船，5月20日取得有关提单。然后在信用证有效期内将两套单据交银行议付，银行以分批装运、单证不符为由拒付货款。问银行的拒付是否合理？为什么？

☞ 【评析】

银行的拒付是无理的。根据《UCP500》的规定，货物系装到开往同一目的地的同一轮船上，不属于分批装运。

（五）　滞期、速遣条款

在大宗商品交易、租船运输的情况下，多使用程租船运输，租船合同中有关装卸时间、装卸率、滞期和速遣等内容的规定。而在国际贸易业务中，租船方不一定负责货物装卸的全部任务。例如在FOB合同、租船运输情况下，买方负责与船方签订租船合同，而由卖方负责货物的装船作业。为了约束买卖合同的另一方当事人按时完成货物装卸任务，在程租船运输的国际货物买卖合同中，一般要有装卸时间、装卸率、滞期和速遣条款的规定。

（六）　OCP条款

在对美国进行贸易时，有时国外的出口商为了取得运费优待，要求采用OCP

运输条款。OCP 是 Overland Common Point 的缩写，意为"内陆地区"。所谓"内陆地区"是根据美国运费率规定，以美国西部 9 个州为界，即以落基山脉为界，其以东地区为内陆地区范围。另外，加拿大也有类似的内陆地区的规定。

按照 OCP 运输条款达成的交易，国外出口商不仅可享受美国内陆运输的优惠费率，而且可以享受 OCP 海运的优惠费率。因此，在对美交易中，采用 OCP 运输条款对进出口双方都有利，但采用时应注意，必须符合以下三个条件：

（1）货物最终目的地必须属于 OCP 地区范围。

（2）货物必须经由美国西海岸港口中转。因此签订 CFR 和 CIF 出口合同时，目的港必须是美国西海岸的口岸。

（3）提单上必须标明 OCP 字样，并且在提单目的港一栏中除填明美国西海岸港口名称外，还要加注美国内陆地区的城市名称。例如：CIF Los Angeles OCP Orleans.

● **本章小结** ●

国际货物运输是国际贸易的一个重要环节，货物从卖方国家转移到买方国家必须通过国际货物运输来实现。国际货物运输的方式很多，其中最常用的是海洋运输、铁路运输、航空运输以及国际多式联运等。各种运输方式的选择对买卖双方都具有重要的意义，它关系到货物的安全、费用的高低、时间的长短等问题。不同的运输方式下，货物的交接方式、运输的一般业务程序和运输单据各不相同。因此，在国际贸易中，应该明确货物运输方式以及关于装运时间、装运港、目的港的规定，同时要了解各项运输条款。

▶ **思考题**

1. 班轮运输的特点有哪些？
2. 班轮运费的计费标准有哪几种？
3. 航空运单的性质和作用有哪些？
4. 海运提单的性质与作用以及其类型主要有哪些？
5. 国际多式联运的基本条件有哪些？

第六章

国际货物运输保险

❖ **本章学习目标**

阅读和学完本章后，你应该能够：

◇ 了解保险的基本原则、海运货物保险承保的范围、伦敦保险协会海运货物保险条款

◇ 熟悉我国海运货物保险险别、我国路运、航空和邮包运输保险

◇ 掌握国际货物运输保险实务

┌─── 开篇案例 ───┐

　　有一批国际多式联运的货物已投保了平安险，载运该批货物的海轮于 5 月 3 日在海面遇到暴风雨的袭击，使该批货物受到部分水渍，损失货值 8 000 美元。后来，这批货物在运输过程中，于 5 月 8 日被雨淋，又使该批货物损失 12 000 美元。货主向保险公司索赔，保险公司对遭受水渍的 8 000 美元进行了赔偿，但是对雨淋的 12 000 美元拒绝赔偿，由此可见，在国际货物运输中，选择适当的保险险别进行投保非常重要，这就要求我们熟练掌握国际货物运输保险知识。

　　国际贸易中，围绕着进出口合同的履行，一笔成交的货物往往要经过长途运输，在这一过程中，可能遇到各种风险，从而使货物遭受损失。为了保障货物受损后能获得经济上的补偿，货主一般都要投保货物运输保险。

　　保险主要可以分为财产保险和人身保险两大类。国际贸易货物

运输保险是以国际贸易运输中的货物为保险标的的保险，属于财产保险的一种。国际贸易货物运输保险的种类，根据国际贸易货物运输方式的不同，可以分为海上货物运输保险、陆上货物运输保险、航空货物运输保险和邮包货物运输保险等。其中以海上货物运输保险起源最早，历史最久。陆上、航空、邮包等货物运输保险，都是在海上货物运输保险的基础上发展起来的。尽管各种不同方式运输的货物保险的具体责任有所不同，但基本原则和保险保障的范围比较相似。

目前国际上没有统一的货物运输保险法，实践中保险人与被保险人的权利义务是由各国国内法和当事人双方订立的保险合同确定的。保险合同是指投保人根据合同约定向保险人支付保险费，保险人对于合同约定的可能发生的事故因其发生所造成的财产损失承担赔偿保险金责任，或当被保险人死亡、伤残、疾病或达到合同约定的年龄、期限时承担给付保险金的商业保险行为。

一、保险的基本原则

（一）最大诚信原则

诚信就是诚实和守信用。诚实是指一方对另一方要坦诚相待，不进行隐瞒和欺骗；守信用是指双方都应该如实全面地履行自己的义务。保险合同是补偿性合同，对诚信的要求高于其他合同，因而需最大诚信。最大诚信原则的内容主要包括告知、保证、弃权和禁止反言。

告知在保险中又称如实告知，指保险合同当事人一方在合同缔结前和缔结时以及合同有效期内，就重要事实向对方所作的口头或书面陈述。保证是指保险人要求投保人或被保险人在保险期间对某一事项的作为与不作为，某种事态的存在或不存在做出的许诺。弃权是指保险合同的一方当事人放弃其在保险合同中可以主张的权利，通常指保险人放弃合同解除权与抗辩权。禁止反言是指合同一方放弃其在合同中的某项权利，日后不得再向另一方主张这一权利，又称禁止抗辩。

（二）可保利益原则

可保利益（Insurable interest），又叫保险利益，指投保人或被保险人对保险标的所具有的法律上承认的利益。保险利益原则是指投保人对保险标的的应当具有保险利益。投保人对保险标的的不具有保险利益的，保险合同无效。但国际货物运输又不像有的保险（如人身保险）那样要求被保险人在投保时便须具有保险利益，而仅要求在保险标的发生损失时必须具有保险利益，即为合法。

由于保险利益原则的存在，国际贸易业务中，虽然海上保险条款规定保险责任的起讫是"仓至仓"，但对于 CFR 和 FOB 术语而言，保险公司负责赔偿的责任起讫只是"船舷至仓"。因为货物越过装运港船舷之前，所有权还未转移到买方手中，买方对货物不具有保险利益，发生损失保险公司不负责赔偿；但对 CIF 而言，保险公司负责赔偿的责任起讫是真正的"仓—仓"。

☞【案例】

有一份 FOB 合同，货物在装船后，卖方向买方发出装船通知，买方向保险公司投保了"仓至仓条款一切险"（All Risks with Warehouse to Warehouse Clause），但货物在从卖方仓库运往码头的途中，被暴风雨淋湿了 10% 的货物。事后卖方以保险单含有仓至仓条款为由，要求保险公司赔偿此项损失，但遭到保险公司拒绝。后来卖方又请求买方以投保人名义凭保险单向保险公司索赔，也遭到保险公司拒绝。试问在上述情况下，保险公司能否拒赔？为什么？

☞【评析】

保险公司能拒赔。因 FOB 价格条件下，货物越过船舷之前买方无保险利益，无权向保险公司索赔，而卖方因不是被保险人，也无权索赔。

（三）近因原则

近因原则是指保险人只对承保风险与保险标的的损失之间有直接因果关系的损失负赔偿责任，而对保险责任范围以外的风险造成保险标的的损失不承担赔偿责任。近因原则是保险标的发生损失时，用以确定保险标的所受损失能否获得保险赔偿的重要依据，也是保险理赔必须遵循的基本原则。

（四）补偿原则

补偿原则是指当保险标的遭受保险责任范围内的损失时，保险人应当依照保险合同的约定履行赔偿义务，但保险人的赔偿金额不得超过保险单上的保险金额或被保险人遭受的实际损失。各种保险合同（不包括人身保险合同）都是补偿性合同，所有补偿性合同都是建立在补偿的基础之上。因此，保险人的赔偿不应使被保险人因保险赔偿而获得额外利益，即保险的赔偿是使被保险人在遭受损失后，经过补偿能恢复到受损前的经济状态，而不能通过补偿获得额外利益。补偿原则又可以引申出代位追偿原则和重复保险比例分摊原则。

二、海上货物运输保险的承保范围

货物在海上运输过程中遇到的风险很多，但并不是所有的风险损失都属于保险公司的承保范围。保险保障的范围仅限于保险合同约定的风险、损失以及有关费用。

（一）承保的风险

风险（Risks）是指在某一特定环境下，某种损失发生的可能性和不确定性。海上货物运输保险主要承保两类风险：一类是海上风险；另一类是外来风险。

1. 海上风险（Perils of the Sea）。海上风险又叫海难，是保险业上的专门用语，指船舶或货物在海上运输过程中发生的或随附海上运输所发生的风险，包括自然灾害和意外事故。

（1）自然灾害（Natural Calamities）。指由于自然界的变化引起的破坏力量所造成的灾害。如恶劣气候、雷电、洪水、流冰、地震、海啸、火山爆发等人力不可抗拒的灾害。

①恶劣气候（Heavy Weather）。是指海上发生的飓风、大浪引起船只颠簸和倾斜造成船体、机器设备的损坏，或者因此而引起的船上所载货物相互挤压、碰撞而导致破碎、渗漏、凹瘪等损失。

②雷电（Lightning）。指被保险货物在海上或陆上运输过程中，由雷电所直接造成的，或者由于雷电引起火灾所造成的损害。

③海啸（Tsunami）。指由于海底地壳发生变异，有的地方下陷，有的地方升高，引起剧烈震荡而产生巨大波浪，致使被保险货物遭受损害或灭失。

④地震或火山爆发（Earth Quake or Volcanic Eruption）。指直接或归因于地震或火山爆发所致被保险货物的损失。

（2）意外事故（Accidents）。指由于偶然的非意料之中的原因所造成的事故。但在海上保险业务中，所谓意外事故并不是泛指的海上意外事故，而是仅指运输工具遭受搁浅、触礁、沉没、船舶与流冰或其他物体碰撞，以及失踪、失火、爆炸等。

①搁浅（Grounding）。是指船底同海底或浅滩保持一定时间的固定状态。这一状态必须是在事先预料不到的意外情况下发生的。至于规律性的潮汛涨落造成船底触及浅滩或滩床，退潮时搁浅，涨潮时船舶重新浮起继续航行，则属于必然现象，不能作为保险上的"搁浅"事故。

②触礁（Stranding）。是指船体触及海中的险礁和岩石等造成的意外事故。船只同沉船的"残骸"相接触，也可以视为"触礁"。

③碰撞（Collision）。船舶与其他船只或其他固定的、流动的固体物猛力接触叫碰撞。例如同码头、桥梁、浮筒、灯标等相接触。船只同海水的接触，以及船只停泊在港口内与他船并排停靠码头旁边，因为波动相互挤擦，均不能视作碰撞。

④爆炸（Explosion）。一般是指船舶锅炉爆炸或船上货物因气候影响产生化学作用引起爆炸。

⑤沉没（Sunk）。是指船体的全部或大部分已经没入水面以下，并已失去继续航行的能力。如果船体的一部分浸入水中，不继续下沉，虽然海水仍不断渗入舱内，但船只还具有航行能力的，则不能视为沉没。

⑥失踪（Missing）。船舶在航行中失去联络，音讯全无，达到一定时间，仍无消息，可以按"失踪"论处。这"一定"时间，并无统一的规定，有些国家规定为 6 个月，也有规定为 4 个月的。我国《海商法》规定的是 2 个月。船舶的失踪，大部分是由于海上灾害引起的，但也有人为因素造成的，如敌方的扣押、海盗的掳掠、船上人员监守自盗，将船沉没以销匿罪证等。

⑦失火（Fire）。又叫火灾。它既包括船只本身，船上设备和机器的着火，也包括货物自身的燃烧等。引起火灾的原因很多：有自然灾害的因素，如闪电、雷击等；有的是货物本身的特性受到外界气候、温度等影响而自燃，如黄麻、煤块等在一定高温下自己燃烧起来；有的是人为的因素，如船上人员或修船人员的疏忽所引起的。如烟蒂未熄灭、使用电焊器械等火花溅及物体等引起的燃烧。

2. 外来风险（Extraneous Risks）。外来风险是指海上风险以外其他外来原因所造成的风险。保险上所说的外来原因，是指非必然发生的外部因素。如货物在运输过程中可能发生的玷污、串味等，而由于货物的自然属性、内在缺陷所引起的自然损耗，不包括在外来风险的范围之内。外来风险可分为两类：

（1）一般外来风险（General Extraneous Risks）。一般外来风险是指被保险货物在运输途中可能发生的偷窃、雨淋、短量、玷污、渗漏、破碎、受潮受热、串味、生锈等风险。

（2）特殊外来风险（Special Extraneous Risks）。主要指战争、罢工、交货不到、拒收、政府禁令等特殊外来原因所造成的风险。

（二）承保的损失

海运保险货物在海运过程中，由于海上风险所造成的损害或灭失，称为海上损失，简称海损（Average）。按照各国海运保险业务的习惯和根据国际保险市场的解释，与海运连接的陆运和内河运输过程中所发生的损害或灭失，也属于海损范围。就货物损失的程度而言，海损可分为全部损失和部分损失；就货物损失的性质而言，海损又可分为共同海损和单独海损。

1. 全部损失（Total Loss）。全部损失简称全损（TL），是指运输中的整批货物或不可分割的一批货物全部损失。全损又分为实际全损和推定全损。

（1）实际全损（Actual Total Loss）。实际全损是指保险的标的物完全灭失；或已丧失原有的用途和价值；或被保险人对保险标的物的所有权已无可挽回地被完全剥夺；或载货船舶失踪已达一定时期。

构成实际全损主要有下列几种情况：

①被保险的货物全部灭失。例如：船只遭遇海难后沉没，货物同时沉入海底。

②被保险货物的灭失已无法避免。例如：船只被海盗劫走、货物被敌方扣押等。虽然船、货本身并未受到损失，但货物已无法复归于被保险人。

③被保险的货物已丧失原有的形体和效用。例如：茶叶经水泡后，虽然没有灭失，仍旧是茶叶，但已失去原有的效用。

④载货船舶失踪达到一定时期。例如：数个月后仍无音讯，则可视为全部灭失。

（2）推定全损（Constructive Total Loss）。推定全损是指被保险货物在海运中遭遇承保风险后，虽然尚未达到完全灭失状态，但是完全灭失将是不可避免的；或者为避免发生实际全损所需支付的费用与继续将货物运抵目的港的费用之和超过保险价值的，称为推定全损。

上述实际全损和推定全损虽然都称为"全损"，但两者是有区别的：实际全损发生时，保险标的已经不可避免地或将要完全丧失，被保险人自然可以向保险人要求全部赔偿；推定全损下，保险标的受损后并未完全丧失，是可以修复或可以收回的，只是所支付的费用将超过保险标的物的保险价值或者收回的希望很小或遥遥无期而已。因此，在推定全损的情况下，被保险人获得的损失赔偿有两种情况，一种是被保险人获得全损的赔偿；另一种是被保险人获得部分损失的赔偿。如果被保险人想获得全损的赔偿，他必须无条件地把被保险货物委付给保险人。所谓委付（Abandonment），是指被保险人在保险标的处于推定全损状态时，向保险人声明愿意将保险标的的一切权益，包括财产权及一切由此而产生的权利和义务转让给保险人，而要求保险人按全损给予赔偿的一种行为。

2. 部分损失（Partial Loss）。部分损失是指被保险货物的一部分损失或灭失。按照损失造成的原因不同，部分损失又包括共同海损和单独海损两种。

（1）共同海损（General Average 简称 GA）。是指载货的船舶在海上遇到灾害事故，威胁到船、货等各方的共同安全，为了解除这种威胁，维护船货安全或者使航程得以继续完成，有意识地由船方采取合理的解救措施而造成的某些特殊损失或者支出的额外费用。例如，载货船舶在运输途中遭遇暴风雨，船身严重倾斜，船长为了避免船只覆没，命令船员抛弃船内的一部分货物，以保持船身平衡。被抛弃的货物就是特殊损失，这项损失应当由船、货各利害关系方共同负担。又如，船舶意外搁浅时，为了脱险，雇用拖船强行脱浅的费用，即为共同海损费用。

共同海损的成立，一般应具备以下几个条件：

①共同海损的危险是危及船舶和货物共同利益的，采取的措施也必须是为了解救船货双方共同危险的。例如，船在航行中搁浅，既涉及船方的利益，又涉及货方的利益，所以危险是共同的。

②船方在采取紧急措施时，共同海损的危险必须是真实存在的，或者是不可避免的，而不是主观臆测的。例如，船上的货舱发生火灾，如不及时加以扑灭，势必危及全船，这时共同海损的危险已经实际存在。又如船只遭遇恶劣气候，在海上的大风暴中挣扎了几天，耽误了航期，使原本按正常航行日期带足的燃油消耗过多，不足以供船舶使用到原目的港，如不补足燃油，势必使船只因供油不足而失去控制。这时，不得不绕航，驶往最近的港口添加燃油。这种实际存在和不可避免产生的危险，构成共同海损的条件。

相反，如果因为船长判断错误，采取了某些措施，或因可以避免的事故所造成的损失，则不能构成共同海损。

③共同海损的牺牲和费用支出，必须是为共同安全而采取的有意识的和合理的措施。所谓有意识的，是指共同海损的发生必须是人为的、经过周密计划的，而不是意外的损失；所谓合理的，是指在采取共同海损行为时，必须符合当时实际情况的需要，并能在节约的情况下较好地解除危及船货双方的共同危险。例如，为了使搁浅的船只浮起，应该抛出那些较重、价值较低的、便于抛出的货物。

④共同海损的牺牲及其费用支出必须是特殊性质的，是额外的，即支付的费用是船舶营运所支付的正常费用以外的费用。

⑤牺牲和费用的支出最终必须是有效的，即经过采取某种措施后，船舶和/或货物的全部或一部分最后安全抵达航程的目的港。

共同海损的牺牲和费用支出，都是为了使船舶、货物和运费方，免于遭受损失而做出的，因而应由船舶、货物和运费方，按最后获救价值的比例分摊，这种分摊通常称为共同海损分摊（G. A. Contribution）。

为了做好共同海损的理算工作，各国都制定了相应的规则。目前，在国际上影响较大的海损理算规则是《约克·安特卫普规则》（York-Antwerp Rules）。我国于1975年制定了《共同海损理算暂行规则》（简称《北京理算规则》）。

（2）单独海损（Particular Average）。是指除保单承保责任范围内的风险事故造成的货物的部分损失。单独海损仅涉及船舶或货物所有人单方面的利益，其损失仅由受损方单独负担，并不是由各方面的关系人共同分摊。例如，某公司出口花生仁100公吨，在运输途中遭受暴风雨，海水浸入舱内，花生仁受水泡变质，这种损失只是使该公司一家的利益遭受影响，跟同船所装的其他货物的货主和船东的利益并没有什么关系，因而属于单独海损。

共同海损和单独海损的区别：

①造成海损的原因不同：单独海损是承保风险所直接导致的船、货损失；共同海损则不是承保风险所直接导致的损失，而是为了解除船货的共同危险，有意识采取的合理措施而造成的损失。

②损失的责任承担不同：单独海损是由受损方自行承担，而共同海损则是由各受益方按照受益大小的比例共同分摊。

（三）承保的费用

被保险货物遭遇保险责任范围以内的灾害或事故，除了能使货物本身受到损失而导致经济利益受损外，还会带来被保险人的额外的费用支出。对于有些额外费用，保险人也给予赔偿。保险人承保的费用主要有：

1. 施救费用（Sue and Labor Charges or Expenses）。是指当保险标的遭受保险责任范围以内的灾害或事故时，由被保险人或其代理人或其雇佣人员和受让人等采取措施，施救于被保险货物，以避免或减轻损失所支付的费用。保险人对被保险人所支出的施救费用承担赔偿责任，赔偿金额以不超过该批被救货物的保险金额为限。

2. 救助费用（Salvage Charge）。是指保险标的遭受承保责任范围内的灾害或事故时，由保险人和被保险人以外的第三者采取救助措施，被救方向救助的第三者支付的报酬。救助费用由保险人负责赔偿，但赔偿金额最多不超过获救财产的价值。救助费用赔偿的基本原则是"无效果，无报酬"。

三、我国海洋货物运输保险的险别

国际贸易的交易双方为转嫁货物在运输途中因遭遇自然灾害和意外事故而可能导致的货物损害和灭失的风险，应向保险人投保货物运输保险。但是，投保货物运输保险，只是说明投保人有保险的要求，为了进一步明确投保人与保险人之间的权利与义务，必须规定保险的险别。

保险的险别，是保险人与被保险人履行权利与义务的基础，也是保险公司承保责任大小，被保险人缴付保险费多少的依据。海上货物运输保险的险别很多。中国人民保险公司参照国际保险市场的一般习惯做法并结合我国的实际情况，分别制定了各种不同运输方式下货物运输保险的条款及附加条款，总称《中国保险条款》（China Insurance Clauses，CIC）。根据中国人民保险公司的《海洋运输货物保险条款》的规定，海运货物的保险险别主要有基本险别和附加险别两大类，另外还有针对某些特殊货物而制订的专门险条款。

（一）基 本 险 别

基本险又称作主险，是可以独立承保的险别，我国海运货物的基本险别有平安险、水渍险、一切险三种。

1. 基本险险别。

（1）平安险（Free from Particular Average，简称 FPA）。平安险的英文原意是"单独海损不赔"。根据国际保险界的解释，单独海损是指部分损失。因此，平安险原来的承保范围，只负责赔偿海上风险造成的全部损失。但在长期实践过程中，对平安险的责任范围进行了补充和修订。当前平安险的责任范围，已经超过只赔偿全部损失的限制。平安险这一名称在我国保险业中沿用很久，概括起来，这一险别的责任范围主要包括：

①在运输途中由于恶劣气候、雷电、海啸、地震、洪水等自然灾害，造成被保险货物的实际全损或推定全损。

②由于运输工具遭遇搁浅、触礁、沉没、互撞、与流冰或其他物体碰撞，以及失火、爆炸等意外事故造成被保险货物的全部或部分损失。

③在运输工具已经发生搁浅、触礁、沉没、焚毁等意外事故的情况下，货物在此前或此后，又在海上遭遇恶劣气候、雷电、海啸等自然灾害所造成的被保险货物的部分损失。

④在装卸或转船时，由于一件或数件，甚至整批货物落海，所造成的部分损失或全部损失。

⑤运输契约订有"船舶互撞条款"，按该条款规定应由货方偿还船方的损失。

⑥运输工具遭遇自然灾害或意外事故，需要在中途港口或避难港口停靠，出于卸货、装货、存仓以及运送货物所产生的特殊费用。

⑦发生共同海损所引起的牺牲、分摊费用和救助费用。

⑧被保险人对遭受保险责任范围内危险的货物采用抢救、防止或减少损失的各种措施所支付的合理费用。但是，保险公司承担费用的限额，以不超过该批被救货物的保险金额为限。

☞ 【案例】

某外贸公司按 CIF 术语出口一批货物，装运前已向保险公司按发票总值110% 投保平安险，6 月初货物装妥顺利开航。载货船舶于 6 月 13 日在海上遇到暴风雨，致使一部分货物受到水渍，损失价值 2 100 美元。数日后，该轮又突然触礁，致使该批货物又遭到部分损失，价值为 8 000 美元。问：保险公司对该批货物的损失是否赔偿？为什么？

☞ 【评析】

赔付。因为根据 CIC 条款的规定，在投保平安险的情况下，货物如果遭受了承保责任范围内的意外事故，在此前或此后又遭受了海上自然灾害，则保险公司赔偿被保险人的全部损失。

（2）水渍险（With Particular Average 简称 WA 或 WPA）。水渍险的英文原意为"负责单独海损责任"。它的责任范围包括上列"平安险"的各项责任外，还包括被保险货物由于自然灾害所造成的部分损失。

（3）一切险（All Risks）。一切险的责任范围，除包括平安险和水渍险的所有责任外，还包括被保险货物在运输过程中，因一般外来原因所造成的全部损失或部分损失。一切险实际上是在水渍险的基础上附加了一般附加险责任范围。

2. 基本险的除外责任。在 CIC 的海运货物保险条款中，还明确规定了保险公司的除外责任。所谓除外责任（Exclusion），是指保险公司明确规定不予承保的损失或费用。主要有：

（1）被保险人的故意行为或过失所造成的损失。

（2）发货人的责任所造成的损失。

（3）在保险责任开始以前业已存在的数量短缺或品质不良等造成的损失。

（4）被保险货物的自然损耗、本质缺陷、货物的特性、运输延迟等原因所造成的损失。

（5）属于海运货物战争险条款和罢工险条款规定的责任范围和除外责任。

3. 基本险责任起讫。根据中国人民保险公司海上货物运输保险条款的规定，平安险、水渍险和一切险的承保责任的起讫期限，均采用国际保险业中惯用的"仓至仓条款"（Warehouse to Warehouse，简称 W/W）。它规定保险公司对保险货物所承担的保险责任，从被保险货物运离保险单上所载明的起运港（地）的发货人仓库时起，至货物运抵保险单所载明的目的港（地）收货人仓库时止。该条款中所指的"运离"是指被保险货物一经离开发货人仓库，保险责任即为开始；所指的"到达"，是指被保险货物一经进入收货人仓库，保险责任即告终止。在仓库中发生的损失概不负责。

但是，当货物从目的港卸离海轮时起算满 60 天，不论被保险货物有没有进入收货人仓库，保险责任均告终止。如在上述保险期限内，被保险货物需转运到非保险单上所载明的目的港（地）时，则保险责任在该项货物开始转运时终止。另外，被保险货物在运至保险单上所载明的目的港（地）以前的某一仓库而发生分配、分派的情况，则该仓库就作为被保险人的最后仓库，保险责任也从货物运抵该仓库时终止。

此外，被保险人可以要求扩展保险期限，例如，对某些内陆国家的进口货物，如在港口卸货转运内陆，无法按保险条款规定的保险期限，在卸货后 60 天内到达目的地时，即可申请扩展，经保险公司出具凭证予以延长，但需加收一定的保险费。

（二）　附　加　险　别

海上货物运输保险的附加险种类很多，几乎包括所有外来原因引起的损失。附加险是不能单独承保的险别，它必须依附于主要险别项下。也就是说，只有在投保了主要险别之中的一种之后，才可投保附加险。附加险分为一般附加险、特殊附加险和特别附加险。

1. 一般附加险。中国人民保险公司《海运货物保险条款》规定的一般附加险共 11 种。

（1）偷窃、提货不着险（Theft, Pilferage and Non-delivery，简称 TPND）。在保险有效期内，被保险货物被偷、被窃，以及货物抵达目的地后整件或全部未交的损失。偷窃不包括使用暴力手段的公开劫夺。

（2）淡水雨淋险（Fresh Water and Rain Damage，简称 FWRD）。货物在运输途中，直接由于淡水、雨水以及冰雪融化浸淋所造成的损失。淡水是与海水相对而言，包括船上淡水舱、水管漏水以及舱汗等。

（3）短量险（Risk of Shortage）。被保险货物在运输过程中，因外包装破裂或散装货物发生数量散失和实际重量短缺的损失，但不包括正常的途耗。

（4）混杂、玷污险（Risks of Intermixture and Contamination）。被保险货物在运输途中，因混进杂质或被其他物质玷污而造成的损失。如砂糖混进泥土；布匹、服装被油类或带色的物质污染而造成的损失。

（5）渗漏险（Risk of Leakage）。指流质、半流质的货物或油类货物在运输过程中因容器损坏而造成的渗漏损失。

（6）碰损破碎险（Risk of Clash and Breakage）。碰损主要是对金属、木质等货物来说的；破碎则主要是对易碎性质货物来说的，前者是指在运输途中，因为受到震动、颠簸、挤压而造成的货物本身的损失；后者是指在运输过程中由于装卸野蛮，运输工具颠震造成的货物本身的破碎、断裂的损失。

（7）串味险（Risk of Odor）。被保险货物在运输过程中，因受其他异味货物影响，使品质受到损失。如茶叶、香料等与皮张、樟脑等堆放在一起产生异味，不能使用。

（8）受热受潮险（Damage Caused by Heating and Sweating）。被保险货物在运输过程中，由于气温骤变或船上通风设备失灵等，使船舱内水汽凝结、发热、发潮使货物变质所引起的损失。

（9）钩损险（Hook Damage）。被保险货物在装卸过程中因为使用手钩、吊钩等工具所造成的损失，例如，粮食包装被吊钩钩坏而造成粮食外漏的损失。

（10）锈损险（Risk of Rust）。被保险货物在运输过程中，因为生锈而造成的损失。但生锈必须是在保险期内发生的，如原装船时就已生锈，保险公司不负责。

（11）包装破裂险（Breakage of Packing）。因包装破裂而造成的货物短少、玷污等损失。此外，在运输过程中，为了续运安全的需要而产生的修补包装、调换包装所支付的费用，保险公司也予负责。

上述这11种一般附加险，都不能独立投保，只能在投保平安险和水渍险的基础上加保。但如果投保一切险后，上述11种一般附加险别均包括在内，所以无需再加保。

2. 特殊附加险。特殊附加险主要包括战争险和罢工险：

（1）战争险（War Risk）。战争承保直接由于战争或类似战争行为等所引起的被保险货物的直接损失。中国人民保险公司对战争险的承保责任范围包括：由于战争、类似战争行为、敌对行为、武装冲突或海盗行为以及由此引起的捕获、拘留、禁制、扣押所造成的损失；由于各种常规武器，包括水雷、鱼雷、炸弹所造成的损失；由于上述原因所引起的共同海损牺牲、分摊和救助费用。但对原子弹、氢弹等核武器所造成的损失，均列为除外责任。

战争险的保险起讫与平安险、水渍险和一切险的保险责任起讫不同，它不采用

"仓至仓条款"，而是从货物自保险单所载明的起运港装上海轮或驳船时开始，到货物运抵保险单所载明的目的港，卸离海轮或驳船时为止。如果货物不卸离海轮或驳船，则保险责任最长延至货物到达目的港之当日午夜起 15 天为止；如果在中途港转船，则不论货物在当地卸载与否，保险责任以海轮到达该港，或卸货地点的当日午夜起满 15 天为止，待再装上续运的海轮时，责任恢复有效。

（2）罢工险（Strikes Risk）。该险别主要承保因罢工者、被迫停工工人、参加工潮、暴动和民众斗争的人员采取的行动，或任何人的恶意行为所造成的直接损失；上述行动或行为所引起的共同海损牺牲、分摊和救助费用。在投保战争险的前提下，加保罢工险不另加费用。如仅要求加保罢工险，则按战争险费率收费。

3. 特别附加险。特别附加险往往与政治、国家行政管理规章所引起的风险相关联。目前中国人民保险公司承保的特殊附加险别主要有：

（1）交货不到险（Failure to Delivery Risk）。货物从装上船开始，在预定抵达日期起满 6 个月仍不能到达原目的地，无论何种原因，保险公司均负责赔偿。

（2）进口关税险（Import Duty Risk）。被保险货物在已遭受保险单责任范围内的损失后，目的港海关仍按完好货物的价值十足计征进口关税，保险公司对受损部分货物所交纳的关税负责赔偿。

（3）舱面险（On Deck Risk）。有些货物体积大，有毒性、污染性或易燃易爆，根据航运习惯，必须装载在舱面上。投保舱面险，被保险货物存放舱面时，保险公司除按保险单所载条款予以负责外，还对货物被投弃或浪击落海的损失负赔偿责任。

（4）拒收险（Rejection Risk）。被保险货物在抵达目的港后，由于各种原因被进口国有关机构拒绝进口或强行没收所产生的损失，在投保这一险别时，被保险人必须保证持有进口所需的一切证明文件，如进口许可证等，否则保险公司不负赔偿责任。

（5）黄曲霉素险（Aflatoxin Risk）。一般花生中含有此类带毒性菌素。如果花生中所含的这一菌素超过进口国家所规定的标准，就会被拒绝进口，或被没收或被强制改变用途。如果投保了此险，因上述原因造成的损失，保险公司负责赔偿。

（6）出口货物到香港（包括九龙在内）或澳门存仓火险责任扩展条款（Fire Risk Extension clause—for storage of Cargo at destination Hong Kong including Kowloon or Macao）。这是一种扩展存仓火险责任的保险。我国出口到港澳的货物，如直接装卸到保险单上载明的过户银行所指定的仓库时，加列这一条款，则延长在存仓期内的火险责任。保险期限从货物运入过户银行指定的仓库时开始，直到过户银行解除货物权益或运输责任终止时起满 30 天为止。这一险别主要是为了保障过户银行的利益。货主通过银行办理押汇业务，在货主不向银行归还货款前，货物的权益属于银行。因此，在保险单上必须注明过户给放款银行。在此阶段，货物即使到达目的港，收货人也无权提货。货物往往存放在过户银行指定的仓库中，加列了这一条款，如果存仓期间发生火灾，保险公司负责赔偿。

（三）卖方利益险

除了上述各种货物运输保险险别外，中国人民保险公司还为运输途中的货物承保"卖方利益险"（Contingency insurance Covers Sellers' interest only）。卖方利益险是供我国出口企业按 FOB 和 CFR 合同出口并以托收方式支付货款时，为保障自身的利益而投保的独立险别，可以单独投保。

该险种承保的是出口货物在运输途中发生损失，国外买方既不付款赎单，又拒绝支付货物受损部分的损失赔偿时，卖方所遭受的损失及费用。

中国人民保险公司的"卖方利益险"条款规定：本保险负责赔偿货物在遭受保险单所载明的承保险别的条款责任范围内的卖方损失。但本保险仅在买方不支付该项受损货物的损失时才予以赔偿。被保险人应将其向买方或第三方的索赔权利转让给保险人。如对本保险单项下的任何利益或赔款转让，保险人即解除其全部责任。

目前，我国采用海运方式进出口的货物，若出口采用 CIF，进口采用 FOB 和 CFR 条件成交，保险通常都采用中国人民保险公司的海洋货物运输保险条款办理。但如果国外客户要求采用伦敦保险协会海运货物保险条款时，我保险公司区别情况，也可通融接受。

四、伦敦保险同业协会海运货物保险条款

在世界海上保险业务中，英国是一个具有悠久历史的国家，它所制定的保险规章制度，特别是保险单和保险条款，对世界保险业影响深远。目前世界上有很多国家和地区在海上保险业务中直接采用英国伦敦保险协会所制定的"协会货物条款"（Institute Cargo Clauses，简称 ICC），还有许多国家在制定本国保险条款时参考或采用了该条款的内容。中国人民保险公司现行的海洋货物运输保险条款，就是参照伦敦保险协会的 ICC 条款制订而成。

"协会货物条款"最早可追溯至 1912 年。随着航运界和保险界实践的不断发展变化，协会对其进行过多次补充和修订，最近一次补充和修订完成于 1981 年，并于 1982 年 1 月 1 日开始实施。另有其他一些专门险的条款在此之后又有新的条

款出台。

(一) 协会货物保险条款的保险险别

ICC 条款主要规定了下列 6 种保险险别:

(1) 协会货物条款（A）（Institute Cargo Clauses（A），简称 ICC（A））。

(2) 协会货物条款（B）（Institute Cargo Clauses（B），简称 ICC（B））。

(3) 协会货物条款（C）（Institute Cargo Clauses（C），简称 ICC（C））。

(4) 协会战争险条款——货物（Institute War Clauses—Cargo）。

(5) 协会罢工险条款——货物（Institute Strikes Clauses—Cargo）。

(6) 恶意损害险条款（Malicious Damage Clauses）。

(二) 协会货物条款中主要险别的承保风险与除外责任

在 ICC 险别条款中，承保风险和除外责任是最主要的内容。为了比较我国海洋货物运输保险中的"一切险"、"水渍险"和"平安险"与 ICC（A）、ICC（B）、ICC（C）险在责任范围上的区别，现将 ICC（A）、（B）、（C）险的承保风险和除外责任分述如下:

1. ICC（A）条款的承保风险与除外责任。ICC（A）的承保范围较广，采用了"一切风险减去除外责任"的规定方法，即除了"除外责任"项下所列风险，保险人不予负责外，其他风险均予负责。

除外责任包括下列 4 种:

(1) 一般除外责任:

①由于被保险人故意的不法行为造成的损失或费用;

②保险标的的自然渗漏、自然损耗、自然磨损、包装不足或不当所造成的损失或费用;

③被保险货物内在缺陷或特性所造成的损失或费用;

④直接由于延迟所造成的损失或费用;

⑤由于船舶所有人、租船人经营破产或不履行债务所造成的损失或费用;

⑥由于使用任何原子或核武器所造成的损失或费用。

(2) 不适航、不适货除外责任。所谓不适航、不适货除外责任，是指被保险货物在装船时，如被保险人或其受雇人，已经知道船舶不适航，以及船舶、装运工具、集装箱等不适货，保险人不负赔偿责任。

(3) 战争险除外责任:

中小企业管理系列丛书

①由于战争、内战、敌对行为等造成的损失或费用；

②由于捕获、拘留、扣留等（"海盗行为"和"恶意损害"除外）所造成的损失或费用；

③由于漂流的水雷、鱼雷等造成的损失或费用。

（4）罢工险除外责任。罢工者、被迫停工工人所造成的损失或费用，以及由于罢工、被迫停工所造成的损失或费用等。

2. ICC（B）条款的承保风险和除外责任。ICC（B）条款的承保风险是采用"列明风险"的方法，其承保的风险是：

（1）因火灾、爆炸所造成的损失；

（2）因船舷或驳船触礁、搁浅、沉没或倾覆所造成的损失；

（3）因运输工具（陆上）倾覆或出轨所造成的损失；

（4）因船舶、驳船或运输工具同水以外的外界物体碰撞或接触所造成的损失；

（5）因在避难港卸货造成的损失；

（6）因地震、火山爆发或雷电所造成的损失；

（7）共同海损牺牲引起的被保险货物的损失；

（8）因抛货或浪击落海引起的被保险货物的损失；

（9）因海水、湖水或河水进入船舶、驳船、运输工具、集装箱、大型海运箱或储存处所引起的被保险货物的损失；

（10）货物在装卸船舶或驳船时落海或摔落、造成整件的全损。

ICC（B）险的除外责任是ICC（A）险的除外责任，加上"海盗行为险"与"恶意损害险"的承保责任的除外。

3. ICC（C）条款的承保风险与除外责任。ICC（C）条款的承保范围比ICC（A）险和ICC（B）险小得多，它只对"重大意外事故"所造成的损失及费用予以负责，而不承保"自然灾害和非重大意外事故"所造成的损失及费用。其承保的风险是：

（1）因火灾、爆炸所造成的损失；

（2）因船舶或驳船触礁、搁浅、沉没或倾覆所造成的损失；

（3）因运输工具（陆上）倾覆或出轨所造成的损失；

（4）因在避难港卸货所造成的损失；

（5）共同海损牺牲引起的被保险货物的损失；

（6）因抛货引起的被保险货物的损失；

（7）因船舶、驳船或运输工具同水以外的外界物体碰撞或接触所造成的损失。

至于除外责任，ICC（C）条款的除外责任与（B）条款的除外责任完全相同。

综上所述，ICC（A）险的承保的风险大致相当于我国海洋货物运输保险中的

"一切险",但二者之间有出入;ICC (B) 险的承保风险类似我国海洋货物运输保险中的"水渍险",但二者之间也有出入;ICC (C) 险承保的风险大致相当于我国海洋货物运输保险中的"平安险",但比"平安险"的责任范围要略小一些。

4. 协会货物战争险条款。

(1) 承保风险。由于战争或类似战争的行为、敌对行为、内战、革命、叛乱、暴乱或民众斗争等行为以及船只被扣押、拘留和禁止故意行为所造成的损失或者由于水雷、鱼雷、炸弹或其他武器所造成的损失,以及由于上述原因引起的共同海损和救助费用,均负责赔偿。

该条款规定:对于原子弹或核裂变、核聚变或其他类似反应或放射性武器所造成的损失不负责赔偿。

(2) 责任的起讫。协会货物战争险条款的责任起讫与中国人民保险公司战争险责任起讫的规定基本相同,但针对当前各国港口拥挤、船舶在卸货港等候泊位时间较长的情况,将在卸货港的保险责任终止期限的计算方法作了修改。目前的规定是,船舶在卸货港不管是否已经停靠码头,保险公司的保险责任以船舶到达卸货港第一次抛锚停泊时起满 15 天为止。

5. 协会货物罢工险条款。协会海运货物罢工险的承保风险与中国人民保险集团公司的罢工险一样,仅负责由于罢工等风险所直接造成的保险标的物的损失,而不负责由于罢工等风险所产生的费用或间接损失。

其保险责任的起讫与一般海运货物的保险责任起讫相同,也是采用"仓—仓"条款。

6. 恶意损害险。恶意损害险是协会货物条款中的惟一一种附加险别。它所承保的是被保险人以外的其他人(如船长、船员等)的故意破坏行动所致被保险货物的灭失或损害。这种风险仅在 ICC (A) 险中被列为承保风险的范畴,而在 ICC (B) 险和 ICC (C) 险中均列为"除外责任"。因此,如被保险人需要对此风险取得保险保障,在其投保 ICC (B) 险和 ICC (C) 险时,就需另行加保"恶意损害险"。

五、海运货物保险实务

进出口货物自装运地至目的地,卖方或买方以运输中的货物为保险标的,向保险公司投保货物运输险。在办理保险时,在遵循保险的基本原则的前提下,选择适当的险别,明确投保金额,交纳保险费,并办理有关保险业务手续。

（一）投保险别的选择

保险公司承担的保险责任，是以投保的险别为依据的，不同的险别，由于保险公司承担的责任范围不同，对被保险货物的风险损失的保障程度就不同，保险费率也不同。因此，适当地选择投保险别，既要考虑使货物得到充分的保障，又要考虑节约成本，提高经济效益。

选择投保险别，应综合考虑货物的性质、用途、包装、运输方式、运输路线、运输季节、不同国家的具体情况等因素。例如，对于纺织品、服装之类产品，其容易遭受的风险事故主要是玷污、水浸、潮湿、变色、霉变、火灾等，在投保时应考虑一切险，或者水渍险加玷污险、受潮受热险等。对于家电仪表仪器而言，容易破碎，应该投保一切险，或者水渍险加碰损破碎险。如果航线途经热带，如载货船舶通风不良，就会导致货损，应考虑加保受潮受热险。在政治局势不稳定的国家卸货，要考虑加保战争险或罢工险。总之，在投保前对上述情况应调查清楚，充分考虑可能发生的货损货差，以便选择适当的投保险别，出口采用 CIF 条件成交时，卖方投保时一定要根据买卖双方约定的险别予以投保。

（二）投保手续与保险费的计算

保险的目的在于保障被保险货物在遭受意外风险时能获得补偿。所以投保人应当在风险可能出现之前办理投保。进出口货物运输保险一般是按照"仓—仓"条款承保。因此，CIF 出口货物应在运离装运地仓库进入码头准备装船之前办理投保。CFR 或 FOB 出口货物是由买方办理投保的，但货物在装运港装船之前这一段的保险，仍需卖方自行安排；进口货物的投保，应在风险转移给进口人承担之前办理为宜。

1. 出口货物保险手续。出口货物若按 FOB 或 CFR 条件成交，由买方办理保险。在 CIF 条件下成交的出口货物，出口方应向当地保险公司逐笔办理投保手续。

2. 进口货物保险手续。进口保险可以采用逐笔投保和预约保险的方式办理保险，预约保险（open cover）是我国进口业务中最常用的投保方法。进口货物无论是按照 FOB 价格条件成交还是按照 CFR 价格条件成交，保险手续都是由卖方办理。在我国，由于各进出口公司和中国人民财产保险股份有限公司都签订了进口货物预约保险合同，一般均按照预约保险合同办理保险。按照海运进口货物预约保险合同的规定，投保人在得悉每批货物的起运消息后，应该尽快将船名、开航日期、航线、货物品名及数量、保险金额等内容，以书面形式通知保险公司，以此作为向保险公司办理投保的手续，保险公司就会对所保货物自动承保责任和义务。如果保险人未能按照保险合同规定的内容办理投保手续，则当货物发生损失后，保险公司不负赔偿责任。

（三）保险金额的确定及保险费的计算

1. 出口保险金额的确定和保险费的计算。保险金额（insured amount）也称投保金额，它是被保险人向保险公司申报的被保险货物的金额；也是在被保险货物发生保险范围内的损失时，保险公司负责赔偿的最高限额，还是保险公司计收保险费的基础。

保险金额原则上应该是被保险货物的实际价值，但在国际贸易实践中，准确地核定进出口货物的实际价值是比较困难的。所以，进出口货物运输保险金额一般是以发票价值为基础的。如果按 CIF 成交，以买方的进口成本看，除进口货物的货价外，还须包括运费和保险费。以 CIF 货物价值作为保险金额，在货物发生损失时，被保险人已支付的经营管理费用和本来可以获得的预期利润，却无法从保险公司获得补偿。因此，各国保险法及国际贸易惯例，都允许进出口货物运输保险的金额，可以在 CIF 价格基础上适当加成，一般是加成 10%，所加的百分率称为保险加成率，作为买方的经营管理费用和预期利润。当然，保险公司与被保险人可以根据不同货物、不同地区、不同经营管理费用和预期利润水平，约定不同的加成率。

保险金额和保险费的计算公式为：（以 CIF 货价为例）

$$保险金额 = CIF 货价 × (1 + 加成率)$$

$$保险费 = 保险金额 × 保险费率$$

$$保险费 = CIF 货价 × (1 + 加成率) × 保险费率$$

保险费率是按照商品种类、运输航程、投保险别等因素计算出来的，一般还要根据具体情况进行调整。所以，计收保险费时，要仔细查对和核算，不得疏忽。

保险费的计算本身并不复杂，但是，投保的险别是比较复杂的，涉及的因素也比较多。因此，在对外报价之前就应该对各种情况考虑清楚，既要使报价具有竞争力，也要有利于保险费的计算。

2. 进口货物保险金额的确定和保险费的计算。在进口业务中，保险人按照双方签订的预约保险合同承担保险责任，保险金额按进口货物的 CIF 价格计算，一般不另加成，保费率按"特约费率表"规定的平均费率计算；如果以 FOB/CFR 价格条件进口货物，则需结合平均运费率和平均保费率计算保险金额。

以 FOB 价格条件成交的货物，计算公式为：

$$保险金额 = \frac{FOB\ 价 \times (1 + 平均运费率)}{1 - 平均保险费率}$$

$$保险费 = 保险金额 \times 保险费率$$

以 CFR 价格条件成交的货物，计算公式为：

$$保险金额 = \frac{CFR\ 价}{1 - 平均保险费率}$$

$$保险费 = 保险金额 \times 保险费率$$

保险公司按照上述公式计算出来的保险金额，每月或每季汇总一次向进出口公司收取保险费。如果被保险货物发生损失，按照保险单或其他保险凭证所规定的内容、所计算的保险金额及其他情况给予补偿。

六、海运货物保险合同

国际货物运输保险合同属于财产保险合同的一种。保险合同的形式，一般以保险单据来表示。保险单据是一份法律文件。它是保险人与被保险人之间有关权利与义务关系的书面证明（保险公司和投保人之间订立的保险合同），也是保险公司出具的承保证明，一旦发生保险责任范围内的损失，也就是被保险人凭以向保险公司索赔和保险公司进行理赔的依据。海运货物保险合同的形式主要有以下几种：

（一）海上货物保险合同形式

1. 保险单（Insurance Policy）。俗称"大保单"，是保险人与被保险人之间订立的保险合同的一种正式证明，是保险合同中最重要的书面形式。保险单载明当事人双方在法律上的权利、义务和责任。保险单应将保险合同的全部内容详尽列出，包括保险人的保险责任和同被保险人双方的权利义务。虽然各类保险业务承保的标的和风险不同，在具体内容上各有特点，从而在格式和条款文字上不尽相同，但是明确各自的权利和义务则是一致的，因而应该力求订得完整明确。因为保险单是保险人制定和出具的，其中有许多格式条款，所以当保险人和被保险人双方对保险单条款文字的解释有争议时，应该做有利于被保险人的解释。

正面内容：

（1）证明双方当事人建立保险关系的文字，说明保险人根据被保险人的要求，由被保险人交纳约定的保险费，按照该保险单上的条件，承保货物运输险。海上保险合同的当事人，一方是保险人，另一方是被保险人。

（2）载明被保险货物的情况，如货物名称、标记、数量、包装、保险金额，以及载货船名、起运港和目的港、启航日期等。海上保险的标的包括两类：一类是有形标的，如船舶和货物；另一类是无形标的，如预期利益和对第三人的责任等。

（3）承保险别、理赔地点及保险人声明所保货物如遇风险，凭该保险单及有关证件给付赔款等。

背面内容：

主要包括承保责任范围、除外责任、责任起讫、被保险人的义务、索赔期限等。背面所列条款，是确立保险人与被保险人之间的权利与义务关系的依据。

2. 保险凭证（Insurance Certificate）。俗称小保单，它是一种简化的保险合同。保险凭证仅载明被保险人名称、被保险货物名称、数量、标记、载货船名、承保险别、起讫地点和保险金额等。而对保险公司和被保险人的权利与义务等方面的详细条款则不予载明，通常按保险单所载条款办理。保险凭证与保险单具有同样的法律效力。但是，如果信用证内规定提供的是保险单时，一般不能以保险凭证代替。

3. 联合凭证（Combined Certificate）。是指保险公司将保险编号、承保险别和保险金额加注在外贸公司开具的出口货物商业发票上，作为承保的凭证。至于其他项目，均以发票上所列明者为准。它是发票与保险单相结合的一种凭证，是最简单的保险单据，这种单据目前仅适用于对港澳地区的部分交易，在国际上并不通行。

4. 预约保险单（Open Policy）。是保险公司承保被保险人在一定时期内发运的以 FOB 条件成交的大批量的进口货物使用的保险凭证。这种保险单载明预约保险货物的范围、保险险别和保险费率，以及每批货物的最高保险金额、保险费结算办法等。凡属预约保险范围内的进口货物，一经起运，保险公司即自动按预约保险单所列条件承保。但被保险人在获悉每批货物起运时，应及时将起运货物的具体情况，以起运通知书或其他书面形式，通知保险公司。

5. 批单（Endorsement）。批单是专门用于修改保险单的一种修改书。当保险公司按照被保险人的申请签发了保险单据后，直至保险期限结束前，被保险人如果中途因保险单据上的某项内容有错误，或由于某种原因需要修改保险单据上的某项内容时，可以向保险人提出修改申请，由保险人出具批单进行修改。

（二）保险单的转让

和海运提单一样，货运保险单和保险凭证可以经背书进行转让，而且无须取得保险人的同意，也无须通知保险人。即使保险标的发生损失后，保险单据仍可有效转让。保险单的受让人享受与原被保险人相同的权利和义务。保险单的出单日期不得迟于运输单据的出单日期。

七、保险索赔

（一）索取货损货差证明并及时通知保险公司

当地的被保险人获悉或发现被保险货物遭受损失后，应首先向有关方面索取货损货差证明，及时通知保险公司，并申请检验检疫。保险公司或其代理人的检疫报告是被保险人索赔的重要证件。

（二）分清责任并向有关方面提出索赔

承运人、码头、装卸公司、港务部门等各方都会以各种形式直接或间接的参与国际货物运输，一旦出现货损货差，应尽快分清责任，取得有关方面的证明文件，并以书面形式直接向有关方面提出索赔要求，保留追偿权。

（三）采取合理的施救措施

被保险货物受损后，保险人和被保险人都应对货物采取相应的施救整理措施，以防止损失的扩大，由此而产生的施救费，由保险公司负责赔偿。

（四）备妥索赔单证并向保险公司提出索赔

向保险公司提出索赔要求，必须提供必要的证明文件和材料，主要有保险单、提单、发票、装箱单、重量单、检验检疫报告、货损货差证明、海事报告和涉及索赔的往来信函等。

八、贸易合同中的保险条款

不同的贸易条件下，合同中保险条款的内容差别较大。以我国进出口业务为例：

（一）出口业务

签订出口合同时，如果按 FOB 或 CFR 条件成交，保险条款应订明："保险由买方自理"（Insurance to be covered by the buyer）。如果对方委托我方代办，可以订为："由买方委托卖方按发票金额×% 代为投保××险，保险费由买方负担"。

如果按 CIF 条件成交的出口合同，买卖双方需要在合同中明确规定保险的险别、保险金额、保险条款、保险责任等项内容。

【条款示例】

"保险：由卖方按发票金额的 110% 投保××险、××险，以中国人民保险公司××年×月×日的有关海洋运输货物保险条款为准。"

"Insurance is to be effected by the seller for 110% of the invoice value against ×× Risks and ×× Risks as per CIC dated ×××".

（二）进口业务

在签订进口合同时，由于我国进口货物多由我方自办保险，所以在进口合同中，对保险条款规定较简单，通常仅规定："装船后保险由买方负责"（Insurance is to be effected by the buyers after loading）。

九、其他运输方式项下的货运保险

在国际贸易中，不仅海上运输的货物需要办理保险，陆上运输、航空运输、邮包运输的货物，也都需要办理保险。各国保险公司对不同方式运输的货物，都订有相应的专门条款。中国人民保险公司现行陆上运输、航空运输和邮包运输保险条款的内容如下：

（一）陆上货物运输保险

陆上货物运输保险的基本险别，分为陆运险和陆运一切险。

1. 陆运险（Overland Transportation Risks）。陆运险的承保责任范围，与海上货物运输保险条款中的"水渍险"相似。被保险货物在运输送中遭遇暴雨、雷电、地震、洪水等自然灾害，或由于运输工具遭受碰撞、倾覆、出轨，或在驳运过程中，驳运工具遭受搁浅、触礁、沉没、碰撞，或由于遭受隧道坍塌、崖崩，或失火、爆炸等意外事故所造成的全部损失或部分损失，保险公司均负责赔偿。此外，被保险人对遭受承保责任内风险的货物采取抢救、防止或减少货物损失的措施，而支付的合理费用，保险公司也负责赔偿，但以不超过该批被救货物的保险金额为限。

2. 陆运一切险（Overland Transportation All Risks）。陆运一切险的承保责任范围，与海上货物运输保险中的"一切险"相似。保险公司除承担上述陆运险的赔偿责任外，还负责赔偿被保险货物在运输途中由于外来原因所造成的短少、短量、偷窃、渗漏、碰损、破碎、钩损、雨淋、生锈、受潮、受热、发霉、串味、玷污等全部或部分损失。

陆上货物运输保险的除外责任是：①被保险人的故意行为或过失所造成的损失；②属于发货人所负责任；③被保险货物的自然损耗所引起的损失；④由于战争、罢工或运输延迟所造成的损失。

陆上货物运输保险的责任起讫也采用"仓—仓"条款，是从被保险货物运离保险单上所载明的起运地发货人的仓库或储存处所开始生效，包括正常陆运与其有关的水上驳运在内，直至该项货物运抵保险单上所载明的目的地收货人的仓库或储存处所，或被保险人用作分配、分派的其他储存处所时为止。如未运抵上述仓库或储存处所，则以被保险货物运抵最后卸载的车站满 60 天为止。

在陆上货物运输保险中，被保险货物除了可投保陆运险和陆运一切险以外，经协商还可以加保陆上货物运输保险的附加险，如陆运战争险等。陆运战争险与海运战争险，由于运输工具有其本身的特点，具体责任有一些差别，但就战争险的共同负责范围来说，基本上是一致的，即对直接由于战争、类似战争行为，以及武装冲突所造成的损失，如货物由于捕获、扣留、拘留、禁制和扣押等行为造成的损失负责赔偿。

（二）航空货物运输保险

航空货物运输的保险的基本险别，分为航空运输险和航空运输一切险两种。

1. 航空运输险。航空运输险的承保责任范围与海上货物运输保险条款中的"水渍险"大体相同。保险公司负责赔偿被保险货物在运输途中遭受雷电、火灾、爆炸，或由于飞机遭受碰撞、倾覆、坠落或失踪等意外事故所造成的全部或部分损失。

2. 航空运输一切险。航空运输一切险的承保责任范围，除包括上述航空运输险的责任外，对被保险货物在运输途中由于被偷窃、短少等外来因素所造成的全部或部分损失也负责赔偿。

航空货物运输保险的除外责任，与海上货物运输保险的除外责任基本相同。

航空货物运输保险的责任起讫也采用"仓—仓"条款，即从被保险货物运离保险单上所载明的起运地仓库或储存处所时开始生效。在正常运输过程中继续有效，直至该项货物运抵保险单上所载明的目的地收货人仓库或储存处所，或被保险人用作分配、分派或非正常运输的其他储存处所为止。如果被保险货物未运抵上述仓库或储存处所，则以被保险货物在最后卸货地卸离飞机后满30天为止。如在上述30天内被保险货物需转送到非保险单上所载明的目的地时，则以该项货物开始转送时终止。

与陆运货物保险一样，被保险货物在投保航空运输险或航空运输一切险后，还可经协商，加保航空货物运输战争险等附加险。

（三）邮包货物运输保险

由于邮包货物的运送通常采用海、陆、空三种运输方式中的一种、两种或三种，而在邮包运输过程中，可能遭受各种风险或损失，因此，通过邮包运输的进出口货物，一般都要向保险公司投保邮包货物运输保险。中国人民保险公司在其制定的邮包货物运输保险条款中，将邮包货物运输保险基本险分为邮包险和邮包一切险两种。

1. 邮包险。被保险的邮包在运输途中，由于恶劣气候、雷电、海啸、地震、洪水等自然灾害，或者由于运输工具搁浅、触礁、沉没、碰撞、倾覆、出轨、坠落、失踪，或由于失火、爆炸等意外事故所造成的全部或部分损失，保险公司均负责赔偿。另外，被保险人对遭受承保责任范围内风险的货物，采取抢救、防止或减少货损措施而支付的合理费用，保险公司也负责偿付，但以不超过该批被救货物的保险金额为限。

2. 邮包一切险。邮包一切险的承保责任范围，除包括上述邮包险的责任外，还包括被保险邮包在运输过程中，由于外来原因所致的全部或部分损失。邮包保险的保险责任，是自被保险邮包离开保险单上所载明的起运地点寄件人的处所运往邮局开始生效，直至被保险邮包运达保险单上所载明的目的地邮局，邮局签发到货通知单给收件人当日午夜起算满15天为止。但在此期间内，邮包一经送交至收件人的处所时，保险责任即告终止。

被保险货物在投保上述邮包险或邮包一切险后，还可以加保邮包战争险等附加险。

● 本章小结 ●

货物运输保险在国际货物贸易中发挥着极其重要的作用。国际贸易中货物运输保险是以国际贸易运输中的货物为保险标的的保险，属于财产保险的范畴。国际贸易货物运输保险的种类，根据国际贸易货物运输方式的不同，可以分为海上货物运输保险、陆上货物运输保险、航空货物运输保险和邮包货物运输保险等。

海上货物运输保险起源最早，历史最久。陆上、航空、邮包等货物运输保险，都是在海上货物运输保险的基础上发展起来的。尽管各种不同方式运输的货物保险的具体责任有所不同，但基本原则和保险保障的范围比较相似。

在我国的进出口贸易实践中，办理国际货运保险时通常采用中国保险条款，但有时也可酌情采用诸如伦敦保险同业协会的协会货物条款等相似条款，但不同保险条款之间存在明显的差异。

在贸易合同中约定保险条款至关重要，因此必须要对国际货运保险的承保范围、除外责任、责任起讫、保险险别、保险金额以及保险费等有深入的了解。

▶ 思考题

1. 我国人民保险公司海运货物保险的险别主要有哪些？
2. 海运战争险与基本险的责任起讫有何不同？
3. 构成推定全损的基本条件有哪些？对于推定全损保险公司如何赔付？
4. 构成共同海损的基本条件有哪些？共同海损如何分摊？
5. 海运货物的"仓—仓"条款，在 FOB 和 CFR 贸易条件下有何不同之处？

▶ 案例应用

某货轮从上海港驶往巴塞罗那，在航行途中货舱起火蔓延至机舱，为了船货的共同安全，船长下令往舱中灌水灭火。火虽然被扑灭，但主机受损，无法继续航行。于是，船长决定雇用拖轮将货船拖往附近港口修理，然后再驶往目的港。事后经查发现，这次事故造成的损失和费用有：(1) 900 箱货被烧毁；(2) 600 箱货由于灌水时被水浸湿；(3) 主机和部分甲板被烧毁；(4) 雇用拖轮支出的费用；(5) 额外增加的燃料费用及船长、船员工资、给养开支。

▶ 问题

1. 请问上述各项损失中哪些属于共同海损？并说明理由。
2. 哪些属于单独海损？并说明理由。

第七章

国际货款的结算

❖ 本章学习目标

阅读和学完本章后，你应该能够：

◇ 了解票据的种类、特性，票据适用的法律体系，汇票、本票、支票的定义、内容，当事人的关系，三种票据相互间的区别

◇ 熟悉托收适用的法律、当事人之间的关系、业务流程，跟单托收下的资金融通，银行保证书的作用

◇ 掌握各种票据的应用，选择支付方式时的注意事项；如何选择支付方式

开篇案例

我某出口公司按 CIF 条件，凭不可撤销 L/C 向某外商出售货物一批。该商按合同规定开来的 L/C 经我方审核无误，我出口公司在 L/C 规定的装运期内将货物装上海轮，并在装运前向保险公司办理了货运保险，但装船完毕后不久，海轮起火爆炸沉没，该批货物全部灭失，外商闻讯后来电表示拒绝付款。根据《2000 通则》，CIF 条件下，我方将货物装上海轮，即已完成发货义务，货物运输中的风险由买方负责；《UCP500》规定，信用证付款是一种单据的交易，开征行负有第一付款责任，我公司应向开征行提交单据，索取货款。由此可见，掌握货款结算的各种方式，有利于我国企业开展各项业务、处理国际贸易中的各种争端。

在国际贸易中，常用的支付工具包括货币和票据。货币用于计价、结算和支付，票据用于结算和支付。由于采用现金结算很

不方便，而且风险大、周转慢，所以国际货款收付一般都是使用信用工具或支付凭证，通过双方在银行开立账户进行冲销，即采用非现金结算的票据方式。票据已经成为现代国际货款收付的主要工具。

一、支付工具

（一）票据概述

票据有广义和狭义之分。广义的票据是指商业上的一切权利凭证，如发票、提单、保险单、信用证、汇票、支票、本票等。狭义的票据指依据票据法签发和流通的、以无条件支付一定金额为目的的有价证券，包括汇票、本票和支票。

为便于票据流通，保障有关当事人的权益，各个国家大都制定了专项的法律——票据法。目前世界上影响较大的票据法有英美法系和日内瓦统一法系两类。

我国在1995年5月10日第八届全国人大常委会第13次会议上通过了《中华人民共和国票据法》（以下简称我国《票据法》），并已于1996年1月1日起施行。

（二）汇票 (Bill of Exchange/Exchange/Draft)

国际贸易货款结算中汇票使用最广泛。

1. 汇票的含义。我国《票据法》第19条对汇票做了如下定义："汇票是出票人签发的，委托付款人在见票时或者在指定日期无条件支付确定的金额给收款人或者持票人的票据。"

按照各国广泛引用或参照的英国票据法所下的定义，汇票是"由一人签发给另一人的无条件书面支付命令，要求受票人见票时或于未来某一规定的或可以确定的时间，将一定金额的款项支付给某一特定的人或其指定人，或持票人"。

2. 汇票的内容。各国票据法对汇票内容的规定有所不同，一般认为应包括以下十项基本内容：

表明"汇票"的字样；无条件支付的委托；确定的金额；付款期限；付款地点；受票人；受款人；出票日期；出票地点；出票人签字。

我国《票据法》第 22 条明确规定，汇票必须记载下列事项：

（1）表明"汇票"的字样；

（2）无条件支付的委托；

（3）确定的金额；

（4）付款人名称；

（5）收款人名称；

（6）出票日期；

（7）出票人签章。

汇票上未记载上述规定事项之一的，汇票无效。

在实际业务中，汇票通常尚需列明付款日期、付款地点和出票地点等内容。对此，我国《票据法》第 23 条也做了下述具体规定："汇票上记载付款日期、付款地、出票地等事项的，应当清楚、明确。汇票上未记载付款日期的，为见票即付。汇票上未记载付款地的，付款人的营业场所、住所或者经常居住地为付款地。汇票上未记载出票地的，出票人的营业场所、住所或者经常居住地为出票地。"

3. 汇票中的当事人。一张汇票主要涉及 3 个当事人：

（1）出票人：签发命令要求另一人支付一定金额的人。在进出口贸易中，通常是出口商或出口地银行，并且他也经常是受票人的债权人。

（2）受票人：又称付款人（Payer）。即接受支付命令付款的人。在进出口业务中，通常是进口人或其指定的银行。

（3）受款人：即受领汇票所规定金额的人。在进出口业务中，通常是出口人或其指定银行。根据不同交易的需要，在以下三种方法中选择一种作为汇票的抬头：

①限制性抬头：例如"仅付××公司"（Pay A Co. only）或"付给××公司，不准流通"（Pay ×× Co. not negotiable），这种抬头的汇票不能流通转让，只有指名的公司才有权收取票款。

②指示式抬头：例如"付××公司或其指定人"（Pay ×× Co. or order 或 Pay to the order of ××Co.）。做成这种抬头的汇票可以经过持票人背书并交付给第三者进行转让。这是最为常用的一种方式。

③持票人或来人抬头：例如"付给来人"（Pay bearer）或"付给持票人"（Pay holder），做成这种抬头的汇票无须由持票人背书，仅凭交付即可转让。这种方式具有较高的流通性，但风险也较大，在实际业务中较少采用。

4. 汇票的种类。汇票可从不同角度进行分类。

（1）按照出票人的不同，汇票可分为银行汇票（Banker's Draft）和商业汇票（Commercial Draft）。

银行汇票，是指出票人和受票人都是银行的汇票。银行汇票一般为光票汇票，不随附货运单据。

商业汇票，是指出票人是商号或个人，付款人可以是商号或个人，也可以是银行的汇票。商业汇票大都附有货运单据。国际贸易中常用的是商业汇票。

（2）按照付款时间的不同，汇票可分为即期汇票（Sight Draft）和远期汇票（Time Bill or Usance Bill）。

按照我国《票据法》第25条的规定，付款日期可以按照下列形式之一记载：①见票即付；②定日付款；③出票后定期付款；④见票后定期付款。

上述四种记载付款日期的形式中，凡采用第①种形式"见票即付"的汇票，称为即期汇票。当即期汇票的持票人向付款人提示，付款人见票时应立即付款。凡采用后三种形式记载付款日期和运输单据出单日期后定期付款的，均为远期汇票。

按照承兑人的不同，汇票又可分为商业承兑汇票（Trade Acceptance）和银行承兑汇票（Bank Acceptance）。按照是否附有货运单据，汇票又有光票汇票（Clean Draft）和跟单汇票（Documentary Draft）之分。

（三）本票（Promissory Note）

按照我国《票据法》的定义："本票是出票人签发的，承诺自己在见票时无条件支付确定的金额给收款人或者持票人的票据。本法所称本票，是指银行本票。"

我国《票据法》第75条规定，本票必须记载下列六项：

表明"本票"的字样；无条件支付的承诺；确定的金额；收款人名称；出票日期；出票人签章。

本票上未记载规定事项之一的，本票无效。

我国《票据法》规定：本票上未记载付款地的，出票人的营业场所为付款地；未记载出票地的，出票人的营业场所为出票地。

本票可按出票人的不同，分为商业本票和银行本票两种。商业本票的出票人是工商企业或个人；银行本票的出票人是银行。商业本票又可按付款时间分为即期和远期两种。即期本票就是见票即付的本票，而远期本票则是承诺于未来某一规定的或可以确定的日期支付票款的本票。银行本票则都是即期的。按我国《票据法》第78条的规定，我国只允许开立自出票日起，付款期限不超过2个月的银行本票。

（四）支票（Cheque or check）

按照我国《票据法》第81条所下的定义："支票是出票人签发，委托办理支票存款业务的银行或者其他金融机构在见票时无条件支付确定的金额给收款人或者持票人的票据。"

根据我国《票据法》第 84 条的规定，支票必须记载下列六项：

表示"支票"的字样；无条件支付的委托；确定的金额；付款人名称；出票日期；出票人签章。

未记载上述规定事项之一的，支票无效。

（五）汇票、本票和支票的异同

1. 本票与汇票的区别。

表 7 - 1　　　　　　　　　　　　本票与汇票的区别

本　票	汇　票
1. 有两个基本当事人：出票人和收款人	1. 有三个基本当事人：出票人、付款人和收款人
2. 是无条件支付承诺	2. 是无条件支付命令
3. 本票自始至终由出票人负责到底	3. 汇票在承兑前由出票人负责，承兑后则由承兑人负主要责任，出票人负次要责任
4. 本票只能一式一份，不能多开	4. 通常汇票由出票人签发一套，一般为两份正本
5. 英国《票据法》规定：外国本票退票时，不需要做成拒绝证书	5. 外国汇票退票时，必须做成拒绝证书
6. 本票不允许出票人与收款人做成相同的一个当事人	6. 汇票允许出票人与收款人做成相同的一个当事人

2. 支票与汇票的区别。

表 7 - 2　　　　　　　　　　　　支票与汇票的区别

支　票	汇　票
1. 支票是承诺书，是存款人对银行签发的无条件支付命令	1. 汇票是委托书，是出票人对付款人签发的无条件支付命令
2. 支票只能用于结算	2. 汇票既可以用于结算，又可以用于融资
3. 支票的主债务人是出票人	3. 汇票的主债务人是承兑人
4. 支票可以止付	4. 汇票无止付的规定，承兑后即不可撤销
5. 支票只能开出一张	5. 汇票可以开出一套
6. 支票有划线的做法	6. 汇票没有这种做法
7. 支票的付款人一定是银行或其他金融机构	7. 汇票的付款人可以是个人、企业，也可以是银行
8. 支票是即期付款，流通期极短，不需要承兑手续	8. 汇票有即期和远期付款，远期付款必须承兑，流通期也较长

二、汇　付

支付方式按资金的流向与支付工具的传递方向，可以分为顺汇和逆汇两种方法。顺汇是指资金的流动方向与支付工具的传递方向相同，汇付方式采用的是顺汇方法；逆汇是指资金的流转方向与支付工具的传递方向相反，托收方式收取货款采用的是逆汇方法。

（一）汇付的含义、性质及特点

汇付（Remittance），又称汇款，是最简单的国际货款结算方式，指付款人主动通过银行或其他途径将款项汇交收款人。采用汇付方式结算货款时，卖方将货物发运给买方后，有关货运单据由卖方自行寄送买方；而买方则自行通过银行将货款汇交给卖方。这对银行来说，只涉及一笔汇款业务，并不处理单据。卖方交货出单据后，买方是否按时付款，则取决于买方的信用。因此，汇付方式的性质属于商业信用。

汇付方式通常用于预付货款、随订单付现、交货付现和赊销等业务。对于使用汇付方式结算货款的交易，在买卖合同中应当明确规定汇付的时间、具体的汇付方法和金额等。

【条款示例】

买方应于××年×月×日前，将全部货款用票汇方式预付给卖方（The Buyers shall pay the total value to the Sellers in advance by Demand Draft，before × × ×）。

汇付具有以下三大特点：

1. 风险大。对于货到付款的卖方或对于预付货款的买方来说，能否按时收汇或能否按时收货，完全取决于对方的信用。如果对方信用不好，则可能钱货两空。

2. 资金负担不平衡。对于货到付款的卖方或预付货款的买方来说，资金负担较重，整个交易过程中需要的资金，几乎全部由他们来提供。

3. 手续简便，费用少。汇付的手续比较简单，银行的手续费用也较少。因此，在交易双方相互信任的情况下，或在跨国公司的各子公司之间的结算，可以采用汇付的方式。

（二）汇付业务中的当事人

在汇付业务中，通常有四个当事人：汇款人、收款人、汇出行和汇入行。

汇款人（Remitter）即付款人，也就是汇出款项的人。在国际贸易结算中，通常是进口人。

收款人（Payee or Beneficiary），即收取款项的人，通常是出口人。

汇出行（Remitting Bank）是接受汇款人的委托或申请汇出款项的银行，通常是进口人所在地的银行。

汇入行（Receiving Bank），又称解付行（Paying Bank），即接受汇出行的委托，解付汇款的银行。汇入行通常是汇出行的代理行，通常是收款人所在地的银行。

汇款人在委托汇出行办理汇款时，要出具汇款申请书。这是汇款人和汇出行之间的一种契约。汇出行一经接受申请，就有义务按照汇款申请书的指示通知汇入行。汇出行与汇入行之间，事先订有代理合同，在代理合同规定的范围内，汇入行对汇出行承担解付汇款的义务。

（三）汇付的类型

汇付主要有三种类型。

1. 信汇（Mail Transfer，M/T）。信汇是指汇出行应汇款人的申请将信汇付款委托书寄给汇入行，授权解付一定金额给收款人的一种汇款方式。

2. 电汇（Telegraphic Transfer，T/T）。电汇是指汇出行应汇款人的申请，采用电传、SWIFT 等电讯手段将电汇付款委托书给汇入行，指示解付一定金额给收款人的一种汇款方式。

3. 票汇（Remittance by Banker's Demand Draft，D/D）。票汇是指汇出行应汇款人的申请，代汇款人开立以其分行代理行为解付行的银行即期汇票，支付一定金额给收款人的汇款方式。

表 7-3　　　　　　　　　　　**三种汇付方式的主要区别**

汇付方式	支付命令的交递方式	速度/费用	取款通知	背书转让
电汇	电子方式	较快/略高	付款行发出	不可，因为银行直接代收代付
信汇	邮寄	较慢/较低	付款行发出	不可，因为银行直接代收代付
票汇	汇款人自带或寄交收款人	较慢/较低	付款行无须发出，收款人持票领取	收款人可背书

（四）汇付在国际贸易中的应用

在国际贸易中，汇付方式通常用于预付货款（Payment in Advance）、货到付款和凭单付汇等业务。采用预付货款，对卖方来说就是先付款、后交货，资金不受积压，对卖方最为有利；反之，采用货到付款时，对卖方来说就是先交货、后收款，卖方不仅要占用资金，而且还要承担买方不付款的风险，因此对卖方不利，而对买方最为有利。凭单付汇则结合上述两种方式的优点，增强了买卖双方交付的安全性。此外，汇付方式还用于支付定金、分期付款、货款尾数以及佣金等费用。

☞【案例】

我方某公司 2004 年向美国 A 公司出口工艺品。该公司以前曾多次与其交往，关系不错，但没有成交。第一笔成交，客户坚持要以 T/T（电汇）付款，称这样节约费用且对双方有利。考虑双方长时间交往，还算是了解，就答应了客户的要求。在完成装货收到 B/L 后即给客户发传真。客户很快就将货款 USD50 000 汇给我方。第一单交易非常顺利。一个月后客户返单，并再次要求 T/T 付款，我方同意，三个月内连续四次返单总值达 FOB DALIAN USD200 000，目的港为墨西哥。但由于我方疏忽在出货后既没有及时追要货款，更没有采取任何措施，使客户在没有正本 B/L 的情况下从船运公司轻松提货。待 4 票货物全部出运后，再向客户索款已为时过晚，客户均以各种理由拖延，一会儿说资金紧张，一会儿说负责人不在，一会儿说马上付款，半年后客户人去楼空，20 万美元如石沉大海，白白损失。

☞【评析】

本案中，我方出口公司对客户未真正了解就轻易接受 T/T 结算方式是导致损失的主要原因。签订 T/T 纯属商业信用的合同时，必须对客户有十分可靠的了解，必要时可通过有关驻外机构进行资信调查，在没有搞清楚客户全部情况前不能贸然接受 T/T 付款。我方出口公司对客户的拖延付款，听之任之，漠不关心。在国际贸易中，不管采用什么方式，都要及时查询款项的下落，防止客户迟付或不付。T/T 项下没有收到货款，根本不应寄物权凭证。

三、托　收

托收方式属于逆汇，对于出口人有一定的风险，但对进口人却很有利。所以在出口业务中，为了有调动进口商采购货物的积极性，促成交易和扩大出口，许多出口商都把采用托收作为推销库存货和加强对外竞销的手段。

（一）托收的定义、性质及特点

按照《托收统一规则》（国际商会第 522 号出版物）第 2 条的规定，可对托收作如下定义："托收是指由接到委托指示的银行处理金融单据和/或商业单据，以便取得承兑或付款，或凭承兑或付款交出商业单据，或凭其他条件交出单据。"

金融单据（Financial Documents）是指汇票、本票、支票、付款收据或其他用于付款或取得款项的凭证。商业单据（Commercial Documents）是指发票、运输单据、物权单据或其他类似单据，或除金融单据以外的其他单据。

托收的性质为商业信用，银行办理托收业务时，只是按委托人的指示办事，并不承担要求付款人必须付款的义务。托收的基本做法是：出口人根据买卖合同先行发运货物，然后开立汇票（或不开汇票），连同商业单据一起向出口地银行提出托收申请，委托出口地银行（托收行）通过其在进口地的代理行或往来银行（代收行）向进口人收取货款。

（二）托收业务中的当事人

托收方式的基本当事人有四个，即委托人、托收行、代收行和付款人。

1. 委托人（Principal），是开出汇票（或不开汇票）委托银行向国外付款人收款的出票人（drawer），通常就是卖方。

2. 托收行（Remitting Bank），接受委托人的委托，负责办理托收业务的银行就是托收行。由于托收行地处出口地国家，将转而委托进口地银行代为办理此笔托收业务的汇票提示和货款收取事宜，必须将单据寄往进口地代理银行，所以托收行也称寄单行。

3. 代收行（Collecting Bank），接受托收行的委托代为提示汇票、收取货款的银行就是代收行。

4. 付款人（Payer or Drawee），代收行根据托收行的指示向其提示汇票、收取票款的一方就是付款人，也是汇票的受票人。

在托收业务中，有时还可能有提示行（presenting bank）。提示行的作用是向付款人提示汇票和/或单据并收取款项。一般情况下提示行就是与托收行有代理关系的代收行。

（三）托收的类型

托收分为光票托收和跟单托收。

1. 光票托收是指金融单据不附有商业单据的托收，即仅把金融单据委托银行代为收款。出口商仅开具汇票而不附商业单据（主要指货运单据）。光票托收并不一定不附带任何单据，有时也附有一些非货运单据，如发票、垫款清单等，这种情况仍被视为光票托收。

2. 跟单托收是指金融单据附有商业单据的托收。国际贸易中贷款的收取大多采用跟单托收。在跟单托收情况下，根据交单条件的不同，又可分为付款交单和承兑交单两种。

（1）付款交单（Documents against Payment，D/P）。出口人的交单以进口人的付款为条件。出口人发货后取得装运单据，委托银行办理托收，并在托收委托书中指示银行，只有在进口人付清贷款后，才能把商业单据交给进口人。

按付款时间的不同，付款交单又可分为即期付款交单和远期付款交单。

其中，即期付款交单（Documents against Payment at sight，D/P at sight）是指出口人发货后开具即期汇票，连同商业单据一起提交银行，通过银行向进口人提示，进口人见票后立即付款，在付清贷款后向银行领取商业单据。

【条款示例】买方应凭卖方开具的即期跟单汇票于见票时立即付款，付款后交单。

Upon first presentation the Buyers shall pay against documentary draft drawn by the Sellers at sight. The shipping documents are to be delivered against payment only.

而远期付款交单（Documents against Payment after sight，D/P after sight）是指出口人发货后开具远期汇票，连同商业单据一起提交银行，通过银行向进口人提示，进口人审核无误后即在汇票上进行承兑，于汇票到期日付清货款后再领取商业单据。

远期付款交单条件下，如果付款期限较长，在货物到达港口后，进口商可凭信托收据先借出单据去处理货物，待汇票到期时再付款。这被称为凭信托收据借单（Document against Trust Receipt，D/P·T/R）。假如托收指示中允许凭信托收据借单，则由此产生的风险由委托人自负；假如托收指示中未提到允许凭信托收据借单，由代收行自行决定借出单据，则由此而产生的一切风险由代收行承担。

【条款示例】买方对卖方开具的见票后××天付款的跟单汇票，于提示时应即予承兑，并应于汇票到期日即予付款，付款后交单。

The Buyers Shall du1y accept the documentary draft drawn by the Sellers at…days' sight upon first presentation and make payment on its maturity. The shipping documents are to be delivered against payment only.

（2）承兑交单（Documents against Acceptance，D/A）。代收行凭进口商承兑而交出商业单据。出口人的交单以进口人在汇票上承兑为条件，进口人只要在汇票上办理承兑手续，即可取得商业单据，凭此提取货物；出口人收款的保障就是进口人的信用，一旦进口人到期不付款，出口人便会遭到货款全部落空的损失。所以承兑交单比付款交单的风险更大，出口人对这种方式一般采取很慎重的态度。

【条款示例】买方对卖方开具的见票后××天付款的跟单汇票，于提示时应即承兑，并应于汇票到期日即予付款，承兑后交单。

The Buyers shall duly accept the documentary draft drawn by the Sellers at …days' sight upon first presentation and make payment on its maturity. The shipping documents are to be delivered against acceptance.

（四）托收在国际贸易中的应用

银行办理托收业务时，只是按委托人的指示办事，并不承担要求付款人必须付款的义务。因此，若出现进口商破产或丧失清偿债务能力的情况，出口人可能收不回或晚收到货款；若出现进口人拒不付款赎单的情况，除非事先约定，银行没有义务代为保管货物；如货物已到达，出口人还要承担在进口地办理提货、交纳进口关税、存仓、保险、转售以致被低价拍卖或被运回国内的损失。在承兑交单条件下，进口人只要承兑汇票，即可取得商业单据，并凭此提取货物；一旦进口人到期不付款，出口人便会遭到货款全部落空的损失。

跟单托收对于出口人有一定的风险，但对进口人却很有利，既可免去申请开立信用证的手续，不必预付银行押金，减少费用支出，又有利于资金流通和周转。所以在出口业务中，为了有调动进口商采购货物的积极性，促成交易和扩大出口，许多出口商都把采用托收作为推销库存货和加强对外竞销的手段。

☞【案例】

1992 年广州春交会，我方某公司与香港某商号签订贝雕挂屏和石刻挂屏 225 件，共 3 600 幅的合同，支付方式是即期信用证，价值 278 000 港元。交易会过后，香港某商号既不开信用证，又不答复说明情况。后秋交会我方某公司又与香港某商号碰头面谈，对方一再说明经济困难，资金短缺，要求我方给予照顾，要求改为 D/A 120 天付款，我方考虑到货已生产好，若卖其他客户无销路，造成资金积压。本着友好的原则，经上级同意改为 D/A 120 天付款。秋交会后我方某公司发货，船运香港，货款委托某银行托收 D/A 120 天。货到后，香港某商号取货。过 120 天后，香港某商号不付款，又说资金困难，又说售出的商品质量不好，客户要求退货，搪塞了事。后客户倒闭，事已至今，我方某公司未收到货款 278 000 港元，而且损失利息。

☞【评析】

即期信用证不仅即期付款，而且有开证行的付款保证，收汇是比较可靠的，是银行信用。而 D/A120 天，属于托收方式，比 D/P 更不可靠，D/P 必须付款后才能领取单据提货，D/A 下只要进口商承兑，并不付款，就可领取货运单据提货，因此收汇无多大把握。

在进出口业务中，对客户资信的调查是很重要的，资信即客户的资本多少和信用程度。从一开始签订即期信用证，不开证又不说明情况，说明客户不守信用，再改为 D/A120 天，发货 120 天后客户又不付款，说明客户出尔反尔，再一次不守信用。此案说明，对客户的资信调查很重要，不可疏忽。

四、信 用 证

在托收或汇付方式下，要么是进口方先得到货物后付款，要么是出口方先得到货款后发货，总是有利于其中一方而给对方增加风险。信用证结算方式引入了银行信用，使银行作为第一付款人，在很大程度上解决了买卖双方互不信任的问题，因而在国际贸易结算中被广泛应用。

（一）信用证概念

1. 信用证的含义。信用证（Letter of Credit，L/C）是银行的一种结算方式，又称信用状，是指开证行应开证申请人（进口商）的申请并按照其指示，向信用证受益人（出口商）开具的载有一定金额，在一定期限内凭符合信用证规定的单据付款的书面保证文件。

2. 信用证的性质。

（1）信用证是一种银行信用。信用证结算方式是一种银行信用，开证行负第一性的付款责任。开证银行是主债务人，其对受益人负有不可推卸的、独立的付款责任。只要受益人满足了信用证的条件，就直接向银行要求付款，而无须向开证申请人要求付款。

（2）信用证项下的付款是一种单据的买卖。《UCP500》第 4 条"单据与货物/服务/行为"规定："在信用证业务中，各有关当事人所处理的只是单据，而不是单据所涉及的货物、服务/或其他行为。"因此,只要单据没问题,对于信用证而言,受益人就算满足了信用证规定的条件,银行就可以付款。

(3)信用证是一种独立于合同之外的自足的文件。信用证是银行与信用证受益人之间存在的一项契约,依据贸易双方的合同开立,但信用证一经开立就不再受到合同的牵制。银行履行信用证付款责任仅以信用证受益人满足了信用证规定的条件为前提,不受到贸易合同争议的影响。

☞【案例】

我某公司从国外进口一批货物,分两批装运,每批分别由中国银行开立一份 L/C。第一批货物装运后,卖方在有效期内向银行交单议付,议付行审单后,即向外国商人议付货款,然后中国银行对议付行作了偿付。我方收到第一批货物后,发现货物品质与合同不符,因而要求开证行对第二份 L/C 项下的单据拒绝付款,但遭到开证行拒绝。请分析开证行这样做是否有道理?

☞【评析】

信用证是一种独立于合同的自足文件。在信用证业务中,实际货物是否与合同一致,对于银行来说无关紧要。开征行和参与信用证业务的其他银行只按信用证的规定办事。

(二) 信用证的有关当事人

信用证所涉及的当事人较多,通常有以下几个:

1. 开证申请人(Applicant)。开证申请人又称开证人(opener),指向银行提出申请开立信用证的人,一般为进口商,就是买卖合同的买方其职责是在合同规定的时间内申请开证。

2. 开证行(Issuing/Opening Bank)。是接受开证申请人委托和指示或根据其自身的需要开立信用证的银行,一般是进口商所在地的银行。

3. 受益人(Beneficiary)。是指信用证上所指定的有权使用该信用证的人,一般为出口商或卖方。受益人同时还是信用证汇票的出票人(Drawer)、货物运输单据的托运人(Shipper)。

4. 通知行(Advising/Notifying Bank)。指受开证行的委托,将信用证通知(或转递)给受益人的银行。通知行一般是出口人所在地的银行,而且通常是开证行的代理行。通知行只鉴别信用证的表面真实性,不承担其他义务。

5. 保兑行(Confirming Bank)。保兑行是应开证行的要求在不可撤销信用证上加具保兑的银行。它具有与开证行相同的责任和地位。通常由通知行兼任,但也可由其他银行加具保兑的。保兑行有权做出是否加保的选择,一旦对该信用证加具了保兑，就对信用证负独立的确定的付款责任。如遇开证行无法履行付款时，保兑行履行验单付款的责任。

6. 付款行（Paying/Drawee Bank）。付款行是开证行授权进行信用证项下付款或承兑并支付受益人出具的汇票的银行。付款行通常是开证行，也可以是接受开证行委托的代为付款的另一家银行。

如果开证行资信不佳，付款行有权拒绝代为付款。但是，付款行一旦付款，即不得向受益人追索，而只能向开证行索偿。

7. 承兑行（Accepting Bank）。指对承兑信用证项下的票据，经审单确认与信用证规定相符时，在汇票正面签字承诺到期付款的银行。承兑行可以是开证行本身，也可以是通知行或其他指定的银行。

8. 议付行（Negotiating Bank）。议付行又称押汇银行、购票银行或贴现银行，指根据开证行的授权买人或贴现受益人开立和提交的符合信用证规定的汇票及/或单据的银行。开证行可以在信用证中指定议付行，也可以在信用证中不具体指定议付行，由信用证条款来规定。

9. 偿付行（Reimbursing Bank）。偿付行又称信用证清算银行（Clearing Bank），指受开证行的指示或授权，代开证行偿还垫款的第三国银行。偿付行的出现往往是由于开证银行的资金调度或集中在该第三国的缘故，要求该银行代为偿付信用证规定的款项。

10. 转让行（Transferring Bank）。是应受益人（在转让信用证时又称第一受益人）的委托，将可转让信用证转让给信用证的受让人（即第二受益人）的银行。转让行一般为通知行，也可以是议付行、付款行或保兑行。

11. 受让人（Transferee）。受让人又称第二受益人（Second Beneficiary），是指接受第一受益人转让所有权是用信用证的人，大都是出口人。在可转让信用证中，受益人有权要求将该证的部分或全部内容转让给第三者，该第三者即为信用证的受让人。

（三）信用证的开立形式

信用证的开立形式主要有信开本和电开本两大类，其中电开本最常用。

1. 信开本（Open by Airmail）。所谓信开本是指开证银行以书信格式开立的信用证。这是信用证传统的开立形式，一般一式两份或两份以上，开证行以邮寄方式与其在出口地的代理银行联系，要求该行（通知行）通知信用证给受益人。随着现代通信技术的不断发展，这种信用证的开立方式已很少使用。

2. 电开本（Open by Cable）。电开本是指开证行通过传真（Fax）、电报（Cable）、电传（Telex）或环银电协系统（SWIFT）等各种电讯方法将信用证条款传达给通知银行。电开本又可分为以下几种：

（1）简电本（Brief Cable）。开证行只是通知已开证，将信用证主要内容，如信用证号码、受益人名称和地址、开征人名称、金额、货物名称、数量、价格、装运期及信用证有效期等预先通告通知行，目的是使出口商早日备货。由于内容不完整，简电本不是有效的信用证，不足以作为交单议付的依据。在简电本后一般都注有"随寄证实书"字样。证实书则是随后寄来的信开信用证。简电本有时注明"详情后告"（full details to follow）等类似词语，如果有这种措辞，该简电本通知只能作为参考，不是有效的信用证文件，开证行应立即寄送有效的信用证文件。

☞【案例】

某公司出口一批冷冻鱼，7月16日接到通知行转来的一张信用证简电通知。简电通知中表明了L/C号码、商品的品名、数量和价格等项目，并说明"详情后告"。我公司收到简电通知后急于出口，于7月20日按简电通知中规定的数量装运出口。在货物装运后制作单据时，收到了通知行转来的一张L/C证实书，证实书中规定的数量与简电通知中的数量不符。请分析，我方应按信用证证实书的规定还是按简电通知书的规定制作单据？它们之间存在的差异应如何处理？

☞【评析】

我方应该按信用证证实书的规定制作单据，简电通知中如果注明"详情后告"等类似词语，该简电本只能作为参考，不是有效信用证文件。

（2）全电本（Full Cable）。是以电文形式开出的完整的信用证。开证行一般会在电文中注明"This is an operative instrument no airmail confirmation to follow."后面不注有"随寄证实书"字样。这样的信用证是有效的，是交单议付的依据。

（3）SWIFT信用证。SWIFT方式是根据"全球银行金融电讯协会"（Society for Worldwide Interbank Financial Telecommunication）提供的标准电文格式来开立跟单信用证。

采用SWIFT信用证后，使信用证具有标准化、固定化和统一格式的特征，且传递速度快捷，成本也较低，因此银行乐于在开立信用证时使用，现在已被西北欧、美洲和亚洲等国家和地区的银行广泛使用。我国银行在电开信用证或受到的信用证电开本中，SWIFT信用证也占很大比重。

（四）信用证的一般业务程序

在国际贸易中，一笔银行信用证结算要经过申请开立信用证、通知信用证、受益人交单、指定银行垫款、开证行偿付、开证申请人赎单等多环节业务流程。业务流程如图7-1。

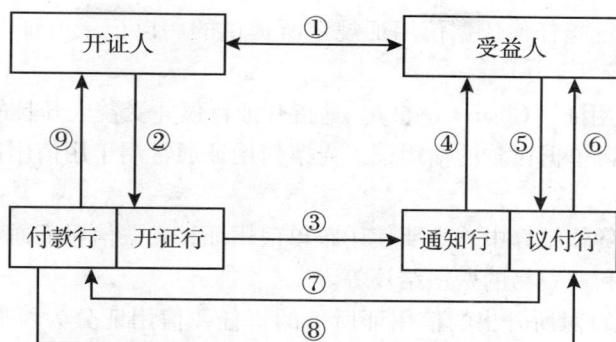

图 7 - 1 信用证结算流程

（1）买卖双方签订贸易合同并规定使用跟单信用证支付。

（2）买方向当地银行（开证行）提交开证申请书，交纳开证保证金、押金或提供担保，要求开立以卖方为受益人的信用证。

（3）开证行按申请内容开出信用证和信用证修改通知书，请求另一银行通知或保兑信用证。

（4）通知行核对印鉴、密押、辨别真伪，并向卖方传递或通知信用证及修改通知书。

（5）卖方审核信用证，如发现不符点应及时、一次性地通知开证行要求修改，确认无误后发货取单，并向指定银行交单议付。该银行可能是开证行，或是信用证内指定的付款、承兑或议付银行。

（6）议付银行审单无误后议付。

（7）议付银行寄送单据及汇票索偿。

（8）付款行审单付款或寄转账通知书。

（9）通知买方付款赎单。

（五）信用证的种类

1. 根据信用证项下的汇票是否附有货运单据划分，信用证可分为跟单信用证和光票信用证两种。

（1）跟单信用证（Documentary Credit）。是指凭跟单汇票或仅凭单据付款、承兑或议付的信用证。这里的"单据"是指代表货物所有权或证明货物业已装运的货运单据，即运输单据以及商业发票、保险单据、商检证书、产地证书、包装单据等。依照《UCP500》，跟单信用证的适用范围包括备用信用证。据此，备用信用证项下的"单据"泛指任何依据信用证规定所提供的用以记录或证明某一事实的书面文件。

（2）光票信用证（Clean Credit）。是指开证行仅凭受益人开具的汇票或简单收据而无须附带货运单据付款的信用证。光票信用证通常用于用信用证方式预付货款的情况。

在国际贸易货款结算中，主要使用跟单信用证，光票信用证通常仅被用于总分公司间货款清偿和非贸易的费用结算等。

2. 根据开证行对所开出的信用证所负的责任，信用证分为可撤销信用证和不可撤销信用证。《UCP500》第六条中规定，信用证应明确注明是可撤销或是不可撤销的。如无此注明，应视为不可撤销的。

（1）可撤销信用证（Revocable Credit）。是指在开证之后，开证行付款、承兑或被议付以前，开证行无须征得受益人同意也不必事先通知受益人就有权修改其条款或者撤销的信用证。这种信用证对于受益人来说是缺乏保障的，因而在国际贸易中极少采用。在我国的出口贸易中，如约定以信用证方式支付货款的，原则上不应接受可撤销信用证。在进口业务中，我国一般也不开立可撤销信用证。

但根据《UCP500》第八条（B）项规定，即便是可撤销信用证，只要受益人已经按信用证规定交单，指定银行已经凭单证相符做出付款、承兑或议付，那么，信用证就不可再行撤销或修改了。

☞ 【案例】

我某公司与国外客商签订了一份出口棉织品的合同，合同中规定采用 L/C 付款，装运期为 10 月份。由于双方的疏忽，合同未规定 L/C 是否可撤销。我方收到国外客户开来的 L/C 后，发现该证也未规定 L/C 是否可撤销。请分析，该证是否要经过修改才可使用？

☞ 【评析】

不需要修改。信用证中未明确写明的，视为不可撤销信用证。

（2）不可撤销信用证（Irrevocable Credit）。是指信用证开具后，一经通知受益人，在有效期内未经受益人及有关当事人的同意，既不能修改也不能取消的信用证。如要撤销或修改，在受益人向通知修改的银行表示接受该修改之前，原信用证的条款对受益人依然有效。在国际贸易中，凡以信用证方式结算的，基本上都使用这种信用证。

3. 根据是否有另一家银行对之加以保兑，不可撤销信用证又可分为保兑信用证和不保兑信用证两种。

（1）保兑信用证（Confirmed Irrevocable Credit）。保兑信用证上除了有开证银行确定的付款保证外，还有另一家银行确定的付款保证，受益人享有开证行和保兑行双重的付款承诺。保兑行对信用证所负担的责任与信用证开证行所负担的责任相当，即当信用证规定的单据提交到保兑行或任何一家指定银行时在完全符合信用证规定的情况下则构成保兑行在开证行之外的确定承诺。所以，一般说来，它对出口人的安全收汇是有利的。在实践中，保兑行通常由通知行担任。

☞ 【案例】

    我某公司收到国外开来的不可撤销 L/C，由设在我国的某外资银行通知并加以保兑。我方在货物装运后，正拟将有关单据交银行议付时，忽接外资银行通知，由于开证银行拟宣布破产，该行不再承担对 L/C 的付款责任。请分析，我方应如何处理？

☞ 【评析】

    经保兑的信用证享受付款行和保兑行的双重付款保证，保兑行不得以开证行破产等原因而拒付，因此应由保兑行履行付款责任。

（2）不保兑信用证（Unconfirmed Irrevocable Credit）。是未经另一家银行加保的信用证，即一般的不可撤销信用证。

4. 按兑付方式的不同，信用证又可分为即期付款信用证、远期付款信用证和议付信用证三种。《UCP500》第 10 条中规定："一切信用证均须明确表示它是用于即期付款、延期付款、承兑抑或议付。"

（1）即期信用证（Sight L/C）。是指即期付款信用证。即期信用证要求受益人开立一张即期汇票，或不需要汇票仅凭单据向指定的付款银行提示，付款银行审单无误后即兑现付款。付款行付款后无追索权。对这种信用证，开证行、保兑行（如有）或指定付款行承担即期付款的责任。

（2）远期付款信用证（Usance L/C）。是指开证行或付款行在收到符合信用证条款的单据时并不立即付款，而是按信用证规定的付款期限到期付款的信用证。远期付款信用证包括承兑信用证、延期付款信用证等。

①承兑信用证（Acceptance L/C）。承兑信用证是开证行或付款行在收到符合信用证条款的远期汇票和单据后，在汇票上履行承兑手续，待汇票到期时才履行付款的信用证。银行付款后无追索权。

②延期付款信用证（Deferred Payment L/C）。延期付款信用证是指开证行在信用证上规定受益人交单后若干天付款的信用证。延期付款信用证常与政府出口信贷相结合。

在业务处理上，延期付款信用证与承兑信用证类似，所不同的是受益人不需要出具汇票，只需将符合信用证规定的单据交到指定银行；指定银行在验单无误后收入单据，待信用证到期再行付款。

（3）议付信用证（Negotiation L/C）。是允许受益人向某一指定银行或任何银行交单议付的信用证。受益人开具汇票，连同单据一起向信用证允许的银行进行议付，议付银行则在审单后扣除垫付资金的利息，将余款付给受益人。然后议付行将汇票与单据按信用证规定的方法交与开证行索偿。

议付信用证按是否限定议付行，又可分为公开议付信用证（Freely Negotiation L/C）和限制议付信用证（Restricted L/C）两种。前者是指任何银行均可办理议付；后者则是指仅由被指定的一家银行办理议付。

5. 按受益人是否有权转让给其他人使用，信用证可分为可转让信用证和不可转让信用证两种。

（1）可转让信用证（Transferable L/C）。是指信用证的受益人（第一受益人）可以要求信用证中特别授权的转让银行，将该信用证全部或部分转让给一个或数个受益人（第二受益人）使用的信用证。只有被明确注明"可转让"字样的信用证才可以被转让，使用"可分割"、"可分开"、"可让渡"、"可转移"等词语不能使信用证成为可转让。如使用这类词语，银行将不予置理。转让的金额可以是部分的，也可以是全部的。转让的对象可以是一个或几个，只能转让一次，但允许第二受益人将信用证重新转让给第一受益人。

（2）不可转让信用证（Untransferable L/C）。是指受益人无权转让给其他人使用的信用证。凡在信用证上没有注明"可转让"字样的信用证，均为不可转让信用证。

此外，还有备用信用证（Standby L/C）、对开信用证（Reciprocal Credit）、对背信用证（Back to Back L/C）、循环信用证（Revolving L/C）、预支信用证（Anticipatory L/C）等。

（六）国际商会《跟单信用证统一惯例》

《跟单信用证统一惯例》（Uniform Customs and Practice for Documentary Credits, UCP）是国际商会在 1930 年拟定，并于 1933 年正式公布的，作为《国际商会 74 号出版物》，建议各国银行采用。《统一惯例》的拟定是为了减少因不同解释而引起的争端，调和信用证各有关当事人之间经常发生的争议。随着国际贸易的发展变化，国际商会于 1951 年、1962 年和 1974 年曾先后对《统一惯例》进行了修订。1983 年又对《统一惯例》再次进行修订，称为《跟单信用证统一惯例》，即《国际商会第 400 号出版物》。20 世纪 80 年代末、90 年代初，随着时代发展的步伐加快，科学技术突飞猛进，1993 年国际商会对《统一惯例》再一次进行修订，修订后的《统一惯例》即《国际商会第 500 号出版物》（《UCP500》），于 1994 年 1 月 1 日起开始实施。

为了得到法律上的保护，开证行所开出的信用证必须注明："本证根据《跟单信用证统一惯例》（1993 年修订），即《国际商会第 500 号出版物》开立"。

《跟单信用证统一惯例》，即《国际商会第 500 号出版物》共计 49 条，各条款规定了不同的责任范畴。这些条款基本可分成六大部分：关于总则和定义、信用证的形式与通知、义务与责任、单据、其他规定、可转让信用证和款项让渡条款。

五、银行保证书

在国际经济贸易交往中，交易双方往往缺乏了解和信任，当一方担心对方不履行合同义务，需要银行出具保证文件而又不便使用信用证方式时，往往要求对方通过银行开具银行保证书或备用信用证。

（一）银行保证书的概念

银行保证书（bankers letter of guarantee，简称 L/G）又称银行保函，是指保证人（银行）根据委托人的申请，向受益人开立的保证文件。由银行作为担保人，以第三者的身份保证委托人如未对受益人履行某项义务时，由担保银行承担保证书中所规定的付款责任。

银行保证书的基本当事人有三个即委托人、担保人和受益人。另外，有时还可以有转递行、保兑行和转开行。

（二）银行保证书和信用证的异同

银行保证书和信用证同属银行信用，但两者有很大区别，主要表现在以下三个方面：

1. 担保人的付款责任不同。信用证的开证行承担的是第一性的付款责任，信用证一旦生效，开证行负有首要付款责任。而在保证书下保证银行的付款责任是第二性的。当受益人索偿时，保证行通常要经过调查，证实委托人确未付款或未履行合同义务后才予支付。

2. 适用情况不同。信用证是在正常履行国际货物买卖合同的情况下使用的；而在银行保证书项下，只有在委托人违反合同或不履行合同义务又未按合同规定向债权人赔偿时，受益人才会凭保证书向保证行索偿，因此，凭保证书付款，不是每笔交易必然会发生的。

3. 使用范围不同。信用证只适用于货物买卖；而银行保证书可适用于多方面交易。

4. 到期地点不同。信用证的到期地点可以在受益人所在地、开证行所在地或付款行/承兑行/限制议付行所在地，而保函的到期地点一般是担保行所在地。

5. 付款依据不同。信用证只凭符合信用证条款规定的代表货物的货运单据就可要求开证银行付款，与买卖合同无关。而在银行保证书项下，当受益人凭保证书向保证行索偿时，还必须经过调查证实确系委托人违反合同而又不予赔偿时才进行偿付。担保银行因有时要证实申请人不履行合同的情况，所以有时要被牵涉到合同纠纷中。

六、国际保理业务

国际保理（International Factoring），是国际保付代理的简称，有时又叫承购应收账款业务，是指在使用托收、赊销等非信用证方式结算货款时，保理商（Factor）向出口商提供的一项集商业资信调查、应收账款催收与管理、保理融资及信用风险控制与坏账担保于一体的综合性现代金融服务。国际保理是一种介于托收和信用证之间的、兼具商业和银行双重信用功能的货款收付方式，近年来发展迅速。

（一）国际保理业务的运作模式

国际保理业务主要有两种运作模式，一种是仅涉及进出口商一方保理商的，叫单保理（Single Factor System）模式；另一种是涉及双方保理商的，叫双保理（Two Factors System）模式。

单保理模式适用于出口商所在国没有保理商的国家和地区背景下。出口商向进口商所在国的保理商提出申请，签订保理协议（Factoring Agreement），而出口地银行不是保理业务的当事人，只是"中间媒介"。故单保理模式有三个当事人：出口商、进口保理商和进口商。

双保理模式适用于进出口商双方所在国都有保理商的国家和地区背景下，出口商与本国的出口保理商签订保理协议。另外，出口保理商与进口保理商也签署协议，相互委托代理业务，并由出口保理商根据出口商的需要，提供融资服务。双保理模式有四个当事人：出口商、出口保理商、进口保理商和进口商。当前国际保理业务一般采用双保理模式。

（二）双保理模式下国际保理业务的一般流程

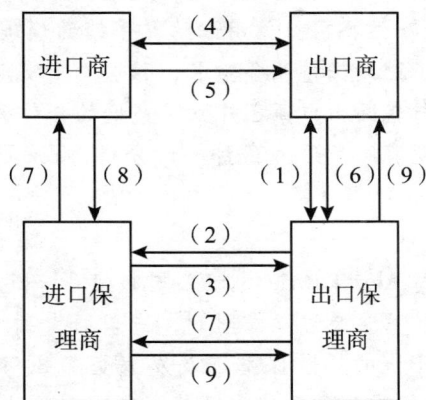

图 7 - 2 国际保理业务流程

（1）出口商在对一个或数个新客户（进口商）签订以 O/A 方式支付的货物销售合同以前，与出口保理商签订保理协议，并向出口保理为每个进口商申请一个信用额度（Credit Line）。

（2）出口保理商将进口商的名称、地址及有关信用证额度的申请告诉其在进口地一家有关系的进口保理商。

（3）进口保理商对进口商资信情况进行调查，根据调查情况，批出每个进口商的信用额度，并将批准情况告知出口保理，由后者转告出口商。

（4）进口商和出口商以 D/A（承兑交单，Document Against Acceptance）或 O/A（赊账交易，Open Account transaction）方式签约。

（5）出口商发运货物，将发票及货运单据寄进口商。

（6）出口商将发票副本交出口保理商，如果出口商已提出申请，可以从出口保理商处立即获得一部分垫付货款。

（7）出口保理商将发票副本转寄进口保理商，后者将发票记入应收账款，定期提醒进口商付款。

（8）在付款到期日，进口商向进口保理商付款。若进口保理商在付款到期日 90 天仍未收到进口商付款，进口保理商应承担付款责任。

（9）进口保理商将收到的全部发票金额立即拨付出口保理商，后者扣除垫付款项后，将剩余部分转付出口商。

☞ 【案例】

经营日用纺织品的英国 Tex UK 公司主要从中国、土耳其、葡萄牙、西班牙等国进口有关商品。最初双方合作采用的都是信用证结算方式，但随着英国 Tex UK 公司进口量的增长，该公司对信用证结算手续的烦琐与不灵活，以及高额的费用和抵押不满。为了继续保持业务增长，该公司开始谋求至少 60 天的赊销付款方式。虽然该公司与我国出口商已建立了良好的合作关系，但是考虑到收汇风险过大，我国供货商没有同意这一条件。请分析，Tex UK 公司应如何解决这一问题？

☞ 【评析】

英国的进口保理商 Alex Lawrie 为该公司核定了一定的信用额度，并通过中国银行通知了我国出口商。通过双保理制，进口商得到了赊销的优惠付款条件，而出口商也得到了 100% 的风险保障以及发票金额 80% 的贸易融资。目前 Tex UK 公司已将保理业务推广到了 5 家中国的供货商以及土耳其的出口商。双保理业务为该公司提供了优惠的无担保延期迟期付款的便利，帮助其扩大了从中国的进口量，而中国的供货商因此而扩大了出口。

七、支付方式的选用

如前所述，各种不同的支付方式，对进出口双方有利有弊。在实际业务中，为保证安全、迅速收汇，加速资金周转，促进贸易的发展，进出口双方除采用某一种支付方式外，有时，也可以在同一笔交易中选择两种或两种以上的结算方式结合起来使用。目前，常见的有以下几种。

（一）信用证与汇付相结合

信用证与汇付结合是指部分货款采用信用证，余额货款采用汇付方式结算。例如，对于矿砂等初级产品的交易，买卖合同规定××%货款以信用证方式付款，余数待货到目的地后，根据检验的结果，按实际品质或实到数量确定余数金额以汇付方式支付。

（二）信用证与托收相结合

这是指部分货款以信用证支付，其余部分以托收方式结算。出口商签发两张汇票：一张用于信用证项下货款凭光票支付；另一张须随附整套单据，按即期或远期托收。在实践中，为了防止开证银行在没有收妥全部货款之前就将货运单据交给进口人，往往要求信用证必须注明"在全部付清发票金额后方可交单"的条款。在出口合同中也应规定相应的支付条款，以明确进口人的开证和付款责任。例如："××%发票金额凭即期光票支付，其余××%即期付款交单。100%发票金额的全套货运单据随附于托收项下，于申请人付清发票全部金额后交单。若进口人不付清全部金额，货运单据由开证银行掌握，凭出口人指示处理。"

☞【案例】

　　我某公司出售一批货物给外国进口商，合同规定的支付方式是50%货款凭不可撤销L/C见票后30天付款，其余50%凭即期D/P付款。我方委托当地银行（托收行）转托A银行凭单据向进口商收取货款，同时凭进口商通过A银行开立的以我方为受益人的L/C开出了50%价款的汇票。其后，A银行根据进口商按D/P支付的50%货款将全部单据交给了进口商，并将代收的50%货款拨付给了托收行。不久，A银行宣布破产，已承兑的汇票在到期向其提示时也遭到退票。我方遂以货物已被进口商全部收取为由，向进口商追偿50%的货款，进口商借口开证押金收不回来而拒不偿还。为此，我方诉诸法院。你认为此案应如何解决？我方应从中吸取什么教训？

☞【评析】

　　我方应向A银行索偿。本案例主要是由于开证银行在没有收妥全部货款之前就将货运单据交给进口人，因此我方为防止此类情况的再次发生，应要求信用证必须注明"在全部付清发票金额后方可交单"的条款。

（三）汇付、托收和信用证三者相结合

　　对于大型机械、成套设备、飞机与轮船等大型交通工具的交易，由于这种交易具有成交金额大、制造生产周期长、检验手段复杂、交货条件严格，以及产品质量保证期限长等特点，一般采用按工程进度或交货进度分若干期付清货款，即分期付款和延期付款的方式。此种付款一般采用汇付、托收和信用证相结合的方式。

　　1. 分期付款。分期付款（Pay by Installments）是指买方可采用汇付方式，预交部分定金，其余货款根据所订购商品的制造进度或交货进度分若干期支付，买方开立不可撤销的信用证，即期付款，在货物交付完毕时付清或基本付清。货物所有权则在付清最后一笔货款时转移。因此，按分期付款条件所签订的合同是一种即期合同。

　　2. 延期付款。延期付款（Deferred payment）是指买方在预付一部分定金后，

大部分货款在交货后若干年内分期摊付，即采用远期信用证支付。所以，延期付款的那部分货款实际上是一种赊销，等于是卖方向买方提供了商业信贷。因此，买方应承担延期付款的利息。在延期付款的条件下，货物所有权一般在交货时转移。

3. 分期付款和延期付款的区别。分期付款和延期付款虽然都是在规定的期限内分期付清货款，但两者有所不同，主要表现在以下几个方面：

（1）货款清偿程度不同。采用分期付款，其货款是在交货时付清或基本付清，实际上是一种即期现金交易；而采用延期付款时，大部分货款是在交货后一段相当长的时间内分期摊付，实际上是一种赊销。

（2）所有权转移时间不同。采用分期付款时，只要付清最后一笔货款，才能取得货物的所有权；而采用延期付款时，货物所有权一般在交货时就转移给买方。

（3）支付利息费用不同。采用分期付款，买方没有利用卖方的资金，因而不存在利息问题；而采用延期付款时，由于买方利用卖方的资金，所以买方需向卖方支付利息。

本章小结

本章介绍了国际货款结算的相关知识，涵盖了有关国际货款结算的支付工具（汇票、本票、支票）、常用支付方式（汇付、托收、信用证）及支付方式的选用、国际保付代理、银行保证书等内容。希望在阅读完本章以后，能对国际货款结算有个直观的认识，并可根据情况选择一种或酌情将几种不同支付方式结合起来使用。

▶ 思考题

1. 票据有几种？它们的区别在哪里？
2. 简述汇付基本当事人之间的关系。
3. 在远期付款交单的情况下，进口商凭信托收据借单提货，如日后进口商在汇票到期时拒付，收不回货款的责任由谁承担？
4. 出口业务中应用托收时应注意哪些问题。
5. 简述跟单托收方式下的资金融通。
6. 跟单信用证的性质与作用如何？为何在国际贸易中得到广泛使用？
7. 什么是可转让信用证？如何运行？有何特点？
8. 什么是银行保证书？它与信用证有何区别？
9. 在一笔大宗出口交易中，对托收与信用证两种付款方式如何结合使用，才有利于安全收汇？

▶ 案例应用

2003 年 6 月我某公司对美出口女上衣一批。合同规定绿色的 200 件，红色的 400 件，但国外开来的信用证中规定为绿色的 400 件，红色的 200 件。我公司收到信用证后既未要求客户修改信用证，也不按信用证的要求发货，而是按照合同备货发运和制单，直至将单据交银行审查发现单证不符，被银行拒绝议付时，公司才联系客户修改。为了避免造成过期提单，只好冒风险采取对外按不符点的办法寄单。结果，从 7 月 4 日寄单延至 10 月 29 日才收进外汇，迟收了 3 个月，蒙受汇差和利息损失达 1 000 余美元。

▶ 问题

1. 我方行为存在哪些失误？
2. 当对方开来的信用证内容与合同不符时，我方该如何处理？

第八章

进出口商品的检验与检疫

❖ 本章学习目标

阅读和学习完本章后，你应该能够：

◇ 了解在国际货物买卖合同中订立商品检验条款的必要性以及条款的主要
   内容

◇ 熟悉检验检疫的标准、检验检疫的相关机构、检验检疫条款的内容

◇ 掌握在贸易实践中，如何选择对自己有利的检验检疫的时间和地点，在发
   生问题时，如何正确处理争议，正当维护我方利益

开篇案例

　　国内某出口公司有一批货（瓷砖）发往加拿大，出货前按照
国家规定和客户要求做了熏蒸，并取得了合法的熏蒸证书（实际
上，熏蒸公司也确实进行了相关操作）。可是货到目的港后发现在
托盘上有虫子（不是瓷砖质量问题），经检验，核实可能是在海
运的时候出现了二次感染，所以目的港海关又将此批货退了回来，
货物在路上，可是出口公司已经办理了核销，并且已经退税了。
原来他们想放到保税区，再找客户转卖出去，可是保税区的费用
太高了。若变成进口清关收货，可要交一大笔关税。由此可见，
国际贸易活动是非常复杂的，如果贸易双方沟通不当，很容易产
生问题，此案例就在货物进出境的检验检疫上出了问题。

　　在国际贸易中，买卖双方身处异地，距离遥远，货物在长途
运输中难免会发生残损、短少甚至灭失。为了避免争议的发生以

及在争议发生后能够得到妥善的解决，就需要一个公正的有资格的第三者，即检验检疫机构，由此机构对货物进行检验检疫和鉴定，并出具证明，以维护与贸易有关的各方的合法权益。并且在商务谈判签订合同时，注意条款的制定，以维护我方合法权益。同时我们也应做好检验检疫工作。

一、概　　述

进出口商品检验检疫是指在国际贸易活动中对买卖双方成交的商品由商品检验检疫机构对商品的质量、数量、重量、包装、安全、卫生以及装运条件等进行检验，并对涉及人、动物、植物的传染病等进行检疫的工作，在国际贸易活动中通常简称为商检工作。商检工作是使国际贸易活动能够顺利进行的重要环节，也是国家为保障国家安全、维护国民健康、保护动植物而采取的技术法规和行政措施。在国际贸易活动中许多事件都与商品的检验检疫有关，如欧洲的疯牛病事件等。

商品的检验检疫条款，是买卖双方在合同履行过程中为预防贸易纠纷的发生，而在国际货物买卖合同中规定的条款，它经常被作为一般贸易条件而被预先印制在贸易合同或销售确认书中。

（一）商品检验检疫在国际贸易中的地位

国际货物买卖中的商品检验检疫（Commodity Inspection and Quarantine），简称商检，是指在国际贸易中，商品检验检疫机构对进出口商品的质量、规格、数量、重量、包装、卫生安全等方面的检验检疫、鉴定和管理工作。商品检验检疫是双方交接货物中必不可少的重要环节。主要原因有：

1. 防止传染病传播，保障人民身体健康；防止动植物传染病传播，保障农林牧渔业生产和人民健康；保证进出口商品的质量，维护贸易各方的合法权益以及保护环境、维护国家的利益等。

2. 买卖双方需要第三方检验机构对贸易成交商品的数量、重量、质量、包装等内容进行客观公正的检验鉴定，作为买卖双方最终交接货物、清算货款的依据和凭证，以维护买卖双方的正当权益，保障贸易活动的顺利进行。

3. 国际贸易活动中各有关部门对商检工作的需要。在银行对贸易成交结算时，需要依据商品检验机构检验的品质、等级、数量及重量进行结算和付款。在货物发生残损及海事时，保险公司要依据商检检验的验残结果进行理赔，船运及仓储部门要按照商检货载衡量中得到的货物重量和体积计算费用。海关需依据商检出具的检验证书决定商品可否进口或出口放行，依据商检出具的原产地证书判定征收关税的标准等。

国际贸易线长、面广、环节多、风险大的特点决定了国际贸易货物在长途运输中难免会发生残损、短少甚至灭失。一旦出现上述问题就会涉及各部门的责任，如发货人、运输部门、装卸部门、保险公司等。为保障各有关责任方的利益，避免争议的发生，以及发生争议后，便于分清责任和正确处理，这就需要商品检验检疫机构对卖方交付货物的品质、数量、包装等进行检验检疫，以确定合同标的物是否符合合同规定；对装运技术、货物残损短缺进行检验和鉴定，以明确事故的起因和责任的归属。商品检验检疫机构在检验检疫或鉴定后出具的检验检疫证书，是买卖双方交接货物、支付货款和处理索赔理赔的重要依据。

（二）与商品检验检疫相关的法律法规

要严把进口和出口商品的质量关，必须以商品的检验检疫为前提和基础。由于商品的检验检疫直接关系到买卖双方在货物交接方面的权利和义务，关系到一个国家的生态环境、人民的健康和动植物的安全，各国的法律法规和国际性公约都对商品的检验检疫问题做出了明确的规定，形成了相当完善的进出口商品检验检疫法律体系、行政执法机构和检验检疫市场，并且根据形势的需要、科技的发展和贸易的变化不断调整和增加新的法律规定。

1. 中国的法律法规。2002 年修订的《中华人民共和国进出口商品检验法》第5 条规定："列入《商检机构实施检验的进出口商品种类表》（2001 年 2 月 1 日起开始使用《检验检疫商品目录》）的进出口商品和其他法律、行政法规规定须经商检机构检验的进出口商品，必须经过商检机构或者国家商检部门、商检机构指定的检验部门检验。"该条款同时规定，凡是列入《检验检疫商品目录》的进出口商品，除非经国家商检部门审查批准免予检验的，进口商品未经检验或经检验不合格的，不准销售、使用；出口商品未经检验合格的，不准出口。

我国商检机构实施进出口商品检验检验时主要依据的法律法规可概括为"四法三条例"。其中"四法"是指：

（1）《中华人民共和国进出口商品检验法》（简称《商检法》）；

（2）《中华人民共和国进出境动植物检疫法》；

（3）《中华人民共和国国境卫生检疫法》；

（4）《中华人民共和国食品卫生法》。

"三条例"是指：

（1）《中华人民共和国进出口商品检验法实施条例》（简称《商检法实施条例》）；

（2）《中华人民共和国进出境动植物检疫法实施条例》；

（3）《中华人民共和国国境卫生检疫法实施细则》。

我国《合同法》第 157 条规定："买受人收到标的物时应当在约定的检验期间内检验；没有约定检验期间的，应当及时检验。"

2. 英、美的法律法规。英国《1893 年货物买卖法》（1979 年修订）第 34 条（2）款规定："除非双方另有约定，当卖方向买方交付货物时，买方有权要求有合理的机会检验货物，以确定它们是否与合同规定的相符。"同条（1）款又规定："买方在未有合理机会检验货物之前，不能认为他已经接受了货物。"

美国《统一商法典》第 2～606 条（1）款规定，凡属下列情况均表明买方接受货物：（1）买方在有合理机会检验货物后向卖方表示货物符合合同，或表示尽管货物不符合合同，他仍将收取或保留货物；（2）买方未能作出有效拒收（第 2～602 条第 1 款），但这种接受只有在买方有合理机会检验货物后才发生；（3）买方作出任何与卖方对货物之所有权相抵触的行为，但如果此种行为属于对卖方的不当行为，它只有经卖方确认后才构成接受。

3. 联合国的法律法规。《联合国国际货物销售合同公约》第 38 条规定：（1）买方必须在按实际情况可行的最短时间内检验货物或由他人检验货物；（2）如果合同涉及到货物的运输，检验可推迟到货物到达目的地后进行；（3）如果货物在运输途中改运或买方须再发运货物，没有合理的机会加以检验，而卖方在订立合同时已知道或理应知道这种改运、再发运的可能性，检验可推迟到货物到达新目的地后进行。

由此可见，无论是我国或是英国、美国的法律法规，还是联合国的法律法规，都认为，除非双方另有约定，买方在接受货物之前有权对自己所购买的货物进行检验。买方收到货物并不等于他接受了货物。买方在对货物进行检验后，如果认为货物与合同不符，而且确属卖方责任所致，买方有权要求损害赔偿等救济措施，甚至拒收货物，撤销合同。但另一方面，买方的检验权是建立在自愿基础上的，它不是买方接受货物的必要前提。若买方没有利用合理的机会检验货物，就可以认为他放弃了检验货物的权利，相应地也就丧失了拒收货物的权利。

☞【案例】

我国某公司向香港地区 A 商出口印花棉布一批，A 商又将货物转售给英国 B 商。货物到达香港后，A 商已发现部分货物存在包装问题，但未做任何处理便将原货运往英国，B 商收到货物后，发现有 80 包货物包装破损，货物短少严重，因而向 A 商索赔，A 商又向我方提出索赔。问：我方是否应负责赔偿？为什么？

☞【评析】

我方不负责赔偿责任：（1）A 商在我方货物抵达香港后，虽发现货物存在包装问题，但并未向我方提出，也未请有关部门对到货进行复验，即放弃了检验权，从而丧失了拒收货物的权利。（2）A 商将货物装运英国，属于另一个合同，与我方无关，我方不应该负责。

综上所述，商品的检验检疫关系到买卖双方的切身利益，因此，买卖双方应在合同中对与检验检疫有关的问题作出明确规定，即在合同中规定检验检疫条款。

二、商品检验检疫的时间与地点

检验检疫的时间和地点是指买方或卖方在何时何地对所交易的货物进行检验检疫，其检验检疫的结果作为卖方交付货物与买方接受货物的依据。在国际贸易实践中，确定检验检疫时间和地点，实际是确定买卖双方中的哪一方行使对货物的检验检疫权，即确定检验结果以哪一方提供的检验检疫证单为准的问题，因而是直接关系到买卖双方切身利益的重要问题，也是检验检疫条款的核心内容。一般来讲，检验检疫时间和地点的确定要考虑合同使用的贸易术语、货物的特性、包装方式、有关国家的法律法规的规定等方面。

在国际货物买卖合同中，关于检验检疫时间和地点的规定方法，基本做法有以下几种：

（一）在出口国检验检疫

这种方法可分为产地或工厂检验检疫以及装船前或装船时在装运港（地）检验检疫。

1. 产地或工厂检验检疫。这种方法是指货物离开产地或工厂之前，由卖方或其委托的检验检疫机构或者买方指派的验收人员或检验检疫机构对货物进行检验检疫，有关机构出具的检验检疫证单，作为卖方所交付货物品质、数量、包装等内容的最后依据。这种情况下，货物离厂之前的风险由卖方承担，货物在整个运输途中可能出现的一切风险均由买方承担。

2. 装船前或装船时在装运港（地）检验检疫。这种检验检疫方法又叫做"离岸品质与重量"（Shipping Quality and Weight）。其一般做法是出口货物在装运港装船前或装船时由双方约定的商品检验检疫机构对货物进行检验检疫，并以该机构出具的品质、数量等检验检疫证单，作为商品品质与数量等方面的最后依据。

在上述两种规定方法之下，货物运抵目的港（地）后，买方对商品没有复验权，即使买方自行对货物进行复验，也无权向卖方就货物的品质、重量或数量等问题提出异议和索赔。因此，这两种规定方法对买方不利。

（二）在进口国检验检疫

在进口国检验检疫可分为目的港（地）卸货后检验检疫和目的地买方营业处所或最终用户所在地检验检疫。

1. 目的港（地）卸货后检验检疫。这种规定方法又叫做"到岸品质与重量"（Landed Quality and Weight），是指货物到达到目的港（地）卸货后，由买卖双方约定的目的港（地）的商品检验检疫机构对货物进行检验检疫并出具品质、重量或数量证书作为商品品质与数量等方面的最后依据。若检验检疫证单证明货物的品质或数量等与合同不符而责任归属于卖方时，买方可以据此向卖方提出索赔要求。

2. 目的地买方营业处所或最终用户所在地检验检疫。对于规格复杂、精密度高的仪表仪器，密封包装的货物或者需要安装调试的成套设备、机电仪产品等，一般需要将货物运至目的地买方营业处所或最终用户所在地后，由双方约定的商品检验检疫机构对货物进行检验检疫，并以该机构出具的检验检疫证单作为交货品质或重量的最后依据。

上述两种检验检疫方法下，货物到达目的港或目的地后，如果货物品质、数量等方面与合同不符，而又是由于卖方责任所致，则买方有权凭约定商品检验检疫机构的证书提出索赔，卖方不得拒赔。因此，卖方实际承担了货物运输过程中的风险，这种规定方法对卖方不利。

3. 出口国检验、进口国复验。这种方法是指买卖双方在合同中约定，在货物装运前由双方约定的装运港或发货地的检验检疫机构检验货物，并出具检验检疫证单作为卖方向银行议付货款的单据之一。货物到达目的港或目的地后，买方有权在一定时限内对货物进行复验，如果发现货物的品质、数量等与合同规定不符，而且属于卖方责任所致，买方可以凭双方同意的商品检验检疫机构出具的复验证书向卖方提出索赔要求。

这种规定方法兼顾双方利益，比较公平合理，也是国际贸易实践中最常用的一种规定检验检疫时间和地点的方法。

4. 装运港（地）检验重量，目的港（地）检验品质。这种做法也称为"离岸重量、到岸品质"（Shipping Weight and Landed Quality），指货物的重量以装运港

（地）双方约定的检验检疫机构出具的重量检验证书作为最后依据，而货物的品质以目的港（地）双方约定的检验检疫机构出具的品质检验证书作为最后的依据。其目的是为了在大宗商品交易中，平衡和调整买卖双方在商品检验检疫方面的权利和义务，兼顾了双方的利益。

近年来，随着国际贸易的发展和技术性贸易壁垒的出现，国际上出现了一些新的检验检疫时间和地点的做法。如出口国装运前预检验，在进口国最终检验。如双方在合同中规定：货物在出口国装运前，由买方自行派人或委托检验检疫人员对货物进行预检验，货物抵达目的地（港）后，买方有最终的检验权和索赔权。有时还允许买方或其检验检疫机构人员在产地或装运港（地）实施监造或监装。这是当前国际贸易中普遍采用的、避免进口国技术性贸易壁垒给买卖双方可能带来的风险的行之有效的质量保证措施。

三、检验检疫机构

在国际贸易中，商品的检验检疫工作一般都由专业检验机构负责办理。检验检疫机构即接受进出口方的委托，或者根据有关法律法规的规定对出入境商品进行检验检疫、鉴定和管理的专门机构。在国际贸易中，买卖双方除了自行对货物进行检验检疫外，还要委托独立的第三方对货物进行检验检疫。有时，虽然买卖双方未要求对所交易的商品进行检验，但根据有关法律或法规的规定，必须由某机构进行检验，经检验合格后方可出境或入境。国际上的商品检验机构，种类繁多，名称各异，有的称作公证行（Authentic Surveyor）、宣誓衡量人（Sworn Measurer），也有的称为实验室（Laboratory）。检验机构的类型，按组织的性质来划分，可分为官方的检验检疫机构和民间私人或社团经营的独立检验检疫机构。

（一）官方检验检疫机构

世界各国或地区为了维护本国或地区的公共利益，一般都制定检验检疫、安全、卫生、环保等方面的法律，由政府设立监督检验机构，依照法律和行政法规的规定，对有关进出口商品进行严格的检验管理，这种检验称为"法定检验"、"监督检验"或"执法检验"。如美国食品药物管理局（FDA）、美国动植物检验署、美国粮谷检验署、日本通商省检验所等。

1. 我国的检验检疫机构。中华人民共和国成立之初，进出口商品的检验由中华人民共和国商品检验局负责，1982年更名为中华人民共和国进出口商品检验局，并在各省、市、自治区及主要进出口口岸进出口商品集散地设立分支机构，对一般的进出口商品进行检验。

1998年，原国家商检局、原卫生部卫生检验检疫局、原农业部动植物检疫局共同组建了"国家出入境检验检疫局"，实现卫生检疫、动植物检疫和商品检验的三检合一。2001年4月10日，国务院宣布将国家质量技术监督局与国家出入境检验检疫局合并，成立中华人民共和国质量监督检验检疫总局，简称国家质检总局（General Administration of Quality Supervision, Inspection and Quarantine of the People's Republic of China，简称 AQSIQ）。国家质检总局是国务院主管全国质量、计量、出入境商品检验、出入境卫生检疫、出入境动植物检疫和认证认可、标准化等工作，并行使行政执法职能的直属机构。

根据我国《商检法》和《商检法实施条例》的有关规定，国家质检总局主管全国进出口商品检验工作。国家质检总局设在省、自治区、直辖市以及进出口商品的口岸、集散地的出入境检验检疫局及其分支机构（以下简称出入境检验检疫机构），管理所负责地区的进出口商品检验工作。我国的检验检疫机构在进出口商品检验方面的基本任务有三项：实施法定检验、办理鉴定业务和对进出口商品的检验工作实施监督管理。

（1）对进出口商品实施法定检验。进出口商品的法定检验是国家出入境检验检疫部门根据国家法律法规的规定，对规定的进出口商品或有关的检验检疫事项实施强制性的检验检疫。

法定检验检疫的目的是为了保证进出口商品、动植物（或产品）及其运输设备的安全、卫生符合国家有关法律法规规定和国际上的有关规定；防止次劣有害商品、动植物（或产品）以及危害人类和环境的病虫害和传染病源输入或输出，保障生产建设安全和人类健康。我国的出入境检验检疫机构对进出口商品实施法定检验检疫的范围包括：

①列入《必须实施检验的进出口商品目录》的商品。

②应进行卫生检验检疫的进出口食品。

③危险货物的包装容器、危险货物运输设备和工具的安全技术条件的性能和使用鉴定。

④装运易腐烂变质食品、冷冻品的船舱、货仓、车厢和集装箱等运载工具。

⑤国家其他有关法律、法规规定须经出入境检验检疫机构检验的进出口商品、物品、动植物等。

出入境检验检疫机构对进出口商品实施检验的内容，包括是否符合安全、卫生、健康、环境保护、防止欺诈等要求以及相关的品质、数量、重量等项目。

（2）对进出口商品办理鉴定业务。根据我国《商检法》第8条的规定，经国家商检部门许可的检验机构，可以接受对外贸易关系人或者外国检验机构的委托，办理进出口商品检验鉴定业务。我国《进出口商品检验鉴定机构管理办法》（2004年1月1日起施行）第3条规定："办理进出口商品检验鉴定业务的机构包括：中资进出口商品检验鉴定机构以及中外合资、中外合作和外商独资进出口商品检验鉴定机构及其分支机构。"

商检机构办理进出口商品鉴定业务，是凭申请办理，不属于强制性检验。他们接受委托，办理进出口商品鉴定业务，签发各种鉴定证书，供申请单位作为办理商品交接、结算、计费、理算、通关、计税、索赔等的有效凭证。

（3）对进出口商品的质量和检验工作实施监督管理。监督管理是指国家质检总局、地方出入境检验检疫机构对进出口商品的收货人、发货人及生产、经营、储运单位以及国家质检总局或地方机构许可的检验机构和认可的检验人员的检验工作进行监督管理，以推动和组织有关部门对进出口商品按规定要求进行检验检疫。

2. 美国的官方检验机构。在美国，联邦政府设立的产品检验机构基本上是进口、出口、内销产品检验三位一体的主管机关，习惯上称商品检验为"产品检验"。美国官方检验机构检验进出口商品的权限实行专业化分工，分别由14个部、委、局的有关主管部门负责。

其中，食品和药品管理局（FDA）主管食品、药品、医疗器械、陶瓷餐具、化妆品以及电子产品的监督检验；产品在使用或消费过程中产生的离子、非离子辐射影响人类健康和安全基础上的测试、检验和出证。农业部主管动植物的检疫、食品、谷物等质量安全检验检验和出证。商务部负责加工的鱼类、贝类产品的检验和出证以及衡器、计量器具的校正检验和出证。消费品安全委员会（CPSC）主管家庭、学校、娱乐场所、个人使用的消费性产品（如儿童玩具）中含有毒性、腐蚀性、易燃性、刺激性、易产生压力的公演有害物质的测定，服装面料和内衬纤维耐燃性能的测试、检验和出证。

3. 日本的官方检验机构。在日本，政府各部门在自己分工权限范围内，对有关进出口商品检验工作实行分工管理。通商产业省（分管全国所有工业生产和商业、外贸等事务），负责进出口工业品的检验管理；农林水产省（分管全国农林牧渔和食品等的生产），负责全国进出口农林水产品和食品的检验和检疫管理；厚生省（分管全国医疗卫生事务），负责进出口食品、医药品等卫生方面的检验和管理；运输省（分管海、陆、空客货运输事务），负责进出口商品运载计量和安全方面的检验管理。

4. 欧盟的官方检验机构。欧洲联盟国家的官方检验机构，其组织形式与美国类似，也是按商品类别，由政府各部门分管，按有关法律授权或政府认可实施检验和监督管理。欧盟为监控所有的技术法规而建立了一个官方/私人机构联合体系。

官方机构负责制定法规，并按产品类别定义其标准及样品审查制度。私人或半官方机构负责制订标准，并执行大部分测试、检验和管理任务。

（二）独立检验机构

除政府设立的官方商品检验机构外，世界上许多国家中还有由商会、协会、同业公会或私人设立的半官方或民间商品检验机构，担负着国际贸易货物的检验和鉴定工作。民间商品检验机构根据委托人的要求，以自己的技术、信誉及对国际贸易的熟悉，为贸易当事人提供灵活、及时、公正的检验鉴定服务。

目前在国际上比较有名望、权威的民间商品检验机构有：瑞士通用公证行（Societe General De Surveillance S. A.，简称 SGS）；英国英之杰检验集团（Inchcape Inspection and Testing Services，IITS）；日本海事鉴定协会（Nippon Kaiji Kentei Kyo-kai，英文名为 Japan Marine Surveyors' & Sworn Measurer's Association，简称 NKKK）；美国安全试验所（Underwriters' Laboratories，简称 UL）；加拿大标准协会（Canadian Standards Association，简称 CSA）；国际羊毛局（International Wool Secretariat，简称 IWS）；中国进出口商品检验公司（China National Import & Export Commodities Inspection Corporation，简称 CCIC）。

其中，中国进出口商品检验公司成立于 1980 年，是原国家商品检验局指定的实施进出口商品检验和鉴定业务的检验实体，它的性质属于民间商品检验机构。CCIC 在全国各省、市、自治区设有分支机构，接受对外贸易关系人的委托，办理各项进出口商品检验鉴定业务，为之提供顺利交接结算、合理解决索赔争议等方面的服务。CCIC 还在世界上 20 多个国家设有分支机构，承担着装船前检验和对外贸易鉴定业务。中国进出口商品检验公司的成立既为进出口商品的顺利交接、结汇以及合理解决索赔争议提供了诸多便利条件，同时也促进了我国同世界各进出口商品检验机构的联系与合作。

四、检验检疫证书

检验检疫证书（Certificate of Inspection and Quarantine）是商品检验检疫机构对进出口商品实施检验检疫和鉴定后出具的有关证明文件。

在国际贸易中，检验检疫证书起到公证证明的作用，它是证明卖方所交货物的品质、数量、包装及卫生条件等方面是否符合合同规定的依据，是交易双方交接货物、结算货款和办理索赔和理赔的依据，是出入境货物通关的重要凭证，也是海关征收和减免关税的有效凭证。

国际货物买卖中的检验证书，其种类繁多，卖方究竟需要提供哪种证书，要根据商品的特性、种类、贸易习惯以及政府的有关法规而定。在实际业务中，常见的检验证书主要有以下几种：

（1）品质检验证书（Inspection Certificate of Quality），用以证明进出口商品品质与规格等级的证明文件；

（2）重量检验证书（Inspection Certificate of Weight），用以证明进出口商品重量的证明文件；

（3）数量检验证书（Inspection Certificate of Quantity），用以证明进出口商品数量的证明文件；

（4）卫生检验证书或健康检验证书（Sanitary Inspection Certificate），即对供人类食用的出口动物产品、食品等进行卫生检验检疫或检疫证明合格、符合卫生要求并适于人类食用的证明文件。适用于肠衣、罐头、冻鱼、冻虾、蛋类、乳制品、蜂蜜等食品及食品添加剂。

（5）价值检验证书（Inspection Certificate of Value），即证明发货人发票上的出口商品的价值正确、属实的证明文件；

（6）消毒检验证书（Disinfection Inspection Certificate），即证明出口的动物产品或人发在出口前已经过消毒处理并符合安全与卫生要求的证书；适用于猪鬃、马尾、皮张、山羊毛、羽毛、人发等产品。其内容也可以在品质检验检疫证书中附带。

（7）原产地证书（Inspection Certificate of Origin），用于证明出口商品原生产地的证书，通常包括一般产地证、普惠制产地证、野生动物产地证等。

（8）兽医检验证书（Veterinary Inspection Certificate），即证明动物产品在出口前已经过兽医检验检疫、符合检疫要求的证明文件。适用于冻畜肉、禽畜肉、皮张、毛类、猪鬃、肠衣、罐头等。经常在其中加上卫生检验检疫的内容，与卫生检验检疫证书合而为一，称为兽医卫生检验检疫证书（Veterinary Sanitary Inspection Certificate）。

（9）验残检验证书（Inspection Certificate on Damaged Cargo），即证明进口商品残损情况、估算残损贬值程度、判定致损原因的证书，是买方向发货人、承运人或保险人等有关责任人索赔的有效证件。

除了上述证书之外，根据具体的业务需要，商检机构还可以签发其他证书，如包装证书（Inspection Certificate of Packing）、熏蒸证书（Fumigation Inspection Certificate）、温度检测证书（Inspection Certificate on Temperature）、验舱证书（Inspection Certificate on Tank/Hold）等。

在我国，法定进出口商品的检验检疫证单由国家质检总局下的出入境检验检疫局及其设在各地的分支机构签发；法定检验检疫以外的商品，如合同或信用证没有相反规定，可由出入境检验检疫局、中国进出口商品检验总公司或生产企业出具。

在签发检验检疫证书时，要注意其签发日期一般应早于运输单据的出单日期，但也不能比运输单据的出单日期提前过长。因为检验检疫证书都有有效期的规定，超过有效期，检验检疫证书自动失效。

检验检疫证书的作用是：

（1）检验检疫证书是出入境检验检疫机构实施管理的具体措施。出入境检验检疫机构是《中华人民共和国国境卫生检疫法》、《中华人民共和国进出境动植物检疫法》、《中华人民共和国进出口检验法》、《中华人民共和国食品卫生法》的实施或组织实施部门。出入境检验检疫机构即是公正的检验检疫职能部门，同时又承担着出入境检验检疫的监督管理工作。它所签发的检验检疫证书既是检验检疫的结果证明文书，又是出入境检验、检疫和监督管理的措施。

（2）检验检疫证书是出入境检验检疫机构代表国家履行国际义务的手段。出入境检验检疫机构是国际间健康、卫生、安全、环保的卫士。从入境角度讲，出入境检验检疫机构是为了维护国家的利益，为了健康、卫生、安全和保护环境的需要，是为了人民的利益；而从出境的角度讲是保证有关世界各国的健康、卫生、安全与环境事业的需要。现在国际社会在检验检疫方面已形成许多规约与惯例。这些规约与惯例被世界各国广泛接受与遵守。如：在农产品的国际贸易中，世界各国都执行有关国际贸易法则，包括国际兽疫局（OIE）制定的《国际动物卫生法典》，国际植物保护公约组织（IPPC）制定的《国际植保公约》、《濒危野生动植物种国际贸易公约》，亚太区域植保委员会制定的法规、公约等。这就是说，出入境检验检疫机构承担着国际间维护人类健康、卫生、安全与保护环境的重任，是世界各国人民健康、卫生、安全的保护神，是保护自然环境的卫士。它所签发的检验检疫证书，如：兽医卫生证书、卫生证书、动物卫生证书、植物检疫证书、交通工具卫生检疫证书、国际旅行健康证书、国际预防接种证书等，正是出入境检验检疫机构履行其职责和国际义务的手段。

（3）检验检疫证书是报关验放的有效证件。在国际经济活动中，各国为了维护本国的政治、经济利益，针对某些进出口商品的品质、数量、包装、卫生、安全、环保等项目指标，制定了一些检验检疫限定性的标准与管理办法，同时要求当事人须交验符合规定的检验检疫证书方准货物等进出境。世界各国为保护本国的经济利益和人畜健康，对进口动植物及其产品及涉及安全、卫生、环保方面的商品，都制定了一些检疫法律法规和检疫措施，以防因带有疫病、有害菌及不卫生而危害健康的商品入境。因此，各进口国对入境货物要求必须有出口国官方当局签发的兽医、卫生方面的证书方准进口。出入境检验检疫兽医、卫生证书以及涉及安全、环保方面的证书是进口国卫生当局和海关依照法律、法令规定准许报关进口验放的有效证件。法律规定实施强制性检验的商品，物及物品当事人必须持检验检疫证书或检验检疫局指定的机构签发的证书，方可向海关申报放行。

（4）检验检疫证书是议付货款的凭证。检验检疫证书中的品质检验证书、重量检验证书是议付货款的凭证。在对外贸易活动中，外贸合同规定按等级分等论价的商品，或对有效成分订有增减价条款商品，或以公量、干态计重的商品等，检验证书中所证明的项目和品质等级是对内对外按质计算货款的有效凭证。

（5）检验检疫证书是托运人与承运人计算运费的有效证件。出入境检验检疫机构签发的散装商品的重量证书或以吨、尺、码等计量单位来计算运费的商品的衡量证书，是托运人与承运人计算运费的有效证件，同时，也是港口栈租计算以及装卸、理货费用确定的有效证件。

（6）检验检疫证书是对外贸易双方交接结算的有效证件。在对外贸易活动中，买卖双方在合同中都订有检验检疫条款和索赔条款，该条款规定了凭双方指定的检验检疫机构出具的各种检验检疫证书，作为证明所提交的货物品质、数量、包装、安全、卫生、环保等是否符合合同规定或输入国规定的依据。很明显，出入境检验检疫机构提供的这些证书是买卖双方交接货物和银行议付货款的有效证件。

（7）检验检疫证书是证明履约与责任情况的有效证件。在进出口业务活动中，往往发生对商品的品质、数量、残损等争议，这不仅涉及买卖双方，有时涉及运输、保险等各方的履约程度。判明责任归属往往需要有关当事人提供与其相关的具有约束力的证明。作为与各方无利害关系的独立公正部门检验检疫机构，利用先进设备和技术手段进行检验检疫或鉴定后签发的结果证书是判定责任归属和各方履约程度的有效证件。

（8）检验检疫证书是办理索赔的有效证件。在国际贸易中，我国的进口商在进口商品时一般都在合同中订明：货到目的地后，经出入境检验检疫机构检验检疫，发现品质或重（数）量等与合同不相符合时，凭检验检疫证书向卖方提出退货或索赔。若属于保险、运输方面的责任的，则根据责任归属向有关方面索赔。因此，出入境检验检疫机构出具的进口商品品质、重（数）量、残损等证书，是买方向国外发货人、承运人、保险公司，国内保险公司向国外保险公司，国内订货部门向外贸公司、保险人、承运人和港口装卸部门索赔的有效证件。

（9）检验检疫证书是确定关税税别，课征关税的有效证件。有些国家海关在课征关税时，对重（数）量不是只凭商业发票上所列数据，而是凭出入境检验检疫机构出具的重（数）量证书上所列数据。对进口商品来讲，残损部分可以退税，而退税是以证明残损的检验证书所列数据为依据的。

（10）检验检疫证书是进行贸易统计、指定非关税壁垒措施的有效凭证和手段。在国际贸易中，原产地证一直是各国进行贸易额统计的主要凭证，以此来判断国与国间的贸易差，从而确定非关税壁垒措施，或调整某种货物进出口政策和战略。

（11）检验检疫证书是仲裁、诉讼据证的有效证件。在国际贸易中，买卖双方发生争议后，进行仲裁或诉讼时，检验检疫证书是向仲裁庭或法院据证的有效证件。①

五、检验检疫标准

商品的检验检疫标准是指对进出口商品实施检验检疫所依据的标准。商品的检验检疫标准涉及技术问题和国家对商品的质量管理问题。在国际货物买卖合同中，对同一种商品，实施检验检疫所依据的标准和方法不同，检验检疫结果往往会大不一样。因此，交易双方在签订进出口买卖合同时，除了规定检验检疫时间和地点、检验检疫机构及检验检疫证书之外，往往还要明确规定检验检疫标准。

在国际货物买卖中，商品的检验检疫标准可归纳为以下三类：

1. 各国国内标准。国内标准指商品生产国、出口国、进口国、消费国或过境国所制定的法规标准。《商检法》第7条规定："列入目录的进出口商品，按照国家技术规范的强制性要求进行检验；尚未制定国家技术规范的强制性要求的，应当依法及时制定，未制定之前，可以参照国家商检部门指定的国外有关标准进行检验。"

2. 国际标准。国际标准是指在国际上具有权威性的，由国际专业化组织所制定的检验检疫标准，如国际标准化组织、国际海事组织、国际电工委员会、联合国食品法典委员会等制定的标准。

3. 约定标准。这是对买卖双方具有法律约束力的标准，也是实际业务中普遍采用的检验检疫标准，其中最常见的是买卖合同和信用证中规定的标准。

六、合同中的检验检疫条款

国际货物买卖合同中的检验检疫条款主要包括：检验的时间和地点、检验检疫机构、检验检疫证书、检验标准、复验的时间和地点、复验机构、索赔期限及复验

---

① 资料来源于黑龙江出入境检验检疫局，www.hljciq.gov.cn。

费的负担等。

【条款示例】检验检疫条款。双方同意以装运港（地）××检验检疫机构签发的质量和重量检验检疫证书作为交货依据。货物到达目的港后，买方有权复验，复验费由买方负担。但若发现质量和/或重量（数量）与合同规定不符时，买方有权向卖方索赔，并提供经卖方同意的公证机构出具的检验检疫报告。索赔期限为货物到达目的港（地）后××天内。

It is mutually agreed that the Certificate of Quality and Weight issued by the ××inspection institution at the port of shipment shall be taken as the basis of delivery. The buyer has the right of re-inspection upon the arrival of goods at destination. The re-inspection fee should be borne by the buyer. In case of quality or quantity (weight) discrepancy, claim should be filed by the buyer supported by a survey report issued by a surveyor approved by the Seller within ××days after the arrival of the cargo at the port of destination.

七、做好检验检疫工作的措施

做好检验检疫工作对我国对外贸易的发展有深远的影响。如果做不好这方面的工作，容易引起多方面的问题，如下一章提到的贸易争议问题。在我国加入 WTO 过渡期后，更应该注重这方面的工作。应该从源头，从生产的环节抓起，健标准，立制度，严把进口、出口关。建立情况上报和警示通报机制，积极做好对出口货物熏蒸消毒的必要准备。

具体说来，有以下几方面措施：

一是认真组织学习国家质检总局有关文件，全面理解和掌握有关规定和要求。

二是积极向企业进行宣传，发书面通知，使企业了解和掌握有关规定及要求，自觉按照规定办理相关事项。

三是认真起草内部工作实施细则，使工作规范化、制度化，有章可循。

四是积极申请购买仪器和试剂，掌握卫生安全项目检测方法。

五是对企业现有库存包装进行清查统计，做好过渡期工作。

六是加强与外经贸、海关和各有关部门的联系配合，切实做好对出入境人员、货物、交通工具的检验检疫、熏蒸消毒工作，坚决防止病毒的传入、传出。

七是进一步加强口岸与内地协作，全面推进检验检疫出口货物"绿色通道"制度的实施。

八是积极收集整理相关信息，做好宣传解释工作，对于进口国政府要求签发证书的，及时将有关情况报告国家质检总局，以便研究对策。

九是实行检验检疫关口前移，即对产品生产的原材料，生产过程、生产人员、生产工艺、产品包装实行全过程、全方位控制，加强对生产环节的监督控制，特别对易受影响的食品、供港澳活动物、动植物产品严格检验检疫，力保重点商品和重点出口企业的质量和信誉，保证达到卫生和安全要求。

● 本章小结 ●

本章介绍了进出口商品检验检疫的相关知识，涵盖了有关商品检验检疫的时间和地点，检验检疫的机构、证书和标准，以及合同中检验检疫的条款等内容。希望在阅读完本章以后，能对商品的检验检疫有个直观的认识。

▶ 思考题

1. 为什么要在买卖合同中约定商品检验检疫条款？
2. 商品检验检疫条款包括哪些内容？
3. 在合同中关于检验检疫的时间和地点有几种规定方法？

国际贸易争议及其处理

❖ 本章学习目标

阅读和学完本章后，你应该能够：

◇ 了解国际贸易争议的定义以及争议产生的原因

◇ 熟悉主要的争议解决方法

◇ 掌握仲裁、不可抗力和索赔理赔的含义以及相应的条款

开篇案例

甲公司与乙公司签订了一份买卖节能灯的合同。双方在合同中约定：如果发生纠纷，应提交仲裁委员会仲裁。后来，乙公司作为买方提货时发现甲公司提供的货有严重的质量问题，于是向甲公司提出赔偿损失的要求，甲公司不允，双方协商未果。乙公司遂向仲裁委员会申请仲裁，提出申请的时间为 8 月 18 日，仲裁委员会于 8 月 28 日受理此案，并决定由 3 名仲裁员组成仲裁庭。甲、乙公司分别选定了一名仲裁员。乙公司作为申请方又委托仲裁委员会主任指定了首席仲裁员。乙公司所选的仲裁员恰好是乙公司上级单位的常年法律顾问。此三名仲裁员公开对此案进行了审理。当事人当庭达成了和解协议，仲裁庭依和解协议制作了仲裁调解书，此案结束。由此可见，在国际贸易合同的履行过程中，会出现很多的意外情况，引起当事人双方的争议，所以建立完善的争议解决办法很重要。

国际货物买卖履约时间长、涉及面广、业务环节多，一旦在

货物的生产、收购、运输、资金移动等任何一个环节发生意外或差错，都可能给合同的顺利履行带来影响。而且国家市场变幻莫测，一方当事人往往有可能在市场行情发生不利变化时，不履行合同义务或不完全履行合同义务，致使另一方当事人的权利受到损害。再加上当事人处于不同的国家，其所属国的法律制度、文化传统等因素的差异，争议的产生是不可避免。

在长期的国际贸易实践中，形成了各种解决国际贸易争议的方法，主要包括：协商、调解、诉讼和仲裁。此外，还有世界贸易组织建立的解决国家之间贸易争端与机制。

一、国际贸易争议

争议（disputes）是指交易的一方认为另一方未能全部或部分履行合同规定的责任而引起的业务纠纷。在国际贸易业务中，这种纠纷屡见不鲜，究其原因主要是：

（1）卖方不交货，或未按合同规定的时间、品质、数量、包装条款交货，或单证不符等；

（2）买方不开或缓开信用证，不付款或不按时付款赎单，无理拒收货物，在F. O. B. 条件下不按时派船接货等；

（3）合同条款的规定欠明确，买卖双方国家的法律或对国际贸易惯例的解释不一致，甚至对合同是否成立有不同的看法；

（4）在履行合同过程中遇到了买卖双方不能预见或无法控制的情况，如某种不可抗力，双方有不一致的解释等。

由上述原因引起的争议，集中起来讲就是：是否构成违约，双方对违约的事实有分歧，对违约的责任及其后果的认识相悖。

在国际货物买卖合同的履行过程中，由于市场行情的变化、买卖双方对合同理解的不一致以及双方自身的原因，会出现各种违约行为。为了预防违约行为的发生，保证合同的顺利履行，以及违约行为发生后，维护受损害方的利益，买卖合同中一般都订立异议与索赔条款，作为处理违约行为的依据。

有时，在签订买卖合同后，不是由于合同当事人的过失或疏忽，而是由于发生了合同当事人无法预见、无法预防、无法避免和无法控制的事件，影响合同的履行，根据各国或地区法律的规定，发生意外事件的合同当事人可以免除或部分免除履行合同的责任或推迟履行合同。但各国或地区法律对此类不可抗力事件的免责规定与解释不一致，为了避免双方因发生不可抗力事件而引起不必要的纠纷，一般合同中都订有不可抗力条款。

在国际贸易实践中，争议与纠纷时有发生。从双方长期的贸易合作和友好解决贸易纠纷的出发点考虑，国际货物买卖合同中一般订立仲裁条款，约束买卖双方只能通过仲裁方式解决贸易纠纷，不能向法院提起诉讼。

买卖双方在合同履行过程中为预防贸易纠纷的发生，保证纠纷发生后公平而合理地解决，而在国际货物买卖合同中规定的条款，它们经常被作为一般贸易条件而被预先印制在贸易合同或销售确认书中。

在国际货物买卖过程中，买卖合同是确定双方权利和义务的法律依据，买卖双方中的任何一方违反合同义务，在法律上都构成违约行为，受损害的一方为了维护自身权益，向违约方提出赔偿的要求，称为索赔（claim）；而违约方对受损害方的索赔要求进行处理，称为理赔（settlement of the claim）。因此，索赔与理赔是一个问题的两个方面，即对守约方而言是索赔，对违约方而言是理赔。

为了使索赔和理赔工作有法可依，买卖双方一般需要在合同中订立索赔条款。索赔条款通常有两种形式，即异议与索赔条款（Discrepancy and Claim Clause）和罚金条款（Penalty Clause）。在一般货物买卖合同中，多数只订异议与索赔条款，而在大宗商品和机械设备合同中，除了订明异议与索赔条款外，往往还需另订罚金条款。

二、国际贸易争议的表现

（一）倾销与反倾销

近年来，国际上倾销与反倾销问题已经成为国际贸易战的热点之一。

倾销是指在正常的贸易过程中，用低于正常价值出口商品的行为。它已经或有可能给进口国生产相同产品的行业或企业造成损害，因而受到进口国的反对。

反倾销是进口国依据本国的反倾销法，由主管当局经过立案调查，确认倾销对本国同业造成损害后，采取征收反倾销税等处罚措施的调查程序。

在16~17世纪，倾销作为一种贸易战的手段就已经出现。1904年加拿大最早出台了《反倾销法》。乌拉圭回合谈判后，在贸易自由化的呼声下，世贸成员国采取关税和非关税壁垒的空间已经日益缩小，而反倾销作为 WTO 允许的法律手段，具有形式合法、方便实施、效果显著，并且不易招致出口国报复的诸多特点，故此被不少国家视作保护本国国内产业的利器而屡试不爽。

贸易保护主义日强，反倾销也就发挥越来越大的作用。近年来，随着国际贸易自由化程度的提高，各国企业之间的竞争日益直接化，加上全球经济不景气，反倾销被一些企业用作将外来竞争对手排挤出本国市场的杀手锏，滥用反倾销的贸易保护主义倾向也日益明显。

（二）补 贴 与 反 补 贴

按 WTO《补贴与反补贴措施协议》，补贴是指"在一成员方（以下称'政府'）领土内由一个政府或任一公共机构作出的财政支持"。它包括"政府的行为涉及一项直接的资金转移（即赠与、贷款和资产投入），潜在的资金或债务（即贷款保证）的直接转移；政府预定的收入的扣除或不征收（即税收方面的财政激励）；政府对非一般基础设施提供货物或服务，或者购买货物；政府向基金组织或信托机构支付或指示某个私人机构执行上述所列举的、一般由政府行为承担的作用。

补贴与反补贴措施协议把补贴分为三大类，即禁止的补贴、可申诉的补贴和不可申诉的补贴。

反补贴措施的种类与实施主要包括：采取临时反补贴税形式；补救承诺；反补贴税。发展中国家成员方可以在补贴与反补贴措施协议生效后的 8 年内，以渐进的方式消除出口补贴，但不能提高现有的补贴水平。如果发展中国家成员方的受补贴的产品连续两年在世界贸易中取得了 3.25% 以上的比重，则出口补贴应予取消。

（三）技 术 性 贸 易 壁 垒

技术性贸易壁垒是指一国制定的一些强制性和非强制性的技术法规、标准以及检验商品的合格性评定程序所形成的贸易障碍。主要有法律、标准、认证制度、检验检疫制度等。

2007 年我国属于后过渡期，TBT 的贸易争议会更多，要引起重视。

1. 技术法规。技术法规所包含的内容主要涉及劳动安全、环境保护、卫生与健康、交通规则、无线电干扰、节约能源与材料等。

2. 技术标准。工业发达国家对于产品规定了极为严格的技术标准，包括生产标准、试验、检验方法标准和安全卫生标准；既有工业品标准也有农产品标准。发达国家往往把标准中的技术差异作为贸易保护主义的措施。

3. 质量认证。各国认证体系之间的差异会成为贸易中的技术壁垒。其主要原因有以下几点：一是依据的标准水平不同；二是质量认证体系的内容不同；三是认证机构的地位不同；四是检验机构的水平不同；五是强制性认证、自愿性认证的不同。

4. 商品包装和标签。对商品包装和标签规定了苛刻的要求和烦琐的内容是许多国家设置贸易技术壁垒的又一手段。欧共体一直通过产品包装和标签的立法来设置外国产品的进口障碍。标签是商品上必要的文字、图形和符号。许多进口国对进口商品的标签作了严格的规定。

5. 检验程序和检验手续。有些国家为了推行贸易保护主义，当借用技术标准等措施达不到保护目的时，则在产品的试验、检验程序和检验手续上设置重重障碍。

6. 计量单位制。很多出口商品能否顺利销售，有时取决于所使用的计量单位制。如仪器、工具、夹具、模具等。有些国家抵制进口与本国计量单位不一致的商品。

7. 条码。条码是一种可供电子设备识别的符号系统。在一些发达国家，商品上没有条码，不能自动识别，就只能进入低档商店。因此，有无条码标志已成为事实上的贸易壁垒。

我们必须充分运用技术法规、技术标准、合格评定程序等手段来合法保护国内市场和经济安全，支持竞争，冲破技术性贸易壁垒。应尽快建立我国的技术标准和法规体系，积极采取国际标准，健全和完善认证制度，建立有效的国内技术壁垒体系。

积极推进环保产业，将环保纳入对外贸易发展战略。应将环保产业作为提升出口产业结构的重点和带动国民经济发展的新的经济增长点，强化环保执法，推行"绿色环境标志"制度；积极推行国际贸易中的质量保证体系认证、产品认证，重视 ISO9000 和 ISO14000 质量及环保标准认证体系，促进我国企业质量管理水平的提升和环保标准的加强。

三、国际贸易争议的解决方式

国际贸易的情况复杂多变，买卖双方在合同履行过程中发生争议是非常普遍而又难以避免的。重要的是如何在争议发生后，妥善处理和解决，维护有关当事人的利益。通常解决争议的方式有四种：友好协商、调解、仲裁和诉讼。

（一）友好协商

友好协商（Amicable Negotiation）是指争议双方通过口头或书面直接友好交涉协商的方式达成和解，这是解决争议的比较好的办法。通过友好协商的方式解决争议速度快，保密性强，并且在协商的过程中气氛平和，有助于保持甚至会促进争议双方当事人之间的友好合作关系。

但友好协商也有一定的局限性。如果有一方拒绝合作，或双方意见分歧很大，争议的金额也很大，双方互不让步，争议往往就不能通过协商来解决。

（二）调解

调解（Conciliation）是在争议双方自愿的基础上，将争议提交给第三方，由其出面从中调解。请求调解，当事人可以自行指定调解员，也可以提请调解机构指定调解员。若提请调解机构调解应按该结构的调解程序规则来进行。若调解成功，双方签订和解书或和解协议作为一份新的契约来履行。

采用调解的方式解决争议快捷灵活，并且调解是在双方自愿接受的前提下进行的，对双方没有任何强迫。调解员一般都是国际贸易界有威望的人士，其专业技术能力增加了解决争议的可能性。同时，调解还可以同仲裁或诉讼结合起来，使争议的解决更灵活。

我国仲裁机构采取调解与仲裁相结合的办法解决争议取得了良好的效果。其具体做法是：结合仲裁的优势和调解的长处，在仲裁程序开始之前，仲裁庭可以在当事人自愿的基础上，对受理的争议进行调解解决。如果调解失败，仲裁庭仍然按照仲裁规则的规定继续进行仲裁，直到做出终局裁决。

（三）仲裁

仲裁（Arbitration）也叫"公断"，指当事人双方自愿将他们之间发生的争议提交双方同意的仲裁机构来审理和裁决。仲裁裁决是终局性的，对双方都有约束力。国际贸易中的争议，如通过友好协商、调解都未成功而又不愿意诉诸法院解决，则可采用仲裁办法。

仲裁的优势在于其程序简便、结案较快、费用开支较少，能独立、公正和迅速地解决争议，给予当事人以充分的自治权。"当事人意思自治"是其重要原则。此外，仲裁还具有灵活性、保密性、终局性和裁决易于得到执行等优点，从而在国际贸易中为越来越多的当事人所选择并采用。

（四）诉 讼

诉讼（litigation），即一方当事人向法院起诉，控告另一方有违约违法行为，要求法院依法给予救济或惩处另一方当事人。

诉讼带有强制性，除非当事人另有明确有效的仲裁协议排除法院管辖外，只要一方当事人向有管辖权的法院起诉，另一方就必须应诉，同时争议双方都无权选择法官。用诉讼的方式来处理争议，双方当事人关系紧张，有伤和气，不利于今后贸易关系的继续发展。诉讼程序比较复杂，所需费用高，处理问题比仲裁慢。

上述四种方法中，前两种办法解决争议有一定的限度，而诉讼解决争议有一定的缺陷。因此，各国商人在解决争议时一般都奉行"仲裁优于诉讼，调解优于仲裁，防止争议胜过调解，若有争议尽量友好协商"的原则，所以在友好协商和调解不能奏效的情况下，仲裁就成为解决国际贸易争议广泛采用的一种行之有效的重要方式。

四、仲　裁

（一）仲 裁 协 议

仲裁协议（Arbitration Agreement）是指双方当事人自愿将他们之间已经发生的或有可能发生的争议提交仲裁解决的一种协议。双方当事人订立的仲裁协议是仲裁机构受理争议案件的依据。

1. 仲裁协议的类型。仲裁协议有两种类型：一种是双方当事人在争议发生之前订立的，表示愿意将他们之间将来可能发生的争议提交仲裁解决的协议，又叫事前协议，它通常作为合同中的一项仲裁条款（Arbitration Clause）出现；另一种是双方当事人在争议发生之后订立的，表示愿意将他们之间已经发生的争议提交仲裁解决的协议（Submission），又叫事后协议。这两种类型的仲裁协议，其法律效力是相同的。若事前协议与事后协议不一致，以事后协议为准。

我国仲裁法确认了仲裁协议的独立性，明确规定，合同中的仲裁条款应视为与合同其他条款分离地、独立地存在的条款，附属于合同的仲裁协议也应视为与合同其他条款分离地、独立地存在的一个部分，合同的变更、解除、终止、失效或无效，均不影响仲裁条款或协议的效力。

2. 仲裁协议的作用。根据我国和大多数国家的仲裁法的规定，仲裁协议的作用主要有：

（1）约束双方当事人只能以仲裁方式解决争议。仲裁协议约束双方当事人在争议协商调解不成的情况下，只能交由仲裁庭来裁决，不得向法院起诉。

（2）仲裁机构取得对争议案件的管辖权。任何仲裁机构都无权受理没有仲裁协议的案件。

（3）排除法院对有关案件的管辖权。世界上绝大多数的国家都规定法院不得受理争议双方订有仲裁协议的案件。如果一方违背仲裁协议，自行向法院起诉，另一方可根据仲裁协议要求法院不予受理，并将争议案件退交仲裁庭裁断。所以，当双方当事人不愿将争议提交法院审理时，就应在争议发生前在合同中规定出仲裁条款，以免将来发生争议后，由于达不成仲裁协议而不得不诉诸法院。

根据中国法律，有效的仲裁协议必须载有请求仲裁的意思表示、选定的仲裁委员会和约定仲裁事项；仲裁协议必须是书面的；当事人具有签订仲裁协议的行为能力；仲裁协议的形式和内容合法。否则，该仲裁协议无效。

（二）合同中的仲裁条款

合同中所使用的仲裁条款的内容繁简不一，一般包括提交仲裁的事项、仲裁地点、仲裁机构、仲裁程序和规则、仲裁裁决的效力、仲裁费的负担等内容。

1. 提交仲裁的事项。仲裁机构只能根据仲裁协议取得对当事人提交的争议案件的管辖权，而无权受理提请仲裁范围之外的争议案件。因此，需要在仲裁协议里明确提交仲裁的事项。一般在仲裁协议里对仲裁事项是这样规定的："凡因执行本合同或与本合同有关的一切争议（All disputes arising out of the performance of, or relating to this contract），在友好协商不能解决的情况下，均应提交某仲裁机构解决。"

2. 仲裁地点。交易双方磋商仲裁条款时对于仲裁地点往往都极为关心。在订立仲裁协议时，当事人一般都力争在本国进行仲裁。这是因为，仲裁地点与仲裁所适用的程序法，以及合同所适用的实体法关系甚为密切。一般情况下，在哪个国家进行仲裁就适用哪个国家的法律。由此可见，仲裁地点不同，适用的法律可能不同，对买卖双方的权利义务的解释就会有差别，其结果也会不同。而当事人一般对本国的法律与仲裁规则比较熟悉，对他国的法律与仲裁规则缺乏了解和信任，因此，交易双方对于仲裁地点的确定都很关注，都力争在自己比较了解和信任的国家尤其是力争在本国进行仲裁。

在我国的国际贸易进出口合同中，关于仲裁地点有三种规定办法：在中国仲裁；在被申请人所在国仲裁或者在双方同意的第三国仲裁。

3. 仲裁机构。仲裁机构有两种：常设仲裁机构和临时仲裁机构。仲裁可由双方当事人约定在常设的仲裁机构进行，也可以由双方当事人共同指定仲裁员组成临时仲裁庭进行仲裁。

（1）常设仲裁机构。世界上有许多国家和一些国际组织都设有专门从事处理商事纠纷的常设仲裁机构。我国常设的仲裁机构主要是中国国际经济贸易仲裁委员会和海事仲裁委员会。中国国际经济贸易仲裁委员会总会设在北京。根据业务发展的需要，仲裁委员会分别于 1989 年和 1990 年在深圳和上海设立了中国国际经济贸易仲裁委员会深圳分会（简称深圳分会）和中国国际经济贸易仲裁委员会上海分会（简称上海分会）。2004 年 6 月 18 日深圳分会更名为中国国际经济贸易仲裁委员会华南分会（简称华南分会）。仲裁委员会北京总会及其华南分会和上海分会是一个统一的整体，是一个仲裁委员会。总会和分会使用相同的《仲裁规则》和《仲裁员名册》，在整体上享有一个仲裁管辖权。此外，一些省市还相继设立了地区性的仲裁机构。我国进出口公司在订立国际货物买卖合同中的仲裁条款时，如双方同意在中国仲裁，一般都订明在中国国际经济贸易仲裁委员会仲裁。

常见的外国仲裁常设机构有：瑞典斯德哥尔摩商会仲裁院、瑞士联邦苏黎世商会仲裁院、英国伦敦仲裁院、日本国际商事仲裁协会、美国仲裁协会、意大利仲裁协会等。国际组织的仲裁机构有设在巴黎的国际商会仲裁院等。此外，还有各种专业性的仲裁机构，如英国伦敦谷物贸易协会、伦敦橡胶交易所设立的仲裁机构、比利时安特卫普的咖啡仲裁处等。

（2）临时仲裁机构。临时仲裁机构即临时仲裁庭，是专门为审理指定的争议案件而由双方当事人指定的仲裁员组织起来的，案件处理完毕后仲裁庭即自动解散。在采取临时仲裁庭解决争议时，双方当事人需要在仲裁条款中写明双方指定仲裁员的办法、组成仲裁庭的人数、组成仲裁庭的成员、是否需要首席仲裁员、仲裁程序规则等相关问题。

4. 仲裁程序和规则。在仲裁协议中，还需明确采用哪个机构的仲裁程序和规则。各仲裁机构都有自己的仲裁程序规则。按照国际惯例，原则上采用仲裁所在地的仲裁规则，但在法律上也允许根据双方当事人的约定，采用仲裁地点以外的其他国家（地区）仲裁机构的仲裁规则进行仲裁，即所采用的仲裁规则与仲裁地点可以不一致。在中国仲裁时，双方当事人通常约定适用《中国国际经济贸易仲裁委员会仲裁规则》。中国现行仲裁规则规定："凡当事人同意将争议提交仲裁委员会仲裁的，均视为同意按照该仲裁规则进行仲裁。"如果当事人约定适用其他仲裁规则，并征得仲裁委员会同意的，原则上也可适用其他仲裁规则。

5. 仲裁裁决的效力。关于仲裁裁决的效力，在中国，凡由中国国际经济贸易仲裁委员会做出的裁决一般是终局性的，对双方当事人都有约束力，任何一方都不许向法院起诉要求变更。为了强调和明确仲裁裁决的效力，在订立仲裁条款时，一般都规定仲裁裁决是终局的，对当事人双方都有约束力，当事人必须执行。

需要注意的是，仲裁机构或仲裁庭不是法院，自身没有强制当事人执行仲裁裁决的权力。如当事人不自愿执行，另一方当事人可以依照执行国法律规定申请强制执行，但要到国外法院去申请执行，这就涉及外国仲裁裁决的承认与执行问题。对外国裁决的承认和执行一般至少要有两个条件：一是国内法做出承认和执行外国裁决的规定；二是国家间需要通过缔结双边或多边的国际条约做出相互承认和执行的规定。

为了解决在执行外国仲裁裁决问题上的困难，国际上除通过双边协定就相互承认与执行仲裁裁决问题做出规定外，还订立了多边国际公约。在各种条约中影响最大的是，1958 年 6 月 10 日联合国在纽约召开的国际商事仲裁会议签订的《承认与执行外国仲裁裁决公约》（Convention on the Recognition and Enforcement of Foreign Arbitral Awards，简称《1958 年纽约公约》）。目前参加该公约的成员国有 118 个。该《公约》强调了两点：一是承认双方当事人所签订的仲裁协议有效；二是根据仲裁协议所做出的仲裁裁决，缔约国应承认其效力并有义务执行。只有在特定的条件下，才根据被诉人的请求拒绝承认与执行仲裁裁决。例如裁决涉及到仲裁协议未提到的，或不包括在仲裁协议之内的一些争议；仲裁庭的组成或仲裁程序与当事人所签仲裁协议不符等。

我国在 1987 年 2 月加入该公约。我国在加入时，做了两点保留：

（1）中华人民共和国只在互惠的基础上对在另一缔约国领土内做出的仲裁裁决的承认和执行适用该公约（互惠保留）；

（2）中华人民共和国只对根据中华人民共和国法律认定为属于契约性和非契约性商事法律关系所引起的争议适用该公约（商事保留）。

6. 仲裁费用的负担。仲裁条款中一般要明确规定仲裁费用由谁负担。通常规定由败诉方承担，也有的规定为由仲裁庭酌情决定。

【条款示例】

仲裁条款。凡因本合同引起的或与本合同有关的任何争议，双方应通过友好协商的办法解决；如果协商不能解决，均应提交中国国际经济贸易仲裁委员会，按照申请仲裁时该会现行有效的仲裁规则进行仲裁。仲裁裁决是终局的，对双方都有约束力。

All disputes in connection with this contract or the execution thereof shall be settled friendly through negotiations. In case no settlement can be reached, the case may then be submitted for arbitration to China International Economic and Trade Arbitration Commission in accordance with the provisional Rules of Procedures promulgated by the said Arbitration Commission. The arbitration shall be final and binding upon both parties.

五、不可抗力

（一）不可抗力的含义

不可抗力（Force Majeure），又称为人力不可抗拒，是指买卖合同签订后，不是由于合同当事人的过失或疏忽，而是由于发生了合同当事人无法预见、无法预防、无法避免和无法控制的事件，以致合同不能履行或不能完全履行或不能如期履行，发生意外事件的合同当事人可以免除或部分免除履行合同的责任或推迟履行合同。

不可抗力条款是一项免责条款。在国际上，各国法律及国际公约对于不可抗力的解释有所区别。

我国《合同法》第117条规定："因不可抗力不能履行合同的，根据不可抗力的影响，部分或全部免除责任，但法律另有规定的除外。当事人延迟履行后发生不可抗力的，不能免除责任。本法所称不可抗力，是指不能预见、不能避免并不能克服的客观情况。"

《公约》第79条第（1）款规定："当事人对不履行义务不负责任，如果他能证明此种不履行义务，是由于某种非他所能控制的障碍，而且对于这种障碍，没有理由预期他在订立合同时能考虑到或能避免或克服它或它的后果。"

在英美法中，有"合同落空"原则的规定，其意思是指合同签订后，不是由于合同当事人的过失，发生了当事人意想不到的根本性的情况变化，致使订约目的受到挫折，从而造成"合同落空"，即使未履行合同义务，发生事件的一方可据此免除责任。

在大陆法系国家的法律中，有"情势变迁"或"契约失效"原则的规定。意思是指签订合同后，不是由于合同当事人的原因而是发生了当事人预想不到的事件，订立合同时所依赖的环境已发生重大变化或已不复存在，致使合同不可能再履行，那么原来的法律效力也需作相应的变更。

由上可见，尽管各国（地区）法律和《公约》对不可抗力使用了不同的表达方式，在解释上也存在着一些差异，但不可抗力作为合同免责事由的法律规则，其构成要件基本一致。不可抗力有以下三个特征：

（1）不可抗力事件是签订合同之后发生的。

（2）不可抗力事件的发生不是由于任何一方当事人的过失或疏忽造成的。

（3）不可抗力事件的发生和后果是当事人所无法预见、无法控制、无法避免和无法克服的。

（二）不可抗力事件的范围

不可抗力事件通常分为自然力量引起和政治或社会力量引起两种情况。前者如水灾、旱灾、冰灾、雪灾、飓风、雷电、火灾、暴风雨、地震、海啸等；后者如政府颁布禁令、武装封锁、罢工、暴动、骚乱、战争等。要注意的是市场风险、商品价格波动、汇率变化等虽属于人力不可抗拒，但都是企业经营过程中的正常商业风险，均不能视为不可抗力事件。

关于不可抗力的范围，各国（地区）法律与国际公约并未做出明确统一的规定。在国际贸易实践中，对于由政治或社会原因引起的事故是否构成不可抗力往往有很大争议。但是各国（地区）法律一般都允许合同当事人在合同中自由约定不可抗力的范围，而不采用强制性的规定。因此，为了防止产生争议，维护当事人的各自利益，合同中一定要合理规定不可抗力事件的范围。

（三）不可抗力的法律后果

不可抗力的法律后果有三种：解除合同、部分履行合同和延期履行合同。究竟如何处理，应视事故的原因、性质、规模及其对履行合同所产生的实际影响程度而定，还应将其在合同中明确写明。若合同中未作规定，一般处理的原则是不可抗力事件的发生影响了履约的根本基础，使履约成为不可能，即可解除合同。如果不可抗力只是暂时的，或只是在一段时间阻止了履约，则应延期履行合同，如果不可抗力事件只是部分阻碍合同的履行，则应免除部分履约义务。

☞【案例】

我国A公司与美国B公司签订一份纺织品出口合同。对方开立信用证，我方正准备装运之时，我国政府宣布对纺织品出口实施许可证和配额管理。我国A公司因无法取得出口许可证而无法履行合同，遂以不可抗力为由主张解除合同。

问：我国A公司能否主张这种权利？为什么？

☞【评析】

可以，因为属于不可抗力的范围。

（四）合同中不可抗力条款的规定

由于买卖双方在洽商交易时对成交后可能发生的不可抗力事件是无法预见，国际上对此又没有统一的解释，为避免因发生不可抗力事件而引起不必要的纠纷，防止合同当事人对发生不可抗力事件的性质、范围随意解释，或提出不合理的要求，或无理拒绝对方的合理要求，当事人有必要在买卖合同中订立不可抗力条款，明确规定不可抗力事件的性质、范围、处理原则和处理办法，以利合同的履行，减少将来可能的纠纷。

不可抗力条款通常包括：不可抗力的性质与范围，不可抗力事件的处理以及不可抗力事件的通知和证明。

1. 不可抗力的性质与范围。关于不可抗力的性质与范围，通常有以下三种规定方法：

（1）概括式规定。在合同中只是笼统地规定："由于公认的不可抗力的原因，致使卖方不能交货或延期交货，卖方不负责任"或"由于不可抗力事件使合同不能履行，发生事件的一方可据此免除责任"，而不具体规定哪些事件属于不可抗力事件。这种规定方法过于笼统，含义模糊，解释伸缩性大，对于何为"公认的"和"不可抗力的原因"没有统一的解释。因此，使用此种规定方法容易引起争议，不建议使用。

（2）列举式规定。列举式规定方法是指在合同中详细列明不可抗力事件，凡合同中没有约定的均不可作为不可抗力事件援引。例如在合同中写明"如由于战争、洪水、火灾、雪灾、地震、暴风雨的原因致使卖方不能按时交付合同货物或装船，则可以推迟履行或撤销部分或全部合同。"这种——列举的办法，虽然明确具体易解释，但文字烦琐，且可能出现遗漏情况，因此也不是最好的办法。

（3）综合式规定。即采用概括式和列举式相结合的方式。在合同中列明经常可能发生的不可抗力事件（如战争、洪水、地震、火灾等）的同时，再加上"以及双方同意的其他不可抗力事件"的文句。这种规定办法，既明确具体，又有一定的灵活性，是一种可取的办法。在我国进出口合同中，一般都采取这种规定办法。

2. 不可抗力事件的处理。发生不可抗力事件后，应按约定的处理原则和办法及时进行处理。不可抗力的后果有三种：一是解除合同；二是延期履行合同；三是部分履行合同。

3. 不可抗力事件的通知和证明。按照国际惯例，不可抗力事件发生后，如果影响到合同履行，发生事件的一方当事人应按约定的通知期限和通知方式，将事件以及影响履行的情况如实通知对方。对方在接到通知后，应及时答复。如有异议也应及时提出，不应该长期拖延不予处理。而且援引不可抗力条款要求免责的一方当事人还应按约定办法出具证明文件，作为发生不可抗力事件的证据。在国外，这种证明文件一般由当地的商会或法定公证机构出具；在我国是由中国国际贸易促进委员会出具。

【条款示例】

如果由于战争、地震、水灾、暴风雪或其他不可抗力的原因，致使卖方不能全部或部分装运，或延迟装运货物，卖方对这种不能装运或延迟装运不负责任。但卖方须以电子邮件或传真方式通知买方，并在 15 天内以航空挂号信的方式向买方提交由中国贸促会出具的证明此类事件的证明文件。

If shipment of the contracted goods is prevented or delayed in whole or in part due to war, earthquake, flood, snowstorm, or other Force Majeure events, the Seller shall not be liable for non-shipment or late shipment of the goods contracted. However, the Seller shall notify the Buyer by e-mail or telex immediately and airmail the latter within 15 days a certificate issued by the CCPIT attesting such event or events.

六、索赔与理赔

☞ **【案例】**

我国某公司向日本富士株式会社订购彩电 800 台，合同规定，彩电价格为每台 600 美元 CIF 宁波，6 月 30 日长崎港装货。货物于 6 月 30 日装船，装船时外包装有严重破损，富士株式会社向船舶公司出具了货物品质的保函。船长应富士株式会社的请求，出具了清洁提单，富士株式会社据此人银行取得了货款。货物到达宁波后，我国某公司发现，电视机外包装箱有严重破损，船舶公司出示了富士株式会社提供的保函，认为该事应向富士株式会社索赔。

请问：

(1) 船舶公司是否应承担责任？为什么？

(2) 富士株式会社是否应承担责任？为什么？

(3) 保险公司如何对待我国某公司的索赔？

(4) 我国某公司的损失如何得到补偿？

☞ **【评析】**

(1) 船舶公司应当承担责任。因富士株式会社的保函没有对抗第三人的效力。

(2) 富士株式会社应承担责任。船舶公司之所以出具清洁提单，是因为富士株式会社出具人保函，因而富士株式会社依保函对船舶公司承担责任。

（3）保险公司不负赔偿责任。因为根据《海商法》的规定，除合同另有约定以外，对包装不当造成货物损失的，保险人不负赔偿责任。

（4）我国某公司的损失可要求船舶公司赔偿，因为它没有如实签发提单。

（一）异议与索赔条款

异议与索赔条款一般是针对卖方交货数量、品质、包装等与合同不符而制定的。其内容主要包括索赔的期限、索赔的依据、索赔的处理办法等。

1. 索赔的期限。索赔期限指受损害一方有权向违约方提出索赔请求的有效期限。根据国际惯例的规定，受损害方的索赔要求只能在索赔有效期内提出，超过期限索赔，违约方可不予受理。而对于索赔有效期的规定，有法定和约定两种形式。

（1）约定索赔期限。约定索赔期限是指双方在合同中明确规定的买方有权对货物进行检验和索赔的时间。约定索赔期限的长短应根据货物本身的特点而定。一般性货物，通常规定为货物到达目的港后 30 ~ 45 天，保鲜类食品或其他货物，一般是货物到达目的港后两周内，对于复杂机器设备等需要安装试车才能确定商品品质的商品，一般规定数量索赔有效期为货到目的港后 60 天，有关规格性能等品质方面的索赔期为 1 ~ 2 年。

约定索赔期限的订立还应综合考虑买卖双方的利益，索赔期过长，对买方有利但卖方的责任过重；索赔期过短，买方有可能没有足够的时间安排检验检疫，买方行使索赔的权利受到限制。因而，约定索赔期限要适中。

在规定索赔期限时，应对索赔期限的起算时间和具体的期限一并做出规定，通常有下列几种规定方法：

①货到目的港后××天起算；

②货到目的港卸离海轮后××天起算；

③货到买方营业所或用户所在地后××天起算；

④货物到达目的港后××天内检验检疫，检验检疫后××天内索赔。

（2）法定索赔期限。法定索赔期限是指国际国内法律规定的索赔期限。法定索赔期限各国规定不一，通常是比较长的。例如《公约》规定：买方向卖方索赔的最后期限为买方实际收到货物起两年内。而根据《海牙规则》的规定，托运人向船公司提出索赔的期限是货物到达目的港交货后 1 年内。海运货物保险的被保险人向保险公司提出索赔的限期一般是货物到达目的港卸离海轮起两年。

实际业务中，只有在合同中未约定索赔期限的情况下，才适用法定索赔期限。在法律上，约定索赔期限的效力始终超过法定索赔效力。

2. 索赔的依据。索赔依据指受损害方提出索赔时必须出具的用来证实违约事实的证据及证明文件。索赔依据包括法律依据和事实依据两个方面。法律依据是指双方所签订的买卖合同以及有关法律法规的规定；而事实依据是指违约的事实、情节及其书面证明。在索赔条款中一般都规定提出索赔时应出具的证据和出证机构。如果索赔的证据不全、证据不足或出证机构不符合双方约定，违约方可以拒绝受理该索赔。

3. 索赔金额。索赔金额因订约时难以预料，只能事后本着实事求是的原则酌情处理，故在合同中一般不做具体规定。

赔偿金额的确定一般遵循三条原则，即：赔偿金额应与因违约而遭受的包括利润在内的损失额相等；赔偿金额应以违约方在订立合同时可以预料到的合理损失为限；由于受损害方未采取合同措施使有可能减轻而未减轻的损失，应在赔偿金额中扣除。

【条款示例】

异议与索赔条款。买方对于装运货物的任何索赔，必须于货物到达目的港之日起××天内提出，并提供卖方同意的公证机构出具的检验检疫报告。属于保险公司、轮船公司或其他运输机构责任范围内的索赔，卖方不予受理。

Any claim by the Buyers on the goods shipped shall be filed within ××days after the arrival of the goods at the port of destination and supported by a survey approved by the Sellers. Claims in respect of matters within the responsibility of the insurance company/shipping company/other transportation institution will not be considered or entertained by the Sellers.

合同中的异议索赔条款对合同双方当事人都有约束力，不论何方违约，受损害方都有权提出索赔。鉴于索赔是一项复杂而又重要的工作，故处理索赔时，应弄清事实，分清责任，并区别不同情况，有理有据地提出。

（二）罚金或违约金条款

罚金或违约金条款一般适用于卖方延期交货或买方延期接运货物、拖延开立信用证、拖欠货款等情况。在买卖合同中规定罚金或违约金条款，其目的是促使合同当事人履行合同义务，避免和减少违约行为的发生。在发生违约行为时，对违约方起到一定的惩罚作用，对守约方的损失给予一定的补偿。

对于合同中的罚金或违约金条款的性质，各国（地区）法律的解释有所不同。有些国家，例如德国法律承认罚金条款的惩罚性质，并对此条款予以保护。而英国、美国等国认为违约金主要具有补偿性质。按照我国《合同法》的规定，违约金具有"赔偿"和"惩罚"的双重性质。《合同法》第114条规定："约定的违约金低于造成的损失的，当事人可以请求人民法院或者仲裁机构予以增加；约定的违约金过分高于造成的损失的，当事人可以请求人民法院或者仲裁机构予以适当减少。"

罚金或违约金数额的确定以双方的合同约定为准，一般规定为合同金额的一定百分比，并规定最高罚金数额。

【条款示例】

罚金条款。如果卖方不能按合同规定的时间交货，在卖方同意由付款行在议付货款时扣除罚金的条件下，买方应同意延期交货。罚金按每7天收取延期交货部分总值的0.5%，不足7天按7天计算。但罚金总额不得超过延迟交货部分总金额的5%，如果卖方延期交货超过合同规定期限10周时，买方有权撤销合同，但卖方仍应不延迟的按上述规定向买方支付罚金。

Should the Sellers fail to make delivery within the time stipulated in the contract, the Buyers shall agree to delay delivery of the goods on condition that the Sellers should pay a penalty which shall be deducted by the paying bank from payment upon negotiation. The penalty is charged at the rate of 0.5% for every seven days, odd days less than seven should be counted as seven days. The penalty, however, shall not exceed 5% of the total value of the goods involved in the late delivery. In case the Sellers fail to make delivery ten weeks later than the time of the shipment contracted, the Buyers shall have the right to cancel the Contract and the Sellers, in spite of the cancellation, shall still pay the aforesaid penalty to the Buyers without delay.

在约定罚金或违约金条款的情况下，即使一方违约未给对方造成实际损失，违约方也应支付约定的罚金或违约金，而且支付违约金并不等于合同解除，当事人因违约而支付违约金后，除非合同另有规定，仍须履行合同规定的其他义务。

（三）定金罚则

为了促使合同双方当事人自觉履行合同，提高履约率，合同一方当事人根据合同约定预付一定金额给另一方当事人，以保证合同的履行，这部分预付的款项就是定金。在合同中，只要约定了定金条款，当事人中任何一方违约，都要承担与定金数额相同的损失。定金不同于预付款，预付款是合同当事人预先付给对方一定数额的价款，即对合同义务的预先履行，而定金是作为债权担保而存在的。

履行合同时，如果支付订金的一方违约，则丧失了订金的所有权；如果收取订金的一方违约，除返回订金外，还需给付对方同订金数额相等的款额。这就是定金罚则。

我国《合同法》对定金问题有明确规定："当事人可以按照《中华人民共和国

担保法》约定一方向对方给付订金作为债权担保，债务人履行债务后，订金应当抵作价款或收回。给付订金的一方不履行约定债务的，无权要求返还订金，收受订金一方不履行约定债务的，应当双倍返还订金。"

我国《担保法》第90条规定："定金应当以书面形式约定。当事人在定金合同中应当约定交付定金的期限。定金合同从实际交付定金之日起生效。"第91条规定："定金的数额由当事人约定，但不得超过主合同标的额的20%。"

定金不同于违约金。违约金是对违约的一种补偿手段，主要是为了补偿因违约行为而给合同一方当事人所造成的损失，而定金是债权的一种担保方式，目的是为了确保合同债务的履行与合同债权的实现；违约金不具有证明合同存在和先行给付的性质，而定金则具有证明合同存在和先行给付的性质作用；违约金是在发生违约行为后交付的，而定金是在履行合同前交付的；违约金则具有补偿性，而定金具有惩罚性。

《合同法》第116条规定："当事人既约定违约金，又约定定金的，一方违约时，对方可以选择适用违约金或者定金条款。"

在约定定金条款时，注意定金条款应明确具体，一般应包括定金的数额、支付时间和方式、债务人履行后，定金是收回还是抵作价款。

● 本章小结 ●

本章介绍了国际贸易中争议的相关内容，涵盖了贸易争议的定义，争议产生的原因，解决争议的方法，重点讲述了仲裁、不可抗力与索赔的含义和运用等内容。希望在阅读完本章以后，能对国际贸易争议的解决方式有个直观的认识。

▶ 思考题

1. 争议的解决方式有哪些？
2. 仲裁协议的形式与作用有哪些？
3. 什么是不可抗力？不可抗力的法律后果有哪些？
4. 合同中约定索赔期限有几种规定方法？

▶ 案例应用

我某公司与新加坡客商签订了出口某货物的合同一份，合同中的仲裁条款规定："凡因执行本合同发生的一切争议，双方同意提交仲裁，仲裁在被诉方国家进行。仲裁裁决是终局的，对双方都有约束力。"合同履行过程中，双方因品质问题发生争议，于是将争议提交我国经济贸易仲裁委员会仲裁。经仲裁庭调查审理，认为乙方的举证不实，裁决乙方败诉。新加坡客商不服，拒不执行裁决，并向本国法院提起上诉。问：新加坡客商可否向本国法院提请上诉？为什么？

第十章

进出口企业交易前的准备

❖ **本章学习目标**

阅读和学完本章后，你应该能够：

◇ 了解进出口企业在交易前所做准备工作的程序和包括的具体内容

◇ 熟悉在进口商品市场的调查研究中涉及哪些方面

◇ 掌握如何申领进口许可证以及在制定进出口商品经营方案中所包括的具体内容

开篇案例

在日本某一超级市场上有绿色竹制罐装的茶叶一批，罐的一面刻有中文"中国茶叶"四字，另一面刻有我国古装仕女图，底部标有茶叶的商标、产地、规格、成分和使用方法等，其中数量上标有"内有四小袋"的字样。看上去精致美观，颇具民族特点，但日本消费者少有问津。

由此可看出，在对外洽谈交易前，为了圆满完成进出口任务，提高交易的成功率和经济效益，各外贸公司应该充分做好进出口交易前的准备工作。只有"知己知彼"，才能做到心中有数，在国际货物买卖活动中必须正确贯彻我国对外贸易的方针政策和购销意图，有效地利用国内外两种资源、两个市场，才能确保取得最佳经济效益。

一、进口企业交易前的准备

进口贸易交易前的准备工作主要包括：取得进出口经营权、办理海关登记注册、申请进口配额、申请进口许可证、选择目标市场和交易对象、制定进口经营方案、领取进口付汇核销单等。

（一）获得经营权与办理海关注册

从 2005 年下半年开始，我国进出口经营权进一步下放，由原来的审批制改为登记制，因此欲从事进出口业务的企业需要按照相关的规定，持相关的材料到外经贸主管部门办理进出口经营许可手续。

对于需要向海关申请办理登记注册手续的企业，还应持相关的材料到海关办理报关企业的登记注册手续。

（二）进口商品市场的调查和选择

进口商品市场的调查和选择主要是指通过多种渠道，广泛了解国际商品市场的供求状况、价格动态和各国有关的进出口政策、法规措施和贸易习惯做法。在贯彻国别地区的政策前提下，结合我方的购买意图，尽量安排在产品对路、货源充足、价格较低的地区市场进行采购。市场的调查研究包括许多方面：

1. 进口商品调研。根据我方的经济实力和现有的技术水平，了解国外产品的技术先进程度、工艺程度和使用效能，以便货比三家，进口我们最需要的、商品质量相对较好、技术水平相对较高的商品。

2. 国际市场价格调研。价格经常会受到经济周期、通货膨胀、垄断与竞争、投机活动等多种因素的影响，并且各个国家和地区的同类商品由于自然、技术条件、成本和贸易政策不同等原因价格也不一致。这就要求我们对上述这些因素进行详细分析，选择在价格最有利的国家和市场采购商品。

3. 国际市场供求关系的调研。由于商品产地、生产周期、产品销售周期、消费习惯和水平因素的影响，国际市场上我方欲购商品的供给与需求状况也在不断变化。为保障我方进口货源充足和其他有利条件，有必要对世界各地的进口市场的供求状况做详细研究，以便做出最有利的抉择。

4. 国别贸易政策的调研。进口商品在注重经济效果的同时，还要贯彻国别政策。凡是能从发展中国家买到同等条件的商品，应优先从这些国家购买。如果我们有贸易顺差，则更应安排对该国家的进口。有时商品进口市场的选择，也应从政治上考虑，密切配合外交活动。

总之，进口商品的市场调查是多方面、全方位的综合研究，选择好进口商品市场也是商品进口经营方案的重要内容。

（三）选择交易对象

在交易之前，应对客户的情况进行全面、准确调查，从而对客户有进一步深入地了解，对客户的资信调查可从以下几个方面分析：

1. 支付能力。主要是考察客户的注册资本额、营业额、潜在资本、资本负债和借贷能力等，以了解其财力状况如何。

2. 经营能力。分析了解客户的供销渠道、联系网络、贸易关系、经营做法等经营活动能力的大小。

3. 信用状况。掌握客户的商业信用程度，看其是否诚实可靠。

4. 经营范围。包括企业经营的商品品种、业务范围以及是否与我国做过交易等。

选择贸易伙伴直接关系着进口的得失与成败，是交易前准备工作中至关重要的环节。进口公司应通过各种途径从各个方面对客户进行全面了解，例如，通过我驻外商务机构、领事馆以及中国银行或其他外商银行的介绍；通过国际友好组织（如中日、中美、中法友好协会等）、各国的商业或工业民间组织以及国内外的国际咨询公司进行了解咨询；从国内外报章、杂志上的广告或企业名录、厂商年鉴中了解和物色潜在客户等等。通过上述途径，在对客户有所了解的基础上，从中寻找出对我们最合适的成交对象。

（四）制定进口商品经营方案

安排好采购市场和选择好交易对象是经营方案的重要内容。除此以外，进口商还应拟定一个进口商品的经营方案。进口商品经营方案是进口交易磋商，安排进口业务和采购商品的依据。其内容包括以下几个方面：

1. 订购数量和时间安排。要根据用货单位的需要和国外市场情况适当安排订货数量和进度，争取在保证满足国内需要的前提下，在最有利的时机成交。

2. 价格的掌握。应根据国际市场近期价格，并结合采购意图，拟定出价格掌握幅度。如我方出价过低，不利于成交，完不成采购任务；出价过高，又将浪费国家外汇，甚至影响经济效益或亏损。

3. 选择交易对象。要选择资信好、经营能力强并对我们友好的客户作为成交对象，为了减少中间环节和节约外汇，一般应向厂家直接采购。在直接采购确有困难的情况下，也可通过中间代理商订购。由于各厂家的产品质量和成交条件不尽相同，订购时应反复比较和权衡利弊，从中选择对我们最有利的成交对象。

4. 贸易方式的运用。通过何种贸易方式进口，应根据采购的数量、品种、贸易习惯做法等酌情掌握。例如，有的可以通过招标方式采购，有的可按补偿贸易或易货方式进口，更多的是采用一般的单边进口方式订购。在经营方案中，对贸易方式的运用问题，一般应提出原则性意见，以利安排进口。

5. 交易条件的掌握。交易条件应根据商品品种、特点、进口地区、成交对象和经营意图，在平等互利的基础上酌情确定和灵活掌握。

（五）申领进口付汇核销单

我国实行进口付汇核销制度，对外汇指定银行和进口付汇企业的对外付汇活动实行逐笔审核，进口商品所用的一切外汇均须按一定程序向主管部门申请批准用汇计划。在我国的进口业务的实践中，外贸公司的进口业务分自营进口和代理进口两种。一般用货单位委托外贸公司代理经营的，所使用外汇均须经规定部门批准后，才能向中国银行购买。在外汇落实后，才能办理进口业务。要求进口企业严格按照正常贸易活动的外汇需要来使用外汇，杜绝各种形式的套汇、逃汇、骗汇等违法犯罪行为。

（六）申请进口配额与许可证

我国进口配额包括机电产品进口配额、一般商品进口配额两种。实行进口配额管理的机电产品系指机械设备、电子产品及其零部件和元器件。实行一般商品进口配额管理的商品主要是少数国内人民生活和现代化建设所必需的、关系国计民生的大宗资源性商品，如原油、成品油、羊毛、涤纶、粮食、化肥、农药等。

进口商取得进口配额后，填写《进口货物许可证申请表》，向当地外经贸主管部门申请办理《进口许可证》。对进口商品实施许可证制是国家管理进出口贸易的一种重要行政手段。对于国家规定必须申领进口许可证的商品，进口单位必须于办妥进口商品的审批和申请外汇手续后，填制进口许可证申请表，连同有关应提交的文件，向发证部门申领进口许可证。

二、出口企业交易前的准备

出口贸易交易前的准备工作主要包括：对国际市场的调查研究；选择适当的目标市场；建立和发展客户关系；制定出口商品经营方案；进行必要的商品广告宣传和办理商标注册等工作。

（一）对国际市场的调查研究

对国际市场的调查研究是开展出口贸易前首先应做好的工作，目的是寻找并确定合适的目标市场。具体内容包括：

1. 国别调研。通过国别调研，以期达到贯彻国别政策，选择适宜的市场，创造有利条件发展贸易关系。主要内容有：

（1）经济人口环境。国际经济人口环境十分复杂，涉及的因素很多。对此，重点研究把握各国的经济制度、经济发展水平、通货膨胀率、金融税收政策等一般信息。此外，还要研究各国的人口总量、人口增长率、人口的年龄与结构及地理分布、人均收入和收入分配形式等，及其对市场产生的影响。

（2）政治情况。它包括影响企业海外业务经营的各种非经济性的环境条件的一般信息，如国外的政治制度、政治稳定性、对外政策，以及与我国的关系等。

（3）社会文化环境。世界各地人民的消费方式是以文化为基础的。在这方面主要是要了解掌握各国之间在法律体系、文化背景、生活习俗、语言文字、宗教等方面的差异，并加以适应。

（4）对外贸易情况。主要进出口商品贸易额、进出口贸易的主要国别地区、国际支付能力、主要贸易港口、政府对贸易实行的鼓励、限制措施、特别有关外贸方面的法律法规，如关税、配额、国内税收、外汇限制、卫生检疫、安全条例等。

2. 对商品市场调研。对任何一家出口企业来说，出口产品必须符合市场需要和消费习惯，才能在当地市场上打开销路。只有对出口市场进行了全面的分析研究，才能使出口的商品在适当的时机和价格水平下进行销售。具体内容有：

（1）国际市场的需求状况。通过对市场需求的调研，估计出市场需求情况，具体包括本年度某项商品世界的总供应量和国外市场的容纳量。把企业产品的市场需求以数量表示出来，作为可以参考的定量资料。

（2）国际市场的价格。国际市场价格除围绕着国际价值经常上下波动外，还经常受到诸如经济周期、通货膨胀、垄断与竞争、投机活动、自然灾害、季节变动等社会的、经济的和自然的多种因素的影响。我们必须具体分析这些因素对价格的影响，并根据价格变动趋势，选择在最有利的市场推销商品。

（3）出口商品调研。在国外同一市场上，销售着各国同类的商品，它们的市场占有率各不相同，这与商品的品质、规格、花色品种，包装装潢是否适应市场需要等有着密切关系。我们应摸清这些不同品种对市场的适销情况，特别要研究市场畅销品种的特点，以便主动积极适应市场的需要，扩大我们的出口。

3. 客户调研。在交易之前，对客户的资信情况要进行全面调查，分类排队，选出成交可能性最大的合适的客户。主要是调查已经或有可能经营我产品的客户和潜在客户的政治态度、资信情况、经营范围和经营能力等状况，以便于我外贸企业有区别地选择和利用客户。

（二）制定出口商品的经营方案

为了更有效地做好交易前的准备工作，使对外洽商交易有所依据，一般都需事先制定经营方案，保证经营意图的贯彻和实施。不同的出口商品所制定的经营方案是不同的，经营方案的内容及繁简也不一，现将出口商品经营方案介绍如下：

1. 出口经营方案的内容。出口商品经营方案是对外洽商交易、推销商品和安排出口业务的依据。主要内容大致包括下列几方面：

（1）商品及货源情况。其中包括商品的特点、品质、规格、包装等；国内生产能力，可供出口的数量以及当前库存状况。

（2）国外市场情况。主要包括国外市场需求情况和价格变动的趋势。此外，还应对国外主要经营该商品的基本做法和销售渠道加以说明。

（3）出口经营情况。其中包括出口成本、创汇率、盈亏率的情况，并提出经营的具体意见和安排。

（4）推销计划和措施。包括分国别和地区，按品种、数量或金额列明推销的计划进度，以及按推销计划采取的措施，如对客户的利用，贸易方式、收汇方式的运用，对价格佣金和折扣的掌握。

（5）盈亏预测，换汇成本核算和外汇创收目标。对于大宗商品或重点推销的商品通常是逐个制定出口商品经营方案；对其他一般商品可以按商品大类制定经营方案；对中小商品，则仅制定内容较为简单的价格方案即可。

2. 出口商品经营方案制订的要求。

（1）要有周密的调查研究，了解国际市场的需求情况和国内供货的可能。

（2）以战略任务为目标，把任务具体落实到国别地区和客户。

（3）要制定有力措施，如通过什么渠道，采取什么推销方法等。

（4）要保证经济效益。核算盈亏率、换汇成本和外汇创收率。

（三）出口商品的商标注册

商标作为一种工业产权，在国际贸易中有其特殊的作用，特别是名牌商品的商标更是企业的无形资产。按世界各国法律规定，商标必须依法注册，才能得到法律的承认和保护。

外贸公司要注意加强商标管理，出口商品的商标首先要在国内注册，经国家工商行政管理总局批准后发给注册证，然后根据出口商品的重点地区，或准备大量推销的国别和地区，及时将自己出口货物的商标按市场所在国的有关法规向有关部门申请注册。在国外注册可委托资信好的代理行、经销商代办，也可以委托中国国际贸易促进委员会商标代理处代办。

目前世界各国都对商标实行自由注册的原则，但各国对外国人在本国申请商标注册有不同规定，有的国家规定可与本国公民享受同等待遇，有的国家则规定需按有关条约或对等原则办理。我国采取后者的做法。商标注册的有效期一般为 10 年，如期满可续展注册的有效期。

（四）出口商品的广告宣传

为了增进消费者对出口商品的了解，扩大产品知名度，增加销量，出口商品的广告宣传是必不可少的，它对贸易的发展起着十分重要的促进作用。对外广告宣传内容的重点应放在介绍出口商品的特点和用途方面。具体来说，需要注意以下几个问题：

1. 进行广告宣传的商品必须慎重选择，一般应是质量稳定、货源充足、能保证持续供应并在国际市场上有发展前途的商品。

2. 内容上要突出介绍商品的特点，特别要表明该商品与其他同类商品的不同之处；同时要实事求是，生动活泼，学习国外先进的宣传手法，既要保持我国民族艺术风格，又要适合国外市场的风俗习惯和要求。

3. 要对不同的目标市场和不同的商品进行具体分析，采用不同的宣传媒介和方式，通过各种途径来达到促进销售的目的。

4. 要充分利用代理商为自己宣传。可以挑选资信好的、经营能力强的经销商和代理商，签订宣传条款，确定合同金额的一定比例作为商品的宣传费用。关于宣传费和宣传方式的问题，可由双方研究决定。宣传费用可采取三种办法，即客户自己负担、双方各负担一半、全部由我们负担。宣传费的支付方法可在成交合同金额中扣除或另付均可。但不论采取何种方法，我们都应定期检查此项协议的执行情况。

● 本章小结 ●

要想圆满完成一项进出口任务，各外贸公司就应该充分做好进出口交易前的准备工作。只有对进出口市场进行了深入细致的调查研究，才能正确制定进出口商品的经营方案，从而有效地利用国内外两种资源、两个市场，确保取得最佳经济效益。

进口贸易交易前的准备工作程序主要有：获得经营权与办理海关注册，选择和调查进口商品市场，选择交易对象，制定进口商品经营方案，最后是申领进口付汇核销单和申请进口配额与许可证。

出口贸易交易前的准备工作程序主要包括：对国际市场的调查研究，制定出口商品经营方案，对出口商品进行广告宣传和办理商标注册等。

国际市场调研就是系统地收集、记录和分析资料，以便提供对市场经营有用的信息。国际市场调研的范围比国内市场要宽得多，它需要收集企业开展国际市场业务的全部信息，比如该国的政治局势、法律制度、文化背景、地理环境和经济发展水平等。

在对众多市场进行调查研究的基础上，企业可初步选择一个或几个有利可图的目标市场，作为自己的海外目标销售市场。选择时的判定条件可考虑以下因素：适销对路的市场、市场容量大的市场、可以发挥企业优势的市场、产品具有较强竞争力的市场。

选择出海外目标销售市场后，就可以制定出相应的进出口经营方案，并同时做好广告宣传、建立和发展客户关系等工作。

▶ 思考题

1. 如何对进口商品的市场进行调查研究？
2. 对客户的资信调研包括哪些内容？可以通过什么渠道进行？
3. 如何进行进口许可证的申领工作？
4. 制定进出口商品经营方案的内容和要求有哪些？
5. 在出口商品的广告宣传中应注意哪些问题？

▶ 案例应用

我某公司进口乳酪一批，D/P 即期付款，对方通过银行将单据寄来我方银行托收，公司即向银行办妥付款赎单手续。事隔 1 个月，货物未到，连续向对方发电征询情况，均未作答。最后通过有关方面了解，方知卖方提供之单据系利用一家刚倒闭的船舶公司的货物，卖方在取得货款后也不知去向。

▶ 问题

1. 对这一损失银行应否负责任？
2. 我进口公司应当怎样做就能避免这场损失？

第十一章

国际贸易合同的商订

❖ **本章学习目标**

阅读和学完本章后，你应该能够：

◇ 了解在国际商务谈判前所应做的准备工作和基本原则

◇ 熟悉在进出口业务中我外贸企业一般与外商就哪些交易条件进行磋商

◇ 掌握买卖合同商订过程中的四个环节以及它们所涉及的具体内容，买卖合同成立的时间、形式以及内容

> 📖 **开篇案例**
>
> 我国甲公司于 8 月 7 日上午用航空信向国外乙公司寄出一项发盘，发盘通知中注有"不可撤销"字样，规定在 8 月 17 日前答复有效。但甲公司又于 8 月 10 日下午用电报发出撤回发盘通知，该通知与发盘于 8 月 11 日上午同时送达乙公司。乙接到实盘和撤销通知后，立即用电报发出接受通知。事后双方就合同是否成立问题发生争议。
>
> 因此在进行对外贸易时，贸易合同的商定是其中非常重要的一个环节，也是贸易能否成功的关键环节。合同的谈判、磋商到最后的签订，任何一个环节都要慎重。

一、国际商务谈判

国际商务谈判，是指在对外经济贸易中，买卖双方为了达成某笔交易就交易的各项条件而进行的协商过程。它是国际货物买卖过程中必不可少的一个很重要的环

节，也是签订买卖合同的必经阶段。凡是涉及有关交易的价格和其他交易条件，都要通过谈判予以确定，从而确定合同双方当事人的权利和义务。双方所取得的协议具有法律上的约束力，不得轻易改变。所以，买卖双方都很重视商务谈判这项活动。

（一）国际商务谈判前的准备

为了做好国际商务谈判这项既困难又重要的工作，必须事先做好充分细致的准备工作。它直接关系到一场谈判能否达到预期的目的，获得圆满的结果。谈判准备工作的内容主要包括下列工作：

1. 选配参加谈判的人员。为了保证洽商交易的顺利进行，事先应选配精明能干的洽谈人员，尤其是对某些大宗交易或内容复杂的交易，因事关重大，更应组织一个坚强的谈判班子。在这个谈判班子中，应当包括熟悉商务、技术、法律和财务方面的人员，他们要掌握洽谈技巧，善于应战和应变，并善于谋求一致，因为，有较高素质的洽谈人员，是确保洽谈成功的关键。

（1）谈判人员的素质要求。谈判是一种思维要求较高的活动，是谈判人员知识、智慧、勇气、耐力等的测验，是谈判人员间的才能的较量。参加交易谈判的人员，一般地说，应当具备以下几个条件：

①必须熟悉我国对外经济贸易方面的方针政策，并了解国家关于对外经济贸易方面的具体政策措施；

②必须掌握洽商交易过程中可能涉及的各种商务知识，如商品知识、金融知识和运输、保险等方面的知识；

③必须熟悉我国颁布的有关涉外法律、法令与规则，并了解有关国际贸易、国际技术转让和国际运输等方面的规则、惯例以及有关国家的外汇管制法和税法等方面的知识；

④应当熟练地掌握外语，要求能处理外文函电并用外语直接洽谈交易；

⑤具有较高的政治、心理素质和策略水平，并善于机动灵活地处理洽商过程中出现的各种问题。

（2）谈判人员的配备。谈判队伍由多方面的人员构成，可以满足谈判中对多学科、多专业的知识需求，取得知识结构上互补与综合的整体优势；群策群力，取长补短，集思广益，形成集体的进取与抵抗力量。但队伍规模过大，调配不灵，将会产生内耗，增大开支，不利于谈判的进行；人员过少，则又难以应付谈判中需要及时处理的问题，拖长谈判期限，因而丧失时机，失去市场。因此一场商务谈判应配备多少人员才合适，应视谈判内容的繁简、技术性的强弱、时间长短、我方谈判人员谈判能力的高低，以及对方谈判人员的多少来具体确定，一个谈判组必须配备一名主谈人，再根据情况需要配备陪谈人和翻译。

谈判队伍的具体人数如何确定，并没有统一的模式。一般商品的买卖谈判只需三四人就行了。如果谈判涉及项目多、内容较复杂，则可分为若干项目小组进行谈判，适当增加人员，但最多不超过 8 人。我们在配备这些人员时，要注意他们的知识水平、谈判经验和运用策略与技巧的能力能与谈判任务相适应，要求他们政策素质较好，有较强的理解能力、分析能力和决策能力。

内容比较复杂、较大型的商务谈判，会涉及更多、更广的专业知识，不仅有商品知识、金融知识、运输知识，还必须懂得国际法律知识，外国的民族特点、风土人情等，有时还需要某些方面的国际问题专家。这种谈判不仅规格要高，人数也比较多，甚至可超过 10 人。但这并不意味着谈判需要吸收所有相关专业的专家同时参加。可以根据实际工作需要组织台前和幕后两套班子，"台前班子"主要负责对付谈判以及外商临时提供的技术价格资料；"幕后班子"负责收集、整理有关方面的资料，为台前班子提供技术和价格的对比依据。

谈判班子要有一个合理的知识结构。一般来说，谈判班子里应配备技术、商务、法律、财务、翻译人员和记录人员。各类人员不仅应精通自己方面的知识，而且要对其他方面的知识有所了解，如技术人员应懂得一些商务方面的知识，商务人员应懂得一些金融、法律方面的知识，否则，很难做好各方面人员之间的沟通和协作。

（3）谈判人员的分工与配合。谈判人员的分工是指每一个谈判者都有明确的分工，都有自己适当的角色，各司其职。谈判人员的配合是指谈判人员之间思路、语言、策略的互相协调，步调一致，要确定各类人员之间的主从关系、呼应关系和配合关系。

一般说来，在谈判中，各人的职责分工是：

①技术人员要对有关商品的技术性能、技术资料、验收办法等条款的完整性和准确性负责，并配合商务人员对同类产品或技术服务的价格进行对比分析。

②商务人员负责合同条文以及合同价格运输、保险等条件的谈判，并拟出合同文本，负责对外联络工作，协助做好谈判组成员之间的组织协调工作。

③法律人员要对合同条款的合法性、完整性、公正性负责，依照要求，负责合同法律条文的谈判和文稿的草拟。

④运筹策划方面的人员在谈判中起到"参谋长"的作用，即一方面根据国家的政策、法令和企业的实际情况，研究确定谈判的内容、规模、程序和策略；另一方面，负责做好谈判组成员之间的协调工作，加强内部团结，形成整体作战的功能。当谈判进入僵局时，还要设法找出解决的办法。

⑤金融方面的人员要对谈判中的支付条件负责，在支付方式，结算货币的选择

方面向商务人员提供建议。

⑥翻译人员负责口头和笔头的翻译工作，沟通双方的意图，并根据需要配合本方策略的运用。

以上各类人员虽然在职责上各有分工，各负其责，但在谈判中绝不能"各人自扫门前雪"，而应该服从主谈人员的指挥，相互配合，彼此呼应，形成整体作战的功能。

要做好谈判组成员之间的相互配合，关键是要注意处理好主谈人和辅谈人（又叫陪谈人）之间的关系。所谓主谈是指在谈判的某一阶段，或针对某些方面的议题时的主要发言人，或称谈判首席代表；除主谈以外的小组其他成员处于辅助配合的位置上，故称之为辅谈或陪谈。

主谈是谈判工作能否达到预期目标的关键性人物，其主要职责是将已确定的谈判目标和谈判策略在谈判中得以实现。主谈的地位和作用对其提出了较高的要求：深刻理解各项方针政策和法律规范，深刻理解本企业的战略目标和商贸策略，具备熟练的专业技术知识和较广泛的相关知识，有较丰富的商务谈判经验，思维敏捷，善于分析和决断，有较强的表达能力和驾驭谈判进程能力。有权威气度和大将胸怀，并能与谈判组织其他成员团结协作，默契配合，统领谈判队伍共同为实现谈判目标而努力。

主谈必须与辅谈密切配合才能真正发挥主谈的作用。在谈判中己方一切重要的观点和意见都应主要由主谈表达，尤其是一些关键的评价和结论更得由主谈表述，辅谈绝不能随意谈个人观点或下与主谈不一致的结论。辅谈要配合主谈起到参谋和支持作用。例如，在主谈发言时，自始至终都应得到辅谈的支持。这可以通过口头语言或人体语言做出赞同的表示，并随时拿出相关证据证明主谈观点的正确性。当对方集中火力，多人多角度刁难主谈时，辅谈要善于使主谈摆脱困境，从不同角度反驳对方的攻击，加强主谈的谈判实力。当主谈谈到涉及辅谈所熟知的专业问题时，辅谈应给予主谈更详尽、更充足的证据支持。例如在商务条款谈判时，商务人员为主谈，其他人员处于辅谈地位。但是进行合同商务条款谈判时，专业技术人员和法律人员应从技术的角度和法律的角度对谈判问题进行论证提供依据，给予主谈有力的支持。当然在谈判合同的商务条款时，有关商务条件的提出和对方条件的接受与否都应以商务主谈为主。主谈与辅谈的身份、地位、职能不能发生角色越位，否则谈判就会因为己方乱了阵脚而陷于被动。

2. 分析环境因素。商务谈判是在一定的客观条件下进行的，各种客观环境因素都可能对谈判产生影响和作用。因此，谈判人员应当熟悉与本次谈判有关的各种环境因素，并根据这些因素的发展变化，调整自己的谈判目标和谈判策略。

商务谈判的环境因素包括谈判对方国家的所有客观因素。如它的政治法律、社会文化、经济建设、自然资源、基础设施、气候条件与地理位置等。而且，对于不同内容的商务谈判，应考虑的客观环境因素也会有所不同。这就要求商务谈判人员在平时就应对上述各种环境因素的情况有所了解，并把它作为业务资料进行收集和整理。在谈判前再结合本次谈判的内容、目的、要求，选择若干个对本次谈判影响较大的环境因素作进一步的调查了解，着重了解这些因素近期的发展情况和变动趋势，以及由此对谈判产生的影响。一般说来，谈判前应对下面几个环境因素的发展变化情况作重点的了解：

（1）政治环境。所谓政治环境，主要指国际风云和双方所属国的政治状况及外交关系。政治环境的变化往往会对谈判的内容和进程产生重要影响。在国际贸易中，谈判双方都非常重视对政治环境的分析，特别是对有关国际形势变化、政局的稳定性以及政府之间的双边关系等方面的变化情况的分析。

①国际形势的变化，像发生战争，地区关系紧张等，都会影响谈判的内容和进程。比如：中东地区是世界石油的主要出口地，如果中东地区局势紧张，甚至发生大规模战争，都会对世界市场上的石油及其制品的价格产生影响。因此，我们在进行价格、支付、运输、保险等合同条款的谈判时，都应考虑国际形势变动的影响。

②谈判双方国家政局的稳定性。在实际业务中，有一些合同是因为一方国家的政局不稳定，如政府面临政治危机、丑闻困扰、大规模的种族冲突等。则应该对事态的发展趋势及其对合同履行的影响做出分析，然后再决定是否进行谈判和在谈判中对这些问题提出有针对性的解决方法，以免到时合同无法履行，造成损失。

③双方政府间的关系。政府与买卖双方之间的政治关系如何。比如 A 国政府与 B 国政府有政治矛盾，而 B 国与 C 国是很好的贸易伙伴，那么 A 国就有可能不愿与 C 国做生意。另外，还包括是否加入了国际间的合作组织（如世界贸易组织、欧盟等），是否相互给予最惠国待遇，是否已签订双边贸易协定，相互之间有无采取经济制裁措施等。

了解这方面的情况，有助于在谈判时分析双方合作的前景，正确地核算成本，制定相应的谈判策略。

（2）经济环境。经济环境有大小之分：所谓大环境，指的是与谈判内容有关的经济形势的变化情况，如经济周期、国际收支、外贸政策、金融管理等；所谓小环境就是供求关系的状况。经济环境的变化对商务谈判的影响也是明显的，在谈判前应对上述内容及其变化情况作认真的了解，并分析它对谈判带来的影响。

①经济周期是再生产各环境运行状况的综合体现。谈判前通过对当前经济周期发展情况的了解，有助于我们客观地分析经济形势和谈判双方的需要，选择不同的谈判策略。

②国际收支能反映一国的对外结算情况。一国的国际收支状况如何，会影响到

该国的国际支付能力。通过对谈判对手国家的国际收支状况进行了解，有助于我们分析该国的对外支付能力，货币币值的升降趋势和预测该国汇率的变动情况，为谈判中明确支付条件，选择结算货币提供参考。

③了解各国不断变化的对外贸易政策。在谈判前应对双方国家与谈判内容有关的外贸政策，如国别政策、配额管理、许可证管理、最低限价等方面的最新变化情况进行了解，并据此来调整我方的谈判方案和谈判策略。

④了解财政金融状况。主要是了解谈判双方国家的外债状况、外汇储备情况以及该国货币是否可自由对换，等等。

（3）宗教信仰、社会风俗和文化背景。商务谈判中要和许多不同文化背景和宗教信仰的人交往，他们的价值观、道德规范，以及世代相传的风俗习惯都有所不同。我们在与外商进行谈判时，若对他的宗教信仰、风俗习惯和文化背景有所了解，有利于在谈判中着重于对方的宗教信仰和风俗习惯，促进彼此之间的沟通，了解对方的谈判作风。对于宗教信仰应主要了解以下几个方面：

①该国占主导地位的宗教信仰。因为宗教对人们的思想行为有着直接影响。

②该宗教信仰是否会对政治事务、法律制度、国别政策和社会交往与个人行为等产生重大影响。就国别政策来说，由于宗教信仰的不同，某些国家依据本国的外交政策，在经济贸易上制定带有歧视性或差别性的国别政策，以便对某些国家及企业给予方便与优惠，而对于另外一些国家及企业则做出种种限制与不便。

另外，我们还应注意国家的社会习俗与文化背景，如在衣着、称呼方面合乎规范的标准；妇女是否有权参与经营业务并与男子具有同等的权力；是否只能在工作时间谈业务；在业余时间是否也可谈业务；社交场合中是否应该带妻子；是不是所有的款待、娱乐活动都在饭店、俱乐部等地进行；送礼的方式、礼品的内容有什么习俗，等等。

如果我们在谈判前对谈判对手的文化背景、宗教信仰等方面有所了解，就有助于我们针对不同的对手，施展不同的策略。

（4）法律环境。谈判的内容只有符合法律的规定，才能受到法律的保护。因而在谈判前，必须对与谈判内容有关的各项法律规定的变化情况进行了解，并就这些变化对谈判的影响进行分析，以便根据这些变化来确定谈判方案。与商务谈判有关的法律制度因素主要有以下几个方面：

①该国的法律制度是什么。它是属于英美法系还是大陆法系。

②该国法律的执行情况。国家本身的法律制度是否健全，在执行过程中是否依法办事。

③该国法院受理案件的时间长短。因为这直接影响到业务治谈双方的经济利益。如果法院受理案件的速度很快，则对交易双方的经营影响不大；如果时间很

长，就会造成很大的经济损失。

3. 选择目标市场和交易对象。在对谈判对方国家的客观环境因素有了全面的了解后，还应通过各种途径广泛收集市场资料，加强对国外市场供销状况、价格动态等方面的调查研究，从而选择适当的目标市场。在选择国外目标市场时，应注意以下两个问题：

（1）在考虑贯彻国家对外贸易方针政策和国别（地区）政策的同时，应尽量考虑经济效益问题，力争做到在政治上和经济上都体现平等互利。

（2）应根据购销意图，合理选择国外销售市场和采购市场。在安排销售市场时，应当分清主次，并要用发展的眼光，即在安排主销市场的同时，也要考虑辅销市场；在考虑市场现状的同时，也要考虑市场将来的发展趋势；在巩固原有传统市场的同时，还应不断开拓新市场，以利扩大销路。在安排采购市场时，既要考虑择优进口，也要防止过分集中在某个或少数几个市场。在同等条件下，应尽量从友好国家订购商品；应考虑多从我国有贸易顺差的国家订购商品，以利贸易上的平衡。

同时，在谈判之前，还必须对客户的政治、文化背景、资信情况、经营范围、经营能力和经营作风等方面的情况进行了解和分析。为了正确地选择和利用客户，需要建立和健全客户档案，以便对各种不同类型的客户进行分类排队，做到心中有数，并实行区别对待的政策。要正确对待和妥善处理大、小客户和新、老客户的关系，充分利用和调动专营进出口商、中间代理商和实销户推销我方出口商品的积极性。向国外订货时，要做到"货比三家"，并区别不同情况从优选择，以维护我方的利益。

4. 制定商务谈判的方案。谈判方案，是指在谈判开始以前对谈判目标、谈判议程、谈判策略预先所作的安排。谈判方案是指导谈判人员行动的纲领，在整个谈判过程中起着非常重要的作用。方案的内容繁简不一。对大宗进出口商品交易所拟订的经营方案，一般比较详细具体，尤其是制定某些大宗交易或重点商品的谈判方案时，更要考虑周全，因为谈判方案的完善与否是决定成败的关键。在谈判方案中，对需要谈判的问题，应分清主次，合理安排谈判的先后顺序，明确对每一主要问题应当掌握的分寸和尺度，以及准备好在谈判中出现某些变化时所应采取的对策和应变措施，力争谈判成功，以取得最佳的效果。对一般中、小商品的进出口，则只要拟订简单的价格方案即可。

（二）国际商务谈判的基本原则

在实际谈判中，既要保证自己的合理利益，又要达到预定目标。根据我国对外经济贸易的一贯政策，在谈判中应遵循如下一些基本原则：

1. 应尽量扩大总体利益的原则。在谈判中，谈判双方首先应一起努力扩大双方的共同利益，然后再讨论和确定各自分享的比例，也就是谈判界常说的"把蛋糕做大"。最明智的做法并不是在蛋糕的切法上动脑筋，而是想办法把蛋糕做大，通过双方的努力降低成本、减少风险，使双方的共同利益得到增长，最终使双方都有利可图，即实现"双赢"。

2. 平等互利的原则。平等互利原则的基本含义是，在商务活动中，双方的实力不分强弱，在相互关系中应处于平等的地位；在商品交换中，自愿让渡商品，等价交换；谈判双方应根据需要与可能，有来有往，互通有无，做到双方有利。

在我国与各国的贸易交往中，必须把平等互利原则贯彻于外贸商务谈判的各个方面。要根据双方的需要与可能，在自愿的基础上进行交易。并且反对以任何借口，附带任何政治条件去谋求政治上和经济上的特权。

3. 重利益不重立场原则。谈判的最基本问题不是在立场上的冲突，而是在双方需求、欲望、关注的利益方面的冲突，这些利益冲突是双方立场冲突的更深刻的根源。另外，任何利益一般都有多种可以满足的方式；而且在对立的立场背后，双方之间还存在着共同利益和冲突性利益，并且所存在的共同利益往往大于冲突性利益。因此，谈判过程中应当调和的是双方的利益，而不是双方的立场。

谈判者讨论利益时应尽量具体化，具体的描述可以使自己的利益显得更加可信，而且有助于增强说服力。但应当注意的是谈判者在关心自己的利益的同时，还应注意到对方的利益。这也是平等互利原则的基本要求。

4. 灵活机动的原则。在外贸谈判中需要灵活运用多种技巧，测出对方内心的想法与计策，才能使自己在谈判中始终占据比较有利的位置。在谈判中，我们经常会发现，由于双方对同一问题的期望值存在差异，而导致谈判进程受阻。事实上，在很多情况下，大家只要认准了最终的目标，在具体的问题上，完全可以采取灵活的态度使问题得到解决。也就是说，在谈判过程中，只要不放弃重大原则，就可以根据不同的谈判对象，不同的市场竞争情况，不同的销售意图，采用不同的灵活的谈判技巧，才能促使谈判成功。

5. 友好协商的原则。谈判双方在谈判过程中必然会就协议条款发生这样或那样的争议，这时双方都应以友好协商的原则来谋求解决。如遇到重大分歧几经协商仍无望获得一致意见，则宁可中止谈判，另择对象，也不能违反友好协商的原则。而在决定中止谈判时一定要慎重，要全面分析对手的实际情况，在缺乏诚意，或是确实不能满足我方最低要求的条件时才不得不放弃谈判。但只要尚存一线希望就要本着友好协商的精神，尽最大努力达成协议。

6. 注意科学性与艺术性相结合原则。科学性是从事谈判的理论前提，而艺术性则是谈判取得成功的重要条件。因此，在谈判过程中既要坚持科学性原则，同时又要讲究艺术性原则，两者有机结合，才能取得成功。

二、国际货物买卖合同的订立

进出口企业在做好进出口交易前的准备工作以后，即开始对外交易磋商。买卖双方通过洽商，就各项交易条件达成一致协议后，买卖双方当事人之间即存在合同关系。

（一）交易磋商的形式和内容

1. 磋商形式。商务合同的磋商主要有四种形式：第一种是口头洽谈方式，是指买卖双方面对面地直接进行业务洽商，如请外商来国内面谈或参加广交会、国际博览会等。第二种是书面洽谈方式，如采用信件、电报、电传、传真等通讯方式来洽谈交易。第三种是行为表示的方式，如在拍卖市场上的拍卖、购进活动等。第四种为无纸贸易（paperless trade），即通过电子数据交换（EDI），也就是按照协议，通过具有一定结构的标准信息在计算机网络中进行交易。目前，进出口贸易磋商使用最多的方式是书面洽谈。随着现代通讯技术的发展，书面洽谈也越来越简便易行，而且费用与口头磋商等相比有时还更低廉一些。

2. 磋商内容。进口交易磋商的内容，主要是就购进某种商品的各项交易条件，如商品的品质、数量、包装、价格、装运、支付、索赔、仲裁等进行协商。交易磋商的内容一般包括交易的标的、交易标的价格、交易双方的责任划分、预防争议的发生和争议发生时的处理办法等。根据长期的实践，人们把上述四方面内容具体为下述12项条件：品名、品质、数量、包装、价格、交货、支付、保险、检验、索赔、仲裁以及不可抗力等。其中前7项为主要交易条件，后5项为一般交易条件。主要交易条件是指每一笔交易都必须商谈的条件，是合同成立与否的主要依据之一，包括品名、品质、数量、包装、价格、交货、支付等。一般交易条件是指每一笔交易都适用的一些基本条件，通常在交易双方开始建立业务关系时就事先谈好，适应于双方以后的每一笔交易，包括保险、检验、索赔、仲裁以及不可抗力等。把国际贸易中的交易条件区分为主要交易条件和一般交易条件，既有利于突出谈判重点，又可以简化谈判内容，省时省事。

（二）订立国际货物买卖合同的程序

国际货物买卖合同商订过程的一般程序可概括为"询盘"、"发盘"、"还盘"、和"接受"四个环节。

1. 询盘。询盘（Inquiry），又称询价，是指买方或卖方为了购买或销售货物而向对方提出关于交易条件的询问。其内容可只询问价格，也可涉及某种商品的品质、规格、数量、包装、价格和装运等成交条件。

询盘对于询盘人和被询盘人均无法律上的约束力，而且不是合同磋商的必经步骤，但它往往是交易的起点，故应予以重视，作及时和适当的处理。

2. 发盘。根据《公约》第14条第1款的规定："凡向一个或一个以上的特定的人提出的订立合同的建议，如果其内容十分确定并且表明发盘人有在其发盘一旦得到接受就受其约束的意思，即构成发盘。"由卖方做出的发盘，称销售发盘（Selling offer）；由买方作出的发盘，称购买发盘（Buying offer），习惯上称为"递盘"（Bid）。

（1）构成发盘的条件：

①发盘应向一个或一个以上特定的人提出。只有这些特定的受盘人才可以对发盘表示接受并与发盘人签订合同。若发盘中没有指定受盘人，它便不能构成有法律约束的发盘，而只能被视为邀请发盘。提出此项要求的目的在于，把发盘同普通商业广告及向国外客户广为散发的商品价目单等行为区别开来。但是，也应该注意，如果提出建议的人在广告或价目单中做出特定的承诺，表示自己愿受其约束，也可以视作一项有效的发盘。

②发盘的内容必须十分确定。其中至少应包括三个基本要素：一是标明货物的名称；二是明示或默示地规定货物的数量或规定数量的方法；三是明示或默示地规定货物的价格或规定确定价格的方法。

③必须表明发盘人对其发盘被受盘人接受即受约束的意思。在发盘中，发盘人必须表明自己有责任在受盘人做出有效接受时与其订立合同。这种订立合同的意旨通常可以用有关述语或词句表示，如"发盘"、"发价"、"供应"或"递盘"、"订购"、"订货"等；也可以从发盘的整个内容、当事人相互之间的关系以及交易磋商的先后情况做出判断。

④发盘必须送达受盘人，在送达受盘人之后生效。发盘在未被送达受盘人之前，即使受盘人已通过其他途径知道发盘的发出及发盘的内容，也不能作出接受。所谓"送达"对方，是指将发盘内容通知对方或送交对方本人，或其营业地或通讯地址，如无营业地或通讯地址，则送交对方惯常居住地。

一项发盘即使是不可撤销的，只要是在发盘未被送达受盘人之前，发盘人仍可以随时撤回或修改其内容，但撤回或修改其内容的通知，必须在发盘送达之前或同时，送达受盘人。

（2）发盘的有效期。发盘的有效期是指可供受盘人对发盘作出接受的期限。

一般情况下，发盘都具体规定一个有效期，超过发盘规定的期限，发盘人即不受约束，当发盘未具体列明有效期时，受盘人应在合理时间内接受才能有效。但是，国际上对"合理时间"没有明确、统一的解释，一般由商品的特点和行业习惯决定，容易引起争议，因此在实际业务中最好还是明确规定有效期为宜。

在实际业务中，明确规定发盘有效期的方法主要有：

①规定最迟的接受期限。例如："发盘有效期至 12 日（Offer subject reply here 12th）。"由于国际贸易是在不同国家的商人之间进行的，两国间往往有时差，因此在发盘的时候应当明确是以哪一方的时间为准。在实际操作中，发盘人一般都在发盘中规定以本方时间为准。

②规定一段接受的期限。例如："发盘有效期为三天……（OFFER VALID THREE DAYS…）。"采取此类规定方法，其期限的计算，按《公约》规定，这个期限应从电报交发时刻或信上载明的发信日期起算。如信上未载明发信日期，则从信封所载日期起算。采用电话、电传发盘时，则从发盘送达受盘人时起算。如果由于时限的最后一天在发盘人营业地是正式假日或非营业日，则应顺延至下一个营业日。

③在发盘中不明确规定有效期。例如："发盘……复（OFFER…REPLY）"；"发盘……速复（OFFER…REPLY IMMEDIATELY）。"发盘中明确规定具体的有效期，因此这种发盘方法被称为是在"合理时间"内有效。但"合理时间"究竟多长，在国际上并无明确的规定和解释。一般应根据商品特性、市场行情、行业习惯、传达方式等因素具体确定。为避免争议，最好在发盘中明确规定有效期。

（3）发盘的撤回与撤销。发盘人在发盘后，由于市场行情的突变，或由于其他某种原因，使发盘人不愿意承担按发盘条件与受盘人订立合同责任。这种情况下，按《公约》规定，发盘人有权在一定条件下撤销发盘和撤回发盘。

发盘的撤回与撤销是两个不同的概念。发盘的撤回是指发盘人在发出发盘以后，在其尚未到达受盘人之前，将该项发盘收回，使其不发生效力。发盘的撤销是指发盘人在其发盘已经到达受盘人之后，即发盘生效之后将发盘取消，使其失去效力。

关于发盘的撤回，根据《公约》的规定，一项发盘（包括注明不可撤销的发盘），只要在其尚未生效以前，都是可以撤回的，只要撤回的通知在发盘到达受盘人之前或同时到达受盘人。因此，如果发盘人的发盘内容有误或因其他原因想改变主意，可以用更迅速的通讯方法，将发盘的撤回通知赶在受盘人收到该发盘之前或同时送达受盘人，则发盘即可撤回。

关于发盘能否撤销的问题，英美法与大陆法存在严重的分歧。为了调和上述两大法系在发盘可否撤销问题上的分歧，《联合国国际货物销售合同公约》采取了折中的办法。该公约第 16 条规定，在发盘已送达受盘人，即发盘已经生效，但受盘人尚未表示接受之前这一段时间内，只要发盘人及时将撤销通知送达受盘人，仍可将其发盘撤销。如一旦受盘人发出接受通知，则发盘人无权撤销该发盘。

此外，《联合国国际货物销售合同公约》还规定，并不是所有的发盘都可撤销。下列两种情况下的发盘，一旦生效，则不得撤销：①在发盘中规定了有效期，或以其他方式表示该发盘是不可能撤销的。②受盘人有理由信赖该发盘是不可撤销的，并本着对该发盘的信赖采取了行动。

（4）发盘效力的终止。一项发盘在被接受之前，在下列情况下可以认为已经失效：

①过期。若受盘人未在发盘规定的有效期或合理时间内接受发盘，则该发盘失效。

②拒绝或还盘。若受盘人对发盘表示拒绝或还盘，则该发盘立即失效。

③撤销。若发盘被发盘人有效撤销，则至撤销通知送达受盘人时失效。

④不可抗力。若发生了不可抗力事件，如政府突然颁布出口或进口禁令、突然实施对某国的封锁、突然爆发战争以及发盘人或受盘人突然丧失行为能力或死亡、或破产，则该发盘失效。

3. 还盘。还盘（Counter-offer），又称还价，是指受盘人对发盘内容不同意或不完全同意而提出修改或变更的表示。还盘可以是针对价格的，也可以是针对品质、数量、交货时间及地点、支付方式等重要条件提出的修改意见。还盘既是受盘人对发盘的拒绝，也是受盘人以发盘人的地位做出的一项新的发盘。

还盘不是交易磋商的必经阶段。有时交易双方无需还盘即可成交；有时则要经过多次还盘、再还盘才能对各项交易条件达成一致；还有虽经反复多次还盘，但终因双方分歧太大而不能成交。

4. 接受。接受（Acceptance）是交易的一方无条件地同意对方在发盘或还盘中所提出的交易条件，并愿意按这些条件与对方成交、签订合同的表示。一般情况下，发盘一经接受，合同即告成立，交易双方就应各自履行其所承担的合同义务。根据《公约》第 18 条的规定，受盘人对发盘表示接受，既可以采取口头或书面的方式，也可以通过其他实际行动来表示接受。沉默或不行为本身，并不等于接受，如果受盘人收到发盘后，不采取任何行动对发盘作出反应，而只是保持缄默，则不能认为是接受。另外，接受必须在接受通知送达发盘人时生效。如果表示同意的通知在发盘人所规定的时间内，未曾送达发盘人，接受就成为无效。如果发盘没有规定接受的期限，则应在一段合理的时间内送达发盘人。

（1）构成接受的要件：

①接受必须由特定的受盘人做出。这个条件实际上是与构成发盘的第一个条件

相对应的。只有发盘中指定的受盘人才能对发盘表示接受，任何第三者对发盘的接受对发盘人都没有约束力，只能被认为是第三方对原发盘人做出了一项新的发盘。

②接受必须表示出来。接受必须由特定的受盘人表示出来，缄默或不采取任何行动不能构成接受。一般来说，对口头发盘要立即作出口头接受，对书面形式的发盘也要以书面形式表示接受。在表示接受时，往往要重述发盘中的主要交易条件，以免出现差错。另外，若交易双方已形成某种习惯做法，受盘人也可以采取某些行动对发盘表示接受，例如，卖方直接按发盘条件发运货物，买方立即开来信用证等。

③接受必须在发盘的有效期内送达发盘人。发盘中往往规定发盘的有效期，发盘人只在这个期限内作出接受，方为有效。如发盘没有规定接受的时限，则受盘人应在合理时间内表示接受。若接受通知未能在发盘有效期或合理时间内送达，则该接受成为一项逾期接受，原则上对发盘人没有约束力，只相当于受盘人对原发盘人做出的一项新的发盘。

④接受的内容必须与发盘相一致。受盘人必须无条件地同意发盘的全部内容才能与发盘人成交，这也是接受的基本原则。如果受盘人只接受发盘中的部分内容，或对发盘条件提出实质性的修改，或提出有条件的接受，均不能构成接受，而只能视作还盘。但是，若受盘人在表示接受时，对发盘内容提出某些非实质性的添加、限制或更改（如要求增加重量单、装箱单、商检证、原产地证明或某些单据的份数等），除非发盘人在不过分迟延的时间内表示反对其间的差异外，仍可构成有效的接受，合同得以成立，并且合同的条件以该项发盘的条件以及在接受中所载的更改为准。

（2）逾期接受。《公约》第18条第2款明确规定，接受通知送达发盘人时生效。如接受通知未在发盘规定的时限内送达发盘人，或者发盘没有规定时限，且在合理时间内未曾送达发盘人，则该项接受称作逾期接受（Late Acceptance）。按各国法律规定，逾期接受不是有效的接受。但是，根据《公约》规定，在下列两种情况下，接受仍然有效：

①只要发盘人毫不迟延地用口头或书面通知受盘人该项逾期的接受仍然有效，愿意承受逾期接受的约束。

②如果载有逾期接受的信件或其他书面文件表明，它是有传递正常、能及时送达发盘人的情况下寄发的，则该项逾期接受具有接受效力，除非发盘人毫不延迟地用口头或书面通知受盘人，认为其发盘因逾期接受而失效。

由此可见，发生逾期接受时，合同可否成立，取决于发盘人。所以在接到逾期接受时，发盘人及时通知受盘人，明确他对该逾期接受所持的态度，是十分必要的。

☞【案例】

　　我出口企业对日本某商人发盘限 6 月 7 日复电有效，6 月 6 日日本商人用电报通知我方接受该发盘，由于电报局传递延误，我方于 9 日上午才收到对方的接受通知，而我方在收到接受通知前已获悉市场价格已上涨，对此，我方应如何处理？

☞【评析】

　　按照《公约》的规定，我们可知我方于 9 日收到的日商的接受电报是因传递延误而造成的逾期接受。因此，若我方不能同意此项交易，应立即复电通知对方，告知我方原发盘已经失效。若我方鉴于其他原因，愿按原发盘达成交易，订立合同，可回电确信，也可不予答复，予以默认。

　　（3）接受的生效和撤回。在接受生效的时间问题上，英美法与大陆法存在着严重的分歧。英美法采用"投邮生效"的原则，即接受通知一经投邮或交给电报局发出，则立即生效；大陆法系采用"到达生效"的原则，即接受通知必须送达发盘人时才能生效。《公约》采取了大陆法系的到达生效原则。此外，接受还可以在受盘人采取某种行为时生效。《公约》第 8 条第 3 款规定，如根据发盘或依照当事人业已确定的习惯做法或惯例，受盘人可以作出某种行为来表示接受，并须向发盘人发出接受通知。

　　在接受的撤回或修改问题上，《公约》采取了大陆法"送达生效"的原则。《公约》第 22 条规定："如果撤回通知于接受原发盘应生效之前或同时送达发盘人，接受得予撤回。"因此，若撤回或修改通知先于接受通知，或与接受通知同时送达发盘人，受盘人就可以在接受生效前将其撤回或对其进行修改。如接受已送达发盘人，即接受一旦生效，合同即告成立，就不得撤回接受或修改其内容，因为这样做无异于撤销或修改合同。

　　以上所述是在业务上合同磋商一般需经过的程序。但应注意，在实际业务中，询盘并非每笔交易的达成所不可缺少的环节，买方或卖方都可不经对方询盘而直接向对方作出发盘。还盘也非合同磋商的必经环节，如受盘人对发盘立即表示接受，那么也不存在还盘；即使受盘人作出还盘，它实际上也是一项新的发盘。因此，在法律上，发盘和接受是达成交易、合同成立不可缺少的两个基本环节。

☞【案例】

　　我国出口公司于 8 月 5 日以电传发盘，其中规定："8 月 9 日复电有效。"国外客户于 8 月 7 日复电并于当天送达我方，复电称，"接受你 5 日电但减价 2%"。我方正考虑时，该客户又于 8 月 8 日来电表示撤销其 8 月 7 日电，接受我 8 月 5 日的发盘。根据《公约》，客户能否撤销 8 月 5 日电？交易是否成立？

☞【评析】

根据《公约》的规定，价格的变化属于对发盘的实质性的修改，属于新一轮的发盘，不是有效的接受，因此客户不能撤销 8 月 5 日的来电，交易不能成立。

（三）合同的签订和成立

通过交易洽商，达成交易后，买卖双方一般都要签订书面合同。外贸合同是交易的当事人双方对各项贸易条件达成协议，规定各自的权利和义务并具有法律效力的书面文件。

1. 合同成立的时间。确认合同成立的时间是十分重要的。因为，合同一经成立，买卖双方即存在合同关系，彼此都要受合同的约束。根据《公约》的规定，合同成立时间为接受生效的时间。而接受生效时间，又以接受通知到达发盘人或按交易习惯及发盘要求作出接受的行为为准。此外，交易双方当事人也可在洽商交易时约定合同成立的时间；以制定合同时所写明的日期为准；或以收到对方确认合同的日期为准；如属必须经国家批准的合同，则在获得批准时，合同方为成立。

2. 合同的形式。在国际贸易中，交易双方订立合同大致有以下几种形式：

（1）口头形式。即当事人就某种业务口头商妥或是电话洽妥，在法律上均有效。

（2）书面形式。当事人谈妥条件后，用文字记载明确并签署文件。

根据我国各进出口公司的习惯做法，无论是通过口头谈判还是函电等形式磋商所达成的协议，一般都要求签订书面合同。当双方签订了书面合同以后，一切均以书面合同为准，以前所有文字材料或口头协议，一般均自动失效。

（3）其他形式。这是指上述两种形式之外的订立合同的形式，即以行为方式表示接受而订立的合同。比如根据双方当事人之间长期交往中形成的习惯做法就属于此种形式。

根据国际贸易的一般习惯做法，交易双方通过口头或书面形式达成协议后，在大多数情况下还需签订一定格式的书面合同。在国际上，对书面合同的形式没有具体的限制，买卖双方既可采用正式的合同（Contract）、确认书（Confirmation）、协议（Agreement），也可采用"备忘录"、"意向书"等多种形式。其中以采用"合同"和"确认书"两种形式的居多。而且它们之中有的具有法律效力，有的不具有法律效力，这需要我们具体分析其特定的情况而定。

3. 合同的内容。合同的内容要求订得完整、全面，一般包括三个部分：

（1）约首部分。是指合同的序言部分，其中包括合同的名称、订约双方当事人的名称和地址（要求写明全称）。除此之外，在合同序言部分常常写明双方订立合同的意愿和执行合同的保证。该序言对双方均具约束力。因此，在规定该序言时，应慎加考虑。

（2）基本条款。这是合同的主体部分，具体列明各项交易的条件或条款，如品名、品质规格、数量、单价、包装、交货时间与地点、运输与保险条件、支付方式以及检验、索赔、不可抗力和仲裁条款等。这些条款体现了双方当事人的权利和义务。

（3）约尾部分。一般列明合同的份数、使用的文字及其效力、订约的时间和地点及生效的时间。我国的出口合同的订约地点一般都写在我国。有时，有的合同将"订约时间和地点"在约首订明。

为了提高履约率，我们在规定合同内容时，应当考虑周全，力求使合同中的条款明确、具体、严密和相互衔接，且与磋商的内容要一致，以利合同的履行。

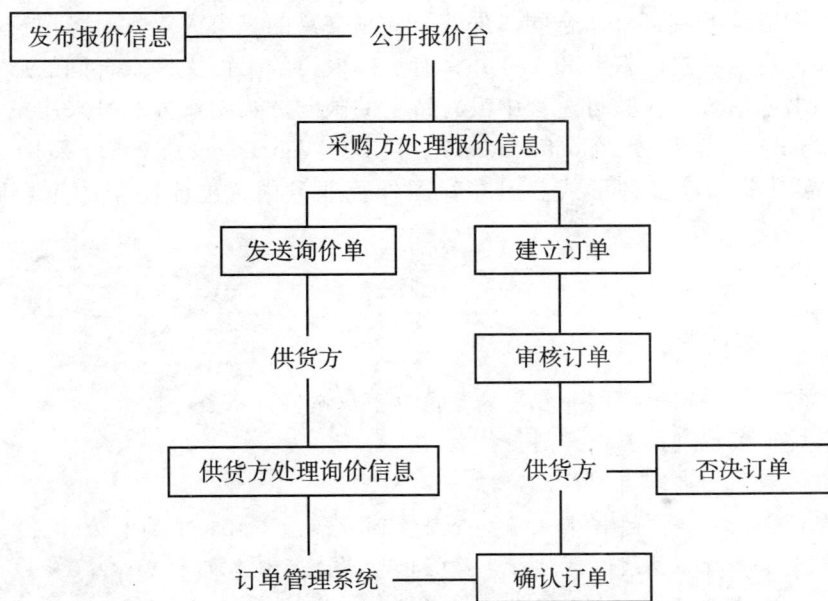

图 11 –1　合同签订的流程

● **本章小结** ●

国际商务谈判是国际货物买卖过程中必不可少的一个很重要的环节，也是签订买卖合同的必经阶段。在谈判前应做好充分的准备工作，在谈判过程中也应遵守其基本原则。

商务合同的磋商主要有两种形式：第一种是口头方式，是指在参加各种交易会、洽谈会和贸易小组出访、邀请客户来华洽谈交易时，买卖双方面对面地直接进行业务洽商。第二种是书面方式，指通过信件、电报、电传、传真等通讯方式来洽谈交易。

交易磋商的内容，涉及买卖合同的各项条款，如商品的品质、数量、包装、价格、装运、支付、索赔、仲裁等进行协商。交易磋商的内容一般包括交易的标的、交易标的价格、交易双方的责任划分、预防争议的发生和争议发生时的处理办法等。

国际货物买卖合同商订过程的一般程序可概括为四个环节：询盘、发盘、还盘和接受。其中发盘和接受是在订立一项合同中所必不可缺少的法律步骤。

通过交易洽商，达成交易后，双方之间就建立了合同关系。依照国际惯例，买卖双方一般都要签订书面合同。外贸合同是交易的当事人双方对各项贸易条件达成协议，规定各自的权利和义务并具有法律效力的书面文件。合同的形式可采用口头和书面形式，在签订过程中没有特定的限制。买卖双方既可采用正式的合同（Contract）、确认书（Confirmation）、协议（Agreement），也可采用"备忘录"、"意向书"等多种形式。但在我国外贸业务中，主要使用的是合同和确认书。

▶ 思考题

1. 为什么国际商务谈判非常重要？谈判前应做哪些准备？

2. 国际商务谈判的基本原则是什么？

3. 交易磋商的内容有哪些？

4. 在订立一项合同过程中，哪些交易磋商环节是不可缺少的？为什么？

5. 什么是发盘？构成一项法律上有效的发盘必须具备哪些条件？

6. 在什么情况下，发盘可以撤回或撤销？

7. 在哪些情况下发盘失效？

8. 什么是接受？一项有效的接受必须具备哪些条件？

9. 什么是逾期接受？在何种情况下逾期接受仍然有效？

10. 接受能否撤回和修改？《联合国国际货物销售合同公约》中对于这个问题有何规定？

11. 国际贸易合同中一般要具有哪些内容？

▶ **案例应用**

　　5月6日我出口公司 A 对香港公司 B 发盘：柑橙1 000箱，每箱单价120港元，5月10日前复电有效。

　　此时有三个客户与 B 公司洽商表示愿意购买2 000箱，因此 B 公司于5月9日复电 A 公司：你6日电接受2 000箱，请电确认。

　　此时正值夏天，是水果销售的旺季，柑橙价格上涨，A 公司去电拒绝：你9日电歉，由于行情变化，我货已售出。

　　B 公司对此提出异议。B 公司称，1 000箱的交易已经达成，B 公司5月9日电对1 000箱已有效接受，合同关系成立，A 公司必须按原合同价向 B 公司交货1 000箱。双方因此而发生争议。

▶ **问题**

　　1. 双方1 000箱货物的合同关系是否成立？为什么？

　　2. B 公司如果想再要增加1 000箱，他应该如何复电？

第十二章

进出口合同的履行

❖ **本章学习目标**

阅读和学习完本章后，你应该能够：

◇ 了解进出口合同履行中买卖双方承担的基本义务和履行合同的基本环节，
进口合同的履行程序与出口合同差异

◇ 熟悉在出口业务中出口方在备货工作中所应注意的问题

◇ 掌握我国出口企业在出口结汇时的基本做法有哪几种，主要进出口单据的
基本种类和制作原则

┅┅ 开篇案例 ┅┅

一份合同规定："货物应于 8 月至 9 月份装船。"同时还规定：
"买方应开出一张不可撤销的信用证，凭卖方提交的装运单证即期
付款。"但是合同中没有规定买方应开出信用证的具体日期。随后
卖方于 9 月初催促买方开证，但卖方等到 9 月 12 日见信用证还没
有开到，于是发电报给买方称因买方未按合同规定开出信用证，
买方违反合同，因此卖方决定撤销合同。但是，就在 9 月 12 日下
午，买方通过银行开来信用证，卖方却拒绝接受，他认为合同已
撤销。双方由此发生争议。由此可看出，在买卖合同签订后，双
方当事人还应认真履行合同中规定的内容，从而才能保证进出口
交易的顺利进行。

买卖合同的签订，确定了双方当事人的法律关系，而要将所
约定的内容变为现实，还有待于经历履行合同这一实际行动的过

程。买卖合同经双方签字后，就成为约束双方的法律性文件，双方必须遵守和履行合同中规定的各项条款。任何一方违反合同的规定，必须承担相应的违约责任。

一、出口合同的履行

出口合同履行过程中所包括的环节比较多，手续比较复杂，涉及的面和部门也比较广。《公约》规定：卖方的义务是，"必须按照合同和本公约的规定，交付货物，移交一切与货物有关的单据并转移货物所有权"。在我国出口贸易中，大多采用 CIF 或 CFR 条件成交，并且一般都采用信用证付款方式，其履行合同的基本环节有：货（备货、报验）、证（催证、审证、改证）、船（托运、报关、保险）、款（制单结汇）四个主要环节。

（一）备货、报验

备货工作是指卖方根据出口合同的规定，按时、按质、按量地准备好应交的货物，并做好申请报验和领证工作。

1. 备货。

备货是指在订立合同后，出口方为了保证按时、按质、按量完成合同的交货义务，根据合同规定的品质、包装、数量和交货时间的要求，进行货物的准备工作。备货工作的主要内容包括：及时向生产、加工或供货部门安排货物的生产、加工、收购和催交，核实应交货物的品质、规格、数量和交运时间，并进行必要的包装和刷制唛头等工作。出口方在备货工作中应注意以下几个问题：

（1）货物的品质和规格。出口公司对货物的品质、规格应严格按合同和信用证的要求进行审查，凡是高于或低于规定的均属于违约。因此如有不符，应立即更换。

（2）货物的数量。对货物的数量应保证满足合同或信用证对数量的要求，可能的话，备货的数量应适当留有余地，以备在运输及装运时发生意外伤损。

（3）货物的包装与唛头。出口货物属于长途运输，须经过多次搬运和装卸，因此要认真研究合同中有关货物的包装条款。在下达联系单时，详细列明对货物的唛头要求。如合同或信用证中对包装仅作笼统规定应根据双方订立合同时所协商一致的意见办理，或按同类货物通用的方式包装。应尽量安排将货物装运到集装箱中或牢固的托盘上，且集装箱中的货物应均匀放置且均匀受力。货物交付前，应仔细检查货物的包装是否牢固，如发现有破漏、松腰、开包、水渍等不良情况，应及时进行修整或换装。同时，对于货物的唛头，如合同和信用证已有规定，其刷制必须符合合同和信用证的规定。

（4）备货的时间。备货的时间在严格符合合同和信用证规定的期限的同时，还应结合船期进行安排。凡合同规定收到买方信用证后若干天装运货物的，为保证按时履约，防止被动，应督促买方按照合同规定期限开到信用证；我方在收到信用证后必须毫无延迟进行审核，在认可后及时安排生产和装运。

2. 报验。根据我国《商检法》的有关规定，凡需法定检验的出口货物，出口商应填制"出口报验申请单"，向商检局办理申请报验手续。商检机构对已报验的出口商品，应当在不延误装运期限内检验完毕，检验合格的，按照规定签发检验证书、放行单或者在报关单上加盖印章。

商检机构检验合格的出口商品，出品商应当在检验证书或者放行单签发之日起60天内报运出口，鲜活类出口商品应当在规定的期限内报运出口。逾期报验出口的，发货人必须重新报验，合格后方能出口。

（二）催证、审证和改证

凡规定买方以信用证方式支付货款的合同，在履行过程中，对信用证的掌握、管理和使用，直接关系到进出口企业的收汇安全。催证、审证和改证是履行出口合同的重要环节。

1. 催证。催证就是当进口方没按合同规定的时间开立信用证，出口方以某种通讯方式催促进口方办理开证的手续，以便出口方履行交货义务。在正常情况下无须催证，因为在出口合同中买卖双方约定采用信用证方式，买方就应严格按照合同的规定按时办理开立信用证的手续，这是买方必须履行的义务。但在实际业务中，由于合同规定的装运期限较长，进口方准备工作迟缓，以及进口商遇到本国市场发生变化或资金发生短缺等情况时，往往会拖延开证。对此，出口方有必要在适当的时候，提醒和催促对方按合同规定开来信用证。

2. 审证。出口企业在收到信用证后，应立即对照出口合同并依据《跟单信用证统一惯例》进行审核。审证的基本原则是要求信用证的内容与出口合同的规定相一致。除非事先已征得我方同意，不得随意增减或改变其内容。

（1）审核的依据。信用证审核的依据是货物买卖合同、《跟单信用证统一惯例》的规定以及信用证中有关要求的可实现性。一张信用证能否接受，或是否需要修改，主要取决于四个条件：

①来证是否符合我国的对外政策。凡规定不准与之往来的国家或地区的银行来证应拒绝接受。载有歧视性或错误的政治性条款者，应视具体情况予以退回，或要求改正，或向开证人指出，提请今后注意。

②对安全、迅速收汇是否有影响。

③对与我国签有政府间贸易协定、支付协定的国家的来证，其内容是否与协定的精神有矛盾。

④证内所要求的各项条件和对单证的要求等，是否与销售合同一致，以及我们在实际执行中有无困难。

（2）银行对信用证的审核。在实际业务中，通知银行和出口公司共同审核信用证，其中通知银行除了必须审核信用证的真伪以外，还着重审核开证行的政治背景、资信能力、付款责任和索汇路线等方面的内容。具体包括：

①来证的内容是否与我国的对外贸易政策相符合，凡是与我国没有经济贸易往来关系的国家和地区的银行开来的信用证不能接受。

②审核开证银行的资信情况。对开证银行资信情况的审核，应要求其本身资力必须与所承担的信用证义务相适应。同时，为了保证安全收汇，还应对开证银行所在国的政治、经济情况以及开证银行的经营作风等进行审查。

③信用证的真伪。审核信用证的签字、印鉴是否真迹，电开证的密押是否符合，等等。

④索汇路线是否可靠。审核信用证的付款责任是否明确，是否载有信用证是"不可撤销"的和开证行保证付款的文句。开证银行与通知银行之间是否有代理或其他业务往来关系，索汇路线是否安全可靠等。

（3）出口企业的审证。出口公司着重审核信用证内容与买卖合同的条款以及单据的规定是否一致。具体包括：

①信用证的性质。信用证的性质与开证行应承担的责任是否明确直接关系到我出口货物能否安全收汇。我国一般要求进出口贸易中的信用证，必须具有不可撤销性质。

②开证申请人和受益人的名称和地址是否与合同相符。开证申请人应是合同的进口人，受益人通常是出口公司。信用证上开证人与受益人的名称、地址应仔细审核，以防错发错运。

③商品名称、规格、数量、包装是否符合合同规定。对信用证中的规定的品名、品质、规格、数量等条款应仔细核对，如有差错，应要求对方修改，不能简单地按证办理。

④信用证金额和支付货币。信用证的金额和支付货币应与出口合同所规定的金

额和支付货币相一致，如合同中订有溢短装条款，信用证金额也应包括溢短装部分的金额。如信用证所采用的支付货币与合同规定的不同，应按中国银行外汇牌价折算成合同货币，在不低于或相当于原合同货币总金额时方可接受。

⑤装运期和有效期的规定。信用证应注明装运期，装运期应该和合同规定相一致。如因信用证到达过迟，不能按期装运，应及时提出要求展期。信用证的有效期一般与装运期有一合理的间隔，这个间隔的时间通常要求在装运期后 15 天，以便出口方能在装运货物后有足够的时间办理制单结汇工作。另外，一般规定单据送交银行的期限应当以不超过信用证有效期的前提下于出单日后 21 天内交单。如果交单期过短导致无法在规定期限内交单时，则必须及时提出修改。

⑥是否允许分批装运和转运。一般信用证中应要求允许分批装运和转运，而且其规定原则上应与合同相一致。如信用证规定允许分批装运和转运，还应注意证内对此有无特殊限制和要求。如果对于这些特殊规定我们没有把握办到，则应立即要求客户修改。

⑦信用证所列的单据与出票条款。来证中要求提供的单据种类、份数及填写方法，是否与合同规定的相一致，有无添加或更改。如果有，我方能否办理或能否接受。例如，信用证如果要求卖方在运输方面提供一些证明，如船公司证明、船级证明等，这种情况一般可以不答应。或者信用证要求增加合同中未列的产地证书，对于转口贸易的卖方则有可能办不到，导致发货后银行无法议付，对此，出口方应要求改证。

⑧关于投保的险别。如果出口是按 CIF、CIP 等贸易术语成交，就要检查一下信用证中对保险内容的说明是否和合同中所规定的险别相同。

除了对上述内容进行仔细审核外，还有必要写清楚对于开证费用、议付费用等这些费用的负担问题。

3. 改证。对信用证进行了全面细致的审核以后，如果发现问题，应区别问题的性质，分别同银行、运输、保险、商检等有关部门研究，做出恰当妥善处理。凡是属于不符合我国对外贸易方针政策，影响合同执行和安全收汇的情况，我们必须要求国外客户通过开证行进行修改，并坚持在收到银行修改信用证通知书后才能对外发货，以免发生货物装出后而修改通知书未到的情况，造成我方工作上的被动和经济上的损失。

在办理改证工作中，凡需要修改的各项内容，应做到一次向国外客户提出，尽量避免由于我们考虑不周而多次提出修改要求。否则，不仅增加双方的手续和费用，而且对外造成不良影响。

《跟单信用证统一惯例》规定：未经开证行、保兑行（若已保兑）和受益人同意，不可撤销信用证既不能修改，也不能取消。因此，对不可撤销信用证中任何条款的修改，都必须在有关当事人全部同意后才能生效。该惯例还规定，信用证在修改时，"原证的条款（或先前接受过修改的信用证）在受益人向通知该修改的银行发出他接受修改之前，仍然对受益人有效"。"对同一修改通知中的修改内容不允许部分接受，因此，部分接受修改内容当属无效"。

改证的程序是：（1）受益人向开证申请人提出，或开证申请人主动提出。（2）经开证行传递到通知行，转告受益人。（3）受益人认可修改意见。

此外，对来证不符合合同规定的各种情况，还需要做出具体分析，不一定坚持要求对方办理改证手续。只要来证内容不违反政策原则并能保证我方安全迅速收汇，我们也可以灵活掌握。

总之，对国外来证的审核和修改，是保证顺利履行合同和安全迅速收汇的重要前提，我们必须给予足够的重视，认真做好审证工作。

（三）安 排 运 输

各进出口公司在备货的同时，还必须做好租船订舱工作，办理报关、投保等手续。

1. 租船订舱。在 CIF 或 CFR 条件下，租船订舱是卖方的责任之一。如出口货物数量较大，需要整船载运的，则要对外办理租船手续；对出口货物数量不大，不需整船装运的，则安排洽订班轮或租订部分舱位运输。

关于订舱工作的基本程序大致如下：

（1）各进出口公司填写托运单，作为订舱依据。班轮公司或外运机构通常定期编印船期表分发各外贸企业。船期表中列有航线、船名及航次、船舶抵港及离港日期、截止收单期（即接受运输委托的最后日期）、沿途停靠港口等内容。出口企业在备妥货物后，妥善填制海运出口托运单，在截止收单期前送交外运机构，委托其代为订舱。所谓托运单是指托运人（发货人）根据贸易合同和信用证条款内容填写的向承运人（船公司一般为装运港的船方代理人）办理货物托运的单证。承运人根据托运单内容，并结合船舶的航线挂靠港、船期和舱位等条件考虑，认为合适后，即接受这一托运，并在托运单上签章，留存一份，退回托运人一份。至此，订舱手续即告完成，运输合同即告成立。

（2）船公司或其代理人在接受托运人的托运单证后，即发给托运人装货单。外运机构在收到海运出口托运单后，即以外贸企业的代理身份向轮船公司或其代理办理订舱手续，并会同轮船公司或其代理，根据配载原则，结合货运重量、尺码、装运港、目的港等情况，安排船只和舱位；然后由轮船公司或其代理据以签发装货单。装货单俗称下货纸，是船公司或其代理签发给货物托运人的一种通知船方装货的凭证。其作用有三：一是通知托运人货物已配妥××航次××船，装货日期，让其备货装船；二是便于托运人向海关办理出口申报手续，海关凭此验放货物；三是作为命令船长接受该批货物装船的通知。

（3）货物装船之后。即由船长或大副签发收货单，即大副收据。收货单是船公司签发给托运人的表明货物已装船的临时收据。托运人凭收货单向外轮代理公司交付运费并换取正式提单。收货单上如有大副批注，则在换取提单时，将该项大副批注转注在提单上。

2. 报关。报关是指进出口货物装船出运前，向海关的申报的手续。按照我国海关法规定：凡是进出国境的货物，必须经由设有海关的港口、车站、国际航空站进出，并由货物所有人向海关申报，经过海关放行后，货物才可提取或者装船出口。出口报关是指出口人向海关如实申报出口，交验有关单据和证件，接受海关对货物的查验。在出口货物的发货人缴清税款或提供担保后，经海关签印放行称为清关或称通关，它通常要经过申报、征税、查验、放行四个环节。

（1）出口申报。出口货物发货人一般应在装运的 24 小时前向海关申报。通常情况下，出口货物应由发货人在货物的出境地海关办理报关手续，并交验下列单证：

①出口许可证和国家规定的其他批准文件。

②出口货物报关单。通常一式二份。

③发票一份。

④装箱单一份。散装货物或单一品种且包装内容一致的件装货物可免交。

⑤减税、免税或免验的证明文件。

⑥对应施行商品检验、文物鉴定或受其他管制的进出口货物，应交验有关主管部门签发的证明文件。

⑦收汇核销单。海关核对报关单与出口收汇核销单的内容是否一致，报关单上所录之核销单编号与所附核销单编号是否一致。核对无误后盖"验讫章"。

附：出口货物报关单样本：

中华人民共和国海关出口货物报关单

预录入编号：　　　　　海关编号：

出口口岸	备案号	出口日期	申报日期
经营单位	运输方式	运输工具名称	提运单号
发货单位	贸易方式	征免性质	汇结方式
许可证号	抵运国（地区）	提货港	境内货源地

续表

批准文号	成交方式	运费		保费	杂费
合同协议号	件数	包装种类		毛重（公斤）	净重（公斤）
集装箱号	随附单据				用途
标记唛码及备注					

项号	商品编号	商品名称、规格型号	数量及单位	最终目的国	单价	总价	币制	征免

税费征收情况

录入员　　录入单位	兹声明以上申报无讹并承担法律责任	海关单批注栏及放行日期（签章）
		审单　　　　　审价
报关员		
单位地址	申报单位（签章）	征税　　　　　统计
邮编　　　电话	填制日期	查验　　　　　放行

（2）出口查验。出口货物须接受海关查验以确定实际货物是否与所申报的内容相一致。在查验过程中，海关检查出口货物的名称、品质规格、包装状况、数量重量、标记唛码、生产或贸易国别等事项是否与出口报关单和其他证件相符。

海关查验货物一般在海关监督场所，如码头、车站、机场、邮局等地仓库或货场，或者是装卸时的运输工具上进行。在特定情况下，可经海关同意派员去发货人仓库查验。

海关检查货物时，报关单位应派人员在指定的时间到场协助海关查验，并应海关要求，随时提供有关单证、文件及必要的资料。

（3）出口放行。海关在查验货物后，如果没有发现不正常的情况就可以通知报关企业缴纳出口税。出口货物在缴清税款后，海关即可签章放行。在放行前，海关派专人负责审查该批货物的全部报关单证及查验货物记录，并签署认可，然后在装货单或运单上盖放行章交货主签收，货方可把货物装运出境。而对未能装运出口的已被海关放行的出口货物，待运输工具装货完毕后，承运人或货方应立即向海关申报撤销该货物的出口，作退关处理。

3. 投保。在出口货物装船出运前，如果需要卖方投保，那么在装船前卖方应按照合同规定的要求办理保险手续，填写保险单据，交由保险公司签发。当货物所有权转移时，出口企业应在保险单上背书，办理过户手续。出口商品的投保手续，一般都是逐笔办理的，投保人在投保时，应将货物名称、保额、运输路线、运输工具、开航日期、投保险别等一一列明。保险公司接受投保后，即签发保险单或保险凭证。

（四） 制单结汇

出口货物装出之后，出口方应按照信用证的规定，正确缮制各种单据，并使单据符合"正确、完整、及时、简明、整洁"的要求。在信用证规定的交单有效期内，递交银行办理议付结汇手续。

1. 我国出口结汇的做法。我国出口业务中，使用信用证支付方式的较多，其结汇的做法有收妥结汇、押汇和定期结汇三种。

（1）收妥结汇。收妥结汇又称收妥付款，是指议付行收到外贸公司的出口单据后，经审查无误，将单据寄交国外付款行索取货款，待收到付款行将货款拨入议付行账户的贷记通知书时，即按当日外汇牌价，折成人民币拨给外贸公司。

（2）押汇。押汇又称买单结汇，是指议付行在审单无误情况下，按信用证条款买入受益人（外贸公司）的汇票和单据，从票面金额中扣除从议付日到估计收到票款之日的利息，将余款按议付日外汇牌价折成人民币，拨给外贸公司。议付行向受益人垫付资金、买入跟单汇票后，即成为汇票持有人，可凭票向付款行索取票款。银行之所以做出口押汇，是为了对外贸公司提供资金融通，有利于外贸公司的资金周转。

（3）定期结汇。定期结汇是议付行根据向国外付款行索偿所需时间，预先确定一个固定的结汇期限，到期后主动将票款金额折成人民币拨交外贸公司。

2. 常用的出口单据。如前所述，开证行在审核单据与信用证完全相符后，才承担付款的责任。开证行对我们提交的单据如发现任何不符，均有拒付货款的可能。因此，我们对各种结汇单据的缮制是否正确完备，与安全迅速收汇有着十分重要的关系。现对几种主要结汇单据及制单时应注意的问题，扼要介绍如下。

（1）汇票。汇票的作用和内容，前面已作了介绍，这里仅介绍缮制汇票时应注意的问题：

①付款人。采用信用证支付方式时，汇票的付款人应按信用证的规定填写，以开证行或其指定的付款行为付款人。如来证没有具体规定付款人名称，可理解为付款人是开证行。

②受款人。汇票的受款人应为银行。在信用证方式下，汇票的受款人通常为议付行或出口商的往来银行。在我出口业务中，对外签发的汇票一般应做成指示性抬头，例如"付中国银行或其指定人"（pay to the order of Bank of China）。

③开具汇票的依据。开具汇票的依据也就是汇票上的出票条款。如属于信用证方式，应按照来证的规定文句填写。如信用证内没有规定具体文句，可在汇票上注明开证行名称、地点、信用证号码及开证日期，如属于托收方式，汇票上可注明有关合同号码等。

汇票一般开具一式两份，两份具有同等效力，其中一份付讫，另一份自动失效。

（2）发票。发票种类很多，通常指的是商业发票，此外，还有其他各种发票，如海关发票、领事发票和厂商发票等。

商业发票是卖方开立的载有货物名称、数量、价格等内容的清单，作为买卖双方交接货物和结算货款的主要单证，也是进出口报关完税必不可少的单证之一。

海关发票是非洲、美洲和大洋洲等某些国家海关规定的格式，由出口商填制，供进口商凭以向进口国海关报关时用的一种特别发票。它的主要作用是作为海关估价定税，征收差别关税或反倾销税的依据。

各国海关发票各有专用的固定格式，不能相互替代。

（3）运输单据。运输单据随不同的运输方式而异。提单是各项单据中最重要的单据，在制作提单的过程中，必须注意以下几个问题：

①提单的种类。提单的种类很多，应按国外来证所要求的类别提供。

②提单的收货人。提单的收货人，习惯上称为抬头人。在信用证或托收支付方式下，绝大多数的提单都做成"凭指定"（to order）或者"凭托运人指定"（to order of shipper）抬头。这种提单必须经发货人背书，才可流通转让；也有的要求做成"凭××银行指定"（to order of ×× Bank），一般是规定凭开证行指定。

③提单的货物名称。提单上有关货物名称可以用概括性的商品统称，不必列出详细规格，但应注意不能与来证所规定的货物特征相抵触。

④提单的运费项目。如 CIF 或 CFR 条件，在提单上应注明"运费已付"；如成

交价格为 FOB 条件，在提单上则注明运费到付。除信用证内另有规定外，提单上不必列出运费的具体金额。

⑤提单上的目的港和件数。提单上的目的港和件数，原则上应和运输标志上所列内容相一致。对于包装货物在装船过程中，如发生漏装少量件数，可在提单上运输标志件号前面加"EX"字样，以表示其中有缺件，例如："EX Nos.1—100。"

⑥提单的签发份数。根据《跟单信用证统一惯例》规定，银行接受全套正本仅有一份的正本提单，或一份以上正本提单。如提单正本有几份，每份正本提单的效力是相同的，但是，只要其中一份凭以提货，其他各份立即失效。因此，合同或信用证中规定要求出口人提供"全套提单"，就是指承运人在签发的提单上所注明的全部正本份数。

⑦提单的签署人。如信用证要求港到港的海运提单，银行将接受由承运人或作为承运人的具名代理或代表，或船长或作为船长的具名代理或代表签署的提单。

⑧有关装运的其他条款。买方有时限于本国法令，或为了使货物迅速到达或其他原因，在来证中加列其他装运条款，并要求出口人照办。如要求出口人提供航线证明、船籍证明、船龄证明，或者指定装运船名、指定转运港，指定用集装箱货轮等等。对上述各项要求，应按照有关规定，并结合运输条件适当掌握。如属不合理的或者卖方难以办到的运输条款，必须向买方提出修改信用证。

（4）保险单据。在 CIF 或 CIP 合同中，出口人在向银行或进口人收款时，提交符合买卖合同及（或）信用证规定的保险单据是其重要义务。保险单填写的注意事项是：

①保险单的被保险人应是信用证上的受益人，并加空白背书，便于办理保险单转让。

②保险险别和保险金额应与信用证规定一致。在单据的表面上对 CIF 和 CIP 的金额能够被确定时，保险单必须表明投保最低金额，该项金额应为货物的 CIF 或 CIP 的金额加 10%。否则，银行接受的最低投保金额，应为根据信用证要求而付款、承兑或议付金额的 110%，或发票金额的 110%，以两者之中较高者为准。保险单所表明的货币，应与信用证可规定的货币相符。

③保险单的签发日期应当合理，在保险单上，除非表明保险责任最迟于货物装船或发运或接受监督之日起生效外，银行将拒受出单日期迟于装船或发运或接受监管的保险单。

（5）原产地证明书（certificate of origin）。这是证明货物原产地和制造地的文件，也是进口国海关采取不同的国别政策和关税待遇的依据。产地证一般分为普通产地证、普惠制产地证和欧洲纺织品产地证等多种，它们在使用范围和格式方面有所不同。

①普通产地证。通常不使用海关发票或领事发票的国家，要求提供产地证明可确定对货物的征税税率。有的国家为限制从某个国家或地区进口货物，要求以产地证来确定货物来源。

②普惠制单据。普惠制简称 GSP。目前，已有新西兰、加拿大、日本、欧洲经济共同体等国家，给予我国以普惠制待遇。对这些国家的出口货物，须提供普惠制单据，作为进口国海关减免关税的依据。目前使用的普惠制单据有："格式 A"（Form A），适用于一般商品，由出口公司填制，并经中国进出口商品检验局签证出具；纺织品产地证，适用于纺织品类，由中国进出口商品检验局签发。对上述单据内容的填制，力求做到正确，并符合各个项目的要求，如一旦填错，就可能丧失享受普惠制待遇的机会。

（6）包装单据。包装单据主要是用来补充商业发票内容的不足，便于国外买方在货物到达目的港时，供海关检查和核对货物。最常见的包装单据是装箱单、重量单和尺码单。

装箱单又称包装单，是表明出口货物的包装形式、包装内容、数量、重量、体积或件数的单据。其主要用途是作为海关验货、公证行核对和进口商提货点数的凭据。装箱单还可作为商业发票的补充文件，用以补充说明各种不同规格货物所装之箱号及各箱的重量、体积、尺寸等内容。

重量单又称磅码单，是用以重量计量、计价的商品清单。一般列明每件包装商品的毛重和净重、整批货物的总毛重和总净重；有的还须增列皮重；按公量计量、计价的商品，则须列明公量及计算公量的有关数据。凡是提供重量单的商品，一般不需提供其他包装单据。

（7）检验证书。检验证书是检验检疫机构对出口商品实施检验或检疫后，根据检验检疫结果，结合出口合同和信用证要求，对外签发的证书。检验证书是检验检疫机构作为官方机构对外签发的具有法律效力的凭证。是出口商凭以向银行或进口人收取货款的一种单据。检验证书一般由国家检验检疫部门指定的检验检疫机构如设在各省、市、自治区的出入境检验检疫局出具，也可以根据不同情况和不同要求，由外贸企业或生产企业出具。检验检疫证书应在规定的有效期内，如果超过规定期限，应当重新报验。

以上是几种常用的单据，根据《跟单信用证统一惯例》规定，当信用证要求除运输单据、保险单据和商业发票以外的单据时，信用证应规定该单据的出单人及其内容。倘若信用证无此规定，如提交的单据的内容能说明单据中述及的货物和（或）服务与提交的商业发票上所述有关联，或当信用证不要求商业发票时，与信用证中所述的货物和（或）服务有关联，则银行将予接受。因此，在缮制上述各种单据时，应严格按信用证规定办理。

随着科学技术的发展和人们对科学管理，现代化和标准化工作认识的加深，传统的国际贸易程序及制单结汇的做法，已不能适应当今国际贸易发展的需要，为此，各国对传统的贸易程序和制单工作进行改革，并在简化国际贸易的各种手续、取消不必要的环节、减少单证的种类和份数、统一单证格式、改进制单方法、实行贸易信息的标准化、代码化以及应用自动化电子数据处理和交换贸易信息等方面，取得很大成果。这些变革，必将进一步推动国际贸易的发展。

二、进口合同的履行

进口合同签订以后，交易双方应遵守有关国际条约、国际惯例中的规定，本着"重合同、守信用"的原则，认真履行合同的义务。我国进口货物，大多数是按FOB条件并采用信用证付款方式成交，按此条件签订的进口合同，其履行的一般程序包括：开立信用证、租船订舱、接运货物、办理货运保险、审单付款、报关提货、验收与拨交和索赔等，现分别加以介绍和说明：

（一）办理进口有关证件

如进口商品属于国家限定的商品范围，则要办理有关证件，如进口货物许可证、机电产品进口证明和特定商品进口证明等。

（二）开立信用证

进口合同签订后，买方首先应按合同规定填写开立信用证申请书，向银行办理开证手续。信用证的内容应以合同为依据，与合同条款相一致。

信用证的开证时间应按合同规定办理。一般应在合同规定的装运期前将信用证开到对方。如合同规定在卖方确定交货期后开证，我们应在接到卖方上述通知后开证；如合同规定在卖方领到出口许可证或支付履约保证金后开证，应在收到对方已领到许可证的通知，或银行转知保证金已收妥后开证。如果合同规定须凭出口方银行保函开证或预付货款后开证，应在收到银行保函或支付合同规定的预付款项后，才申请开证。

对方收到信用证后，如发现信用证的内容与合同不符，或因情况发生变化等其他原因，则会提出修改信用证的请求，经买方同意后，即可向银行办理改证手续；如买方不同意，则应及时通时卖方，要求其按原证条款履行合同。

（三）租船订舱和催装

FOB 价格条件下的进口合同，应由买方负责租船订舱并到对方口岸接运货物。如合同规定，卖方在交货前一定时期内应将预计装运日期通知买方。买方在接到上述通知后，应及时向外运公司办理租船订舱手续。在办妥租船订舱手续后，应按规定的期限通知对方船名及船期，以便对方备货装船。同时，我们还应随时了解和掌握卖方备货和装船前的准备工作情况，以及时催促对方按时装运。对数量大的物资的进口，如有必要亦可请我驻外机构就地了解，督促对方，或派人员前往出口地点检验监督。

货物在国外装船后，卖方应按合同规定的内容向买方发出装船通知，以便买方办理保险和接货等项工作。

（四）办理保险

FOB 或 CFR 价格条件下的进口合同，保险由我方办理。目前我进口货物保险由各进出口公司与中国人民保险公司签订预约保险合同。按照此合同的规定，保险公司对有关进口货物负自动承保的责任，即货物一经装船，保险就开始生效。因此，每批进口货物，在买方收到国外装船通知后，将船名、提单号、开船日期、商品名称、数量、装运港、目的港等项内容通知保险公司，即作为已办妥保险手续。

如果外贸公司没有与保险公司签订预约保险合同，则需对进口货物逐笔办理投保手续。在买方接到卖方发来的装船通知后，必须立即向保险公司填写投保单，办理投保手续。如果进出口公司没有及时向保险公司投保，则货物在投保之前的运输途中所发生的一切由于自然灾害和意外事故所造成的损失，保险公司不负赔偿责任。

（五）审单付汇

在信用证支付方式下，卖方提交的单据必须与买方开立的信用证条款完全符合。开证银行和进口公司共同对单据进行审核，一般由开证银行对单据进行初审，进口公司进行复审。如内容无误，则开证银行对国外履行付款责任。开证银行付款后，如发现有误，也不能行使追索权。因此，必须认真对待审单工作。

审单无误后，进口公司按照国家规定的外汇牌价向银行买汇赎单。进口公司凭银行出具的"付款通知书"向用货部门进行结算。如审核国外单据发现证、单不符时，要立即处理，要求国外改正，或停止对外付款。

（六）报关、验收和拨交货物

进口货物到货后，由进口公司或委托外运公司根据进口单据填写"进口货物报关单"向海关申报，并随附发票、提单及保险单。如属法定检验的进口商品，还须随附商品检验证书。货、证经海关查验无误，才能放行。

进口货物运达港口卸货时，港务局要进行卸货核对。如发现短缺，应及时填制"短卸报告"交由船方签字确认，并向船方提出保留索赔权的书面声明。卸货时如发现残损，一般应将货物存放于海关指定仓库，待保险公司会同商检局检验，明确残损程度和原因后作出处理。

在办完上述手续后，进口公司委托中国对外贸易运输公司提取货物并拨交给订货部门，外运公司以"进口物资代运发货通知书"通知订货部门在目的地办理收货手续。同时通知进口公司代运手续已办理完毕。如订货部门不在卸货港口，则可委托外运公司代为安排将货物转运内地，并拨交给用货单位。所有关税及运往内地费用由外运公司向进出口公司结算后，再由进口公司与订货部门结算货款。

（七）进口索赔

进口索赔通常因卖方交付货物的品质、数量、包装等不符合合同的规定，或卖方不交货、不按期交货等原因而引起的。买方收到货物后根据货损原因的不同，依责任归属，向有关方面提出索赔。

1. 进口索赔的对象。根据造成损失原因的不同进口索赔的对象主要有三个方面：

（1）向卖方索赔。凡原装数量不足；货物的品质、规格与合同规定不符；包装不良致使货物受损；未按期交货或拒不交货等，除不可抗力外，均构成卖方违约，应向卖方提出索赔要求。

（2）向轮船公司索赔。如果原装数量少于提单所载数量；提单是清洁提单，而货物有残缺情况，且属于船方过失所致，进口人可根据运输合同条款向承运人索赔。

（3）向保险公司索赔。由于自然灾害、意外事故或运输中其他事故的发生致使货物受损，并且属于承保险别范围以内的；凡轮船公司不予赔偿金额不足抵补损失的部分，并且属于承保范围内的，应及时向保险公司提出索赔。

2. 进口索赔应注意的问题。在进口业务中，办理对外索赔时一般应注意以下几个方面：

（1）关于索赔证据。对外提出索赔需要提供证据，首先应制备索赔清单，随附商检局签发的检验证书、发票、装箱单、提单副本。其次，对不同的索赔对象还要另附有关证件。向卖方索赔时，应在索赔证件中提出确切根据和理由，如系 FOB 或 CFR 合同，还须另附保险单一份；向轮船公司索赔时，须另附由船长及港务局理货员签证的理货报告及船长签证短卸或残损证明；向保险公司索赔时，须另附保险公司与买方的联合检验报告等。

（2）关于索赔金额。合同双方当事人之间确定索赔金额，应与因违约造成的实际损失相等，即根据商品的价值和损失程度计算，还应包括商品检验费、装卸费、银行手续费、仓租、利息等。

（3）关于索赔期限。对外索赔必须在合同规定的索赔有效期限内提出，过期无效。如果商检工作可能需要更长的时间，可向对方要求延长索赔期限。买方在向责任方提出索赔要求后，仍有责任按情况采取合理措施，保全货物。

（4）关于卖方的理赔责任。进口货物发生了损失，除属于轮船公司及保险公司的赔偿责任外，如属卖方必须直接承担的职责，应直接向卖方要求赔偿，防止卖方制造借口向其他方面推卸理赔责任。

目前，我们的进口索赔工作，属于船方和保险公司责任的由外运公司代办；属于卖方责任的由进出口公司直接办理。为了做好索赔工作，要求进出口公司、外运公司、订货部门、商检局等各有关单位密切协作，要做到检验结果正确，证据属实，理由充实，赔偿责任明确。

（八）进口单证的流转过程

1. 办理进口许可证阶段的说明：

（1）进口商品如是国家限制进口的商品，除国家另有规定外，都必须领取进口货物许可证。

（2）进口商向发证机关提交进口货物许可证申请表和有关单证，申请签发进口货物许可证。

（3）发证机关对其审核无误后，签发进口货物许可证。

2. 申请开立信用证阶段说明：

（1）进口企业按合同规定的时间向银行开立信用证，填写开证申请书，并缴纳开证费和保证金。

（2）开证行根据开证申请书要求开立信用证，正本寄交通知行，副本交至进口企业。

（3）通知行收到信用证后，经审核无误后转交出口方。

3. 办理货物运输阶段说明：

```
货物到齐、录仓单          箱单、合同、
                        机电审、运单
```

现场录入   ← 退单

审单中心电子审单   ← 联系

通过   否 / 是 → 票检（CCC或卫检）

是 ↓

现场交单   ← 联系   ← 通关单 ← 票检 通过

通过   否

出税单，交税，打印税单

查验   否 / 是

查货，要求单货相符

通过   否 → 收货人解释

是 ↓   通过 →

履行，提货

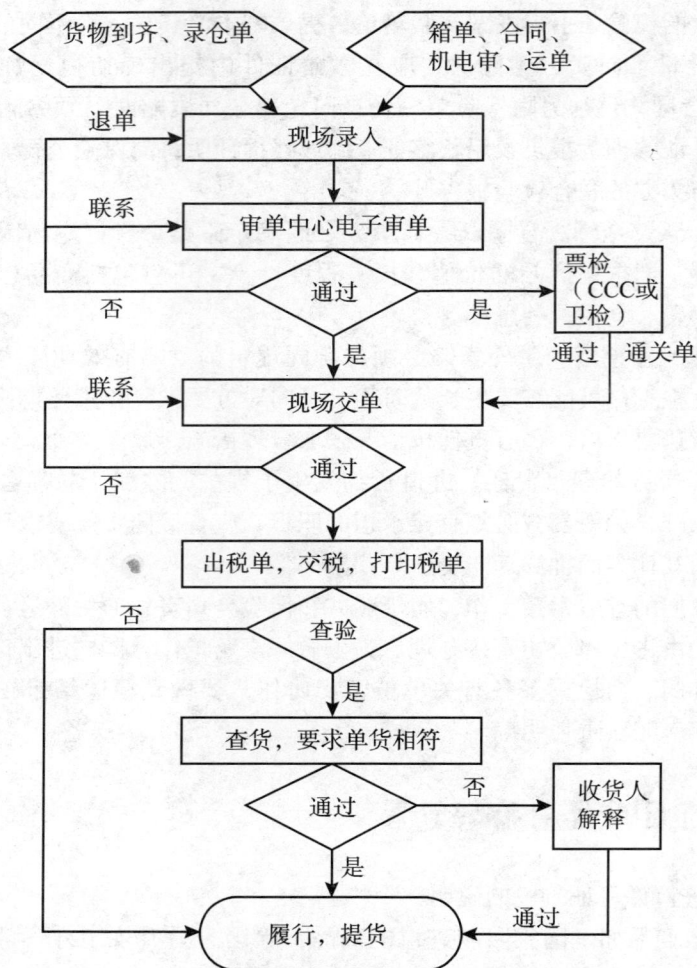

图 12-1 空运进口流程（一般贸易）

（1）进口方按合同规定的时间，及时办理托运手续。

（2）进口方办理好租船订舱后，将船名、船期等告诉出口方。

（3）出口方接到装船通知后，准备货物装运。

4. 办理货物保险阶段说明：

（1）进口企业在办理好托运手续后，与当地保险公司签订预约保险合同。

（2）出口方按信用证的规定装船后，发装运通知至保险公司，包括船名、提单号、开船日期、商品名称和数量等。

（3）保险公司收到装运通知，该批投保货物便自动承保。

5. 办理进口货物报关和报验阶段说明：

（1）进口企业向海关提交进口货物报关单、发票和提单等申请报关，海关经审核无误后放行。

（2）进口货物属法定检验的，进口企业要填写入境货物报验申请书，申报检验。

（3）检验检疫机构根据有关规定进行检验检疫，按检验检疫结果出具商品检验检疫证书。

（4）进口企业凭提单等有关证件提货。

一份进口合同是否可以履行，相关的货物是否可以进口，取决于货物的数量和采取的标准等要素。

本章小结

出口合同的履行是指出口人按合同的规定履行交付货物的一系列手续后，直至收回货款的全部过程。它是整个出口工作的最后一个阶段，出口合同履行的好坏，直接影响到国家对外贸易的声誉和利益。因此，出口合同的顺利履行，在对外贸易交易过程中具有重要的意义。

出口合同的履行程序很多，最重要的是：货（备货、报验）、证（催证、审证、改证）、船（托运、报关、保险）、款（制单结汇）四个主要环节。

我国出口业务中，使用信用证支付方式的较多，其结汇的做法有收妥结汇、押汇和定期结汇三种。结汇中使用的单据种类很多，经常使用的有汇票和发票。

进口合同签订以后，进口企业应本着"重合同、守信用"的原则，认真履行合同的义务。我国进口货物，大多数是按 FOB 条件并采用信用证付款方式成交，其履行的一般程序包括：开立信用证、租船订舱、接运货物、办理货运保险、审单付款、报关提货、验收与拨交和索赔等。

进口索赔的对象包括三个方面：向卖方提出的索赔、向轮船公司提出的索赔、向保险公司提出的索赔。办理索赔时应考虑的问题是：索赔应提供的证据、索赔的金额、索赔的期限。

▶ 思考题

1. 《公约》规定，进出口双方各自应履行哪些义务？

2. 履行出口合同包括哪些基本环节？

3. 在出口业务中，备货应注意哪些问题？

4. 审核信用证时应注意什么问题？通常应审核哪些内容？

5. 有关信用证条款的修改，作为受益人通常应注意哪些问题？

6. 出口贸易中使用的单据主要有哪几种？

7. 制作发票应注意什么问题？

8. 简述做好出口单据的重要意义？

9. 进口人在申请开立信用证时应注意什么问题？

10. 进口保险一般有哪几种方式？

11. 买方对进口索赔的对象按不同的原因可分为哪几类？索赔时注意的问题有哪些？

▶ 案例应用

我进口公司 A 与美国公司 B 签订了进口大米的合同，其中规定：8 月底前交货的付款方式为 D/P 即期，10 月底前交货的按 L/C 支付方式。合同执行过程中，因用 D/P 方式进口的大米生虫，不符合质量要求，引起争议。

美 B 公司承认大米质量不合格，但是同时又反控我公司 A 对 10 月底前交货的这笔买卖没有按时开立信用证，造成贸易中断，而导致已支付出去订金的损失，要求赔偿。

▶ 问题

1. 美出口公司提供不合质量要求的大米是否应该赔偿我方经济损失并承担违约责任？

2. 我进口公司中止执行本合同是否负有违约责任？

第十三章

国际贸易方式

❖ **本章学习目标**

阅读和学完本章后，你应该能够：

◇ 了解各种贸易方式的定义、性质、作用

◇ 熟悉各种贸易方式的特点及优劣

◇ 掌握各种贸易方式在国际贸易中的运用及其注意事项

开篇案例

　　某年 12 月，深圳市罗湖区某人造革鞋厂（简称革鞋厂），与某贸易有限公司（简称公司）签订来料加工人造革鞋的协议。该协议书规定：由公司不作价提供加工所需要的各种机器设备、工具及原料、包装材料等，而人造革鞋厂提供工人、厂房，革鞋厂为公司加工各种款式的人造革鞋，试产期内由公司付给革鞋厂工人每人每月 450 港元。试产期满按件计酬，工缴费由双方协商决定。如因公司来料不正常造成厂方停工待料，则由公司支付厂方工人每人每天生活费 13 港元。厂房租金、水电费由公司以港币支付给厂方。协议有效期为 5 年。协议订立后，经过试产期便投入正常生产，制造、出口了各种款式的人造革鞋 4 400 双。以后，双方又签订了来料加工合同书，其中规定，厂方在半年内为公司加工人造革和牛皮男女拖鞋、凉鞋、童鞋等 6 万双，工缴费为 10.9 万港元。1992 年 8 月，公司来料中夹手表被海关查获，革鞋厂因此停工待料。按双方协议，对方公司欠深圳制鞋厂 7 个月的工人工资 2.366 万港元，厂房租金 3 300 港元，各种欠款和银行利息 1 170 港元，以上总计 2.9262 万港元。双方将争议提交法院。法院判定外方公司违反协议，应对由此而造成的损失负赔偿责任。由案例可见，在对外加工装配业务中，订好加工装配合同，及时解决纠纷，对于有效的保护我方利益有十分重要的意义。

目前进行国际贸易的方式很多，主要有经销、代理、寄售、展卖、招投标、期货、加工贸易、电子商务等。现将我国常用的几种贸易方式简介如下。

一、经　　销

经销（Distribution）是国际贸易中一种常见的出口推销方式。出口商选择一个或几个适当的客户，通过签订经销协议与该客户建立一种长期稳定的购销关系，利用国外经销商的销售渠道和促销手段来推销商品，以便促进其产品的出口，巩固并不断扩大市场份额。

（一）经销的概念

1. 经销的定义。经销是指一出口商与国外经销商就某一项商品的售价、数量、销售地区、期限和其他有关主要事项达成授予经营权协议的一种常用贸易方式。经销又叫分销，就是说，产品从生产厂家到消费者手中至少要有一家中间商介入，中间商从厂家购得货物，再利用自身的销售渠道销售给其他厂家或消费者。

2. 经销的性质。经销也是售定，供货人与经销人之间是一般的买卖关系，关系的建立是通过双方签订的经销协议来确定的，但又与通常的单边逐笔售定不同。当事人双方除签有买卖合同外，通常须事先签有经销协议，确定对等的权利和义务。

3. 经销的作用。
（1）有利于调动经销商的积极性，并且利用其销售渠道，来扩大出口；
（2）可以避免和减少我们因出口相互竞争而带来的损失；
（3）有利于安排生产和组织出口货源。

（二）经销的类型

1. 按照制造商的分销策略来分，有密集分销（Intensive Distribution）、独家分销（Exclusive Distribution）和选择分销（Selective Distribution）三种：

密集分销也称广泛型或普通型分销，是制造商在同一渠道层次选用尽可能多的中间商经销自己的产品，在目标市场使其产品大量出现，产品品牌充分显露，实现路人皆知和随处可买，最广泛地占领目标市场。在市场上，日用品和大部分食品、工业品中的标准化和通用化商品、需要经常补充和替换或用于维修的商品、替代性强的商品等多采用这种分销渠道。

独家分销，指的是在某一层次上选用惟一的一家中间商的渠道。这是一种常见的最为极端的专营型分销渠道。由于产品本身技术性强，使用复杂，所以需要特殊的推销措施和一系列的售后服务相配套，使企业在一个目标市场只选择一个中间商来经销或代销它的产品。采用这一渠道的生产企业必须与被选中的独家经销商签订协议，协议保证作为独家经销商，能经销生产企业的产品，不得同时经销其他厂家的同类产品。

选择分销，是指在某一层级上选择少量的中间商进行商品分销的渠道，是介于密集型分销渠道与独家经销两种渠道之间的一种渠道。制造商从愿意合作的众多企业中选择一些条件好的批发商、零售企业作为自己的中间商。与密集分销相比，这样可以集中地使用企业的资源，相对节省费用并能较好地控制渠道行为。企业可以获得比采用密集型或独家经销两种渠道更多的利益。

2. 按经销商权限的不同，经销方式可分为一般经销和独家经销（Sole Distribution）两种：

一般经销又称为定销，经销商不享受独家经营权，供货商可在经销协议的期限内，可在同一经销区域内委派一个以上的经销商来经营同类产品。

独家经销又称包销（Exclusive Distribution），是指经销商在协议规定的期限和地域内，对指定的商品享有独家经营权的一种经销方式。在这种方式下，在经销协议的期限内和制定的经销区域内，供货商只能指定一家经销商经营指定的商品。包销商享有排他性的经营权。

（1）独家经销对出口商的好处：

①可以避免国外客户在分散经营时可能发生的相互碰头和竞争的情况，从而有助于稳定出口商品的销售价格。

②便于调动独家经销商的积极性，并充分利用其销售渠道，加强出口商品在职外市场上的竞争，从而有利于巩固、发展国外市场和扩大销路。

③便于按照独家经销协议的要求，有计划地安排出口商品的生产和组织出口货源，销售量也可以得到一定的保证。

（2）独家经销对出口商的缺陷：

①如市场情况发生变化，或独家经销商资信不佳和经营能力有限，就可能出现"包而不销"的情况，从而给出口商带来不利的影响。

②独家经销商有可能凭借其独家经营的地位，操纵和垄断市场，甚至对出口商供应的商品故意挑剔或进行压价。

③出口商一般只能同独有经销商打交道，而不能同其他客户普遍联系成交，因而缺乏机动灵活性。

（三）经销协议的内容

一般来说在经销合同中应该包括以下十个方面内容：

1. 授权与认可：包含经销方式是代理还是分销或经销和销售产品类别以及销售区域等其他规定。

2. 销售任务：包含销售日期以及期间内的年度和月度销售任务，商家评价和奖励。

3. 订货和付款：包括订货和送货的方式以及费用承担，付款方式和日期以及贴息、换货和退货。

4. 价格和市场保护：价格制定权和调价入库补差，串货和管理办法，市场价格保证金。

5. 广告宣传：门头和展台（专柜，陈列）设计以及制造费用，广告费用，促销宣传品的发放和费用。

6. 知识产权：注册商标所有权和商标协议管理办法。

7. 技术服务：保修日期和保修责任人。

8. 协议期限：生效日期和协议延续条件，协议失效的违规操作。

9. 协议争议和解决：争议解决期限和仲裁或法律申诉地点。

10. 其他事宜：协议份数和持有方，补充协议的认可，未尽事宜。

但具体到每一份经销合同，其具体内容会有所不同，合同的侧重点也会有所差异。

（四）注意事项

1. 协议期限和终止条款。协议的期限首先规定协议生效的时间，签字之日生效；协议的期限可以规定一年，或者若干年。条款当还规定延期条款，就是可以通过双方的商议延期，也可以规定在协议到期前若干天，如果没有终止的通知，就可以延长一期。

协议的终止条款，除了规定协议期满终止之外，还规定下列三种情况者也可以终止协议：

（1）任何一方有实质性违约行为，经过一方提出而无改正者；

（2）任何一方破产或者公司改组；

（3）发生了人力不可抗力的事故，使协议落空者。

2. 经销商的选择。经销商选择得好与不好，关系到业务的成败，因为他既是买卖关系，又是合作伙伴关系，选择恰当，即使市场情况不好，也能完成任务，双方受益；如果选择不当，将会给出口方造成损失。所以正确选择经销商非常重要，选择时既要考虑经销商的正确态度，又要考虑经销商的资信情况、经营能力和经营作风。

3. 经销商品的选定。什么样的商品适合于经销，那是很难做统一规定的。一般地说下列三种商品可以采取经销：

（1）有一定销售基础，在该市场上竞争对手又比较多，为了巩固这个市场的份额，这种商品可以采取经销；

（2）有发展前途的新的商品，当地又有经营能力强、信誉好的客户，专门经营这类商品，又能承担一定数量销售者。比如说彩电、家用电器，在某一个市场上很受欢迎，很有发展前途，打开市场很有潜力，而且经销这类商品的人又有经营能力强、信誉好的商家，他又能承担一年之内销售多少数量，像这样的商品也可以经销；

（3）在该市场上容量当中，已占有一定份额而扩大销售已感困难的商品。

二、代　理

代理是许多国家商人在从事国际贸易中习惯采用的一种做法，在运输、保险、广告等行业都活跃着为数众多的代理商，目前全球贸易的一半左右是通过代理方式完成的。

（一）代理的概念

1. 代理的定义。我国的《民法通则》第 63 条规定："代理人在代理权限内，以被代理人的名义实施民事法律行为，被代理人对代理人的代理行为，承担民事责任。"国际贸易中的代理是指卖方（就是委托人）给国外客商（代理人）在特定的时期内，在特定的区域，享有代销指定商品的权利。通常是作为委托人在国外的业务代表，为委托人的商品买卖服务。

2. 代理的特点。民法上的代理，是指代理人在代理权限范围内，以被代理人的名义与第三人为民事法律行为，从而对被代理人直接发生权利义务关系的行为。有法定代理、委托代理、指定代理之分。其特点是：

（1）代理人必须以被代理人（又称"本人"）的名义进行代理活动；

（2）代理人所代理的行为必须是民事行为；

（3）代理人只要在代理的权限范围内可以独立进行代理活动；

（4）代理人代理活动的一切法律后果都直接由被代理人承担。

（二）代理的种类

1. 按照代理人的职权范围。按照代理人的职权范围大小不同，可以分为总代理（General Agent）、独家代理（Exclusive Agent）和佣金代理（Commission Agency）三种。

（1）总代理。总代理人是委托人在指定的地区全权代表，除了有权代表委托人从事代理协议中规定的各项商务活动之外，还有权代表委托人进行某些非商业活动，还有权在当地指派若干个分代理人。

在进出口业务中，指定我们国家的驻外机构作为我们进出口总公司的总代理。比如香港的华润公司、澳门地区的南光公司就是我们国内外贸总公司的总代理。

（2）独家代理。独家代理是代理商在指定的时期、指定的地区，享有代销指定商品的专营权利。还代表委托人从事有关的商业活动。比如牵线搭桥、兜揽生意，而且还可以委托人的名义，同当地的买家签订买卖合同。但是在规定的时期内，不能同时经营其他国家同类的商品。

独家代理与包销主要有以下不同：

①独家代理中的委托人（出口商）和代理人之间的关系是委托与代理的关系。代理人只为委托人介绍客户或在指定地区作为委托人的代表按委托人提出的销售条件与买主洽谈交易，买卖合同由代理人按委托人提出的销售条件同买主洽谈交易。买卖合同由委托人直接签订或由代理人以委托人的名义同买主签订。包销方式中的出口商与包销商之间的买卖关系，包销商以自己的名义向出口商购货，并以自己的名义向买主转售。

②独家代理中商品的所有权，在出售前属于委托人。代理人只是代表委托人推

销商品，所得货款交委托人，由委托人自负盈亏，代理人不需动用自己的资金，不负履约责任，只向委托人收取约定的佣金。即使委托人在指定地区越过代理人与其他客户达成交易，也应按规定向代理人支付佣金。但在包销方式中包销商需用自己的资金向出口商购入商品，然后转售，故应承担履约责任和价格风险，自负盈亏。

（3）佣金代理。佣金代理又称一般代理，指在同一地区、同一个时期之内，委托人可以同时选定一家或者几家客户作为一般代理，为他推销同类商品，并且根据推销商品的数额支付佣金。委托人也可以直接与该地区的其他客户做买卖，委托人做成的买卖也必须向该代理人支付佣金。

2. 按照行业性质来分。代理可以分为销售代理、购货代理、货运代理、保险代理和房地产代理。

（1）销售代理是委托人授予独立的代理商"销售代理权"，代理商在销售代理权限内连续地代表委托人搜集订单、销售商品及办理其他与销售有关的事务（如：广告、售后服务、仓储等），代理商在销售完成后领取一定的佣金。销售代理商是指不是作为企业职员或雇员，而是独立的以主体身份为一定的商人从事代理活动或居间介绍其营业种类交易的人。

（2）购货代理是代理人按照代理协议的规定，为委托人在其所在地购买商品、原材料或者其他物资的服务。在具体的业务中，如果代理人以自己的名义购进货物，那么他与当地出口商之间是一种买卖关系，他要对支付货款和接受货物负责。如果他是以代理人的身份出现，并告知货主他的代理人身份，则代理人对履行合同不负责任。

（3）保险代理，保险双方订立保险合同，投保人按照合同向保险人缴纳保险费，保险人按照保险合同规定的责任范围对被保险人或受益人履行损失补偿或给付保险金的义务。在保险过程中，投保人向保险人支付保险费，以此换取合同约定的危险事故发生的经济保障的权利，保险人在领取保险费的同时，也承担了投保人的危险。

（4）广告代理是广告经营活动中的一种民事法律行为，是指广告代理人在广告被代理人授权范围内，以广告被代理人的名义从事的直接对被代理人产生权利、义务的广告业务活动。广告代理制是指广告活动中，广告主、广告公司、广告媒介之间明确分工，广告主委托广告公司制定和实施广告宣传计划，广告媒介通过广告公司寻求广告客户的一种运行机制。广告公司通过为广告主和广告媒介提供双向服务，在广告经营活动中发挥主导作用。

（5）房地产代理是指为他人出售、购买、交换、出租、承租房地产等提供中介服务，收取佣金的个人和组织，包括个人、企业、合伙或公司。

3. 按照代理的人数划分。依代理权授予一人或数人为标准，代理可分为单独代理和共同代理。单独代理是指代理权仅授予一人的代理，又称为独立代理。共同代理是指代理权授予二人以上的代理。在多数代理人的情况下，各代理人的代理权限应在授权时明确规定，指明各代理人的代理事项及权限。

（三）代理协议的内容

代理协议是明确协议双方委托人与代理人之间权利与义务的法律文件。其主要内容通常包括下列几项：

1. 协议双方当事人。通常代理协议的双方为委托人（Principal）及代理人（Agent），代理人以货主的名义从事业务活动。协议双方当事人是独立的、自主的法人或自然人，协议中要明确各方的全称、地址、法律地位、业务种类以及注册日期和地点，等等。

在代理协议的序言中，一般应明确委托人与代理人之间的法律关系、授权范围和代理人的职权范围等。

2. 指定的代理商品。在协议中应明确说明代理商品的品名、规格、等级等。

3. 指定的代理地区。代理地区是指代理人有权开展代理业务的地区。这种地区规定方法与前节所述包销协议规定方法相同。

4. 授予代理的权利。该条款的内容差异程度较大，取决于不同性质的代理人。如果是普通代理协议，委托人应该在协议中规定：保留委托人在代理人的代理地区，在代理人不参与的情况下，直接同买主进行谈判和成交的权利。

独家代理协议，通常要规定提供专营权的条款。该条款有两种规定方法：

（1）委托人向代理人提供绝对代理权，使其成为该地区惟一的独家代理人，而货主不保留在该地区同买主进行交易的权利。

（2）委托人也可保留对买主直接供货的权利。不过，在这种情况下，通常规定委托人对代理人应计付佣金。

5. 协议有效期及中止条款。按照国际市场的一般习惯做法，代理协议既可以是定期的，也可以是不定期的。定期的有 1~5 年；如不规定期限的话，双方当事人在协议中规定，其中一方不履行协议，另一方有权中止协议。

6. 代理人佣金条款。关于代理人的佣金条款，是代理协议的重要条款之一，其中主要包括下列内容：

（1）代理人有权索取佣金的时间。明确代理人在完成何种代理业务活动时，向委托人收取佣金。一般做法是，只要代理人履行了其代理职责，即有权收取佣金。

（2）佣金率。佣金率的大小，直接关系协议双方的利益，因此，在协议中必须明确约定佣金率，通常为1%～5%不等。

（3）计算佣金的基础。计算佣金的基础包括：

①以实际出口的数量为准；

②以发票总金额作为计算佣金的基础；

③以 FOB 总值为基础计算佣金。

不论采取何种办法，都应事先在协议中订明。

（4）支付佣金方法。支付佣金的方法包括：

①按约定时间根据累计的销售数量或金额；

②按累计的佣金汇总支付；

③委托人收汇后逐笔结算或从货价中直接扣除。

7. 非竞争条款。所谓非竞争条款是指代理人在协议有效期内无权提供、购买与委托人的商品相竞争的商品，也无权为该商品组织广告，无权代表协议地区内的其他相竞争的公司。

8. 关于最低成交额条款。所谓最低成交额条款是指代理人要承担签订不低于规定数额的（最低成交额）买卖合同。如果代理人未能达到或超过最低成交额时，委托人对代理人的报酬可作相应的调整。

9. 关于向委托人提供市场情报、广告宣传和保护商标等条款。代理人在代理协议有效期内，有义务定期向委托人提供市场趋势、外汇、海关规定以及本国有关进口的规定等资料，还应在委托人的指令下组织广告和宣传工作与委托人磋商广告内容及广告形式。在代理协议中，委托人一般要明确货主保留对通过代理人销售的商品的商标注册权。

此外，在签订代理协议时，必须注意某些国家的有关法律和商业惯例以及国际上有关代理商方面的公认准则。

三、寄 售

寄售（Consignment）是一种委托代售的贸易方式，也是国际贸易中习惯采用的做法之一，是国际贸易中为开拓商品销路、扩大出口而采用的一种通常做法。世界上许多国家和地区在推销手工艺、轻纺产品、易腐食品、土特产品和小型机械设备等都会采用这种交易方式。在我国进出口业务中，寄售方式运用并不普遍，但在某些商品的交易中，为促进成交，扩大出口的需要，也可灵活适当运用寄售方式。

（一）寄售的概念

1. 寄售的定义。寄售是一种有别于代理销售的贸易方式。它是指货主（委托人）先将货物运往寄售地，委托国外一个代销人（受委托人），按照寄售协议规定的条件，由代销人代替货主进行，货物出售后，由代销人向货主结算货款的一种贸易做法。

2. 寄售的特点。在国际贸易中采用的寄售方式，与正常的卖断方式比较，它具有下列几个特点：

（1）寄售人先将货物运至目的地市场（寄售地），然后经代销人在寄售地向当地买主销售。因此，它是典型的凭实物进行买卖的现货交易。

（2）寄售人与代销人之间是委托代售关系，而非买卖关系。代销人只根据寄售人的指示处置货物。货物的所有权在寄售地出售之前仍属寄售人。

（3）寄售货物在售出之前，包括运输途中和到达寄售地后的一切费用和风险，均由寄售人承担。寄售货物装运出口后，在到达寄售地前也可使用出售路货的办法，也就是说，货物尚在运输途中，如有条件即成交出售，出售不成则仍运至原定目的地。

3. 寄售的作用。寄售是一种先发运后销售的现货买卖方式。一般逐笔成交国际贸易，往往买主对出口方的产品有所了解，批量成交，远期交货。而以寄售方式销售，可以让商品在市场上与用户直接见面，按需要的数量随意购买，而且是现货现买，能抓住销售时机。所以对于开拓新市场，特别是消费品市场，是一种行之有效的方式。

寄售中出口商承担一定的风险和费用。第一，货未售出之前就发运，售出后才能收回货款，资金负担较重。第二，货物需在寄售地区安排存仓、提货，代销人不承担由此产生的费用和风险。第三，万一代销人不守协议，比如，不能妥善代管货物，或是出售后不及时汇回货款，都将给出口商带来损失。第四，如果货物滞销，需要运回或转运其他口岸，出口商将遭受损失。

（二）寄售协议的内容

寄售协议规定了有关寄售的条件和具体做法，其主要内容如下：

1. 双方的基本关系。寄售人和代销人之间的关系，是一种委托代理关系。货物在出售前所有权仍属寄售人。代销人应按协议规定，以代理人身份出售商品，收取货款，处理争议等，其中的风险和费用由寄售人承担。

寄售商品价格有三种规定方式：

（1）规定最低售价；

（2）由代销人按市场行情自行定价；

（3）由代销人向寄售人报价，征得寄售人同意后确定价格，这种做法较为普遍使用。

2. 佣金条款。规定佣金的比率，有时还可增加佣金比率增减额的计算方法。通常佣金由代销人在货款中自行扣除。

3. 代销人的义务。包括保管货物，代办进口报关、存仓、保险等手续并及时向寄售人通报商情。代销人应按协议规定的方式和时间将货款交付寄售人。

有的寄售协议中还规定代销人应向寄售人出其银行保函或备用银行证，保证承担寄售协议规定的义务。

寄售人的义务、寄售人按协议规定时间出运货物，并偿付代销人所垫付的代办费用。

（三）注意事项

出口商应着眼于开拓新市场。既销售商品，又树立企业形象，建立客户关系、故而所选商品应优质适销。

选择合适的寄售地点。寄售地点应选择交通便捷的贸易中心或自由港、自由贸易区，以方便货物进出转运，降低费用。

选择合适的代销人、代销人应在当地有良好的商誉，有相关商品的营销经验和推销能力，并有能力代办报关、存仓等业务。

重视安全收汇。应在寄售协议中做出相应规定。比如要求代销人开立银行保函，或以承兑交单方式发货。

四、展　卖

展卖（Fairs and Sales）是最古老的交易方式之一，追根溯源，它是从古代的集市、庙会发展起来的。在现代社会，作为国际贸易中的一种重要方式，特别是作为一种推销方式，展销被人们广泛接受。我国自 20 世纪 50 年代就开始举办广州中国出口商品交易会，之后又陆续开展各种类型的展卖会。认真研究有关展卖业务的各项知识，对我国的大经贸发展有极其重要的意义。

中小企业管理系列丛书

（一）展卖的概念

1. 展卖的定义。展卖是利用展览会和博览会及其他交易会形式，将展览与销售结合起来的一种贸易方式。展卖把出口商品的展览和推销有机地结合起来，边展边销，以销为主，其主要优点有：

（1）有利于介绍出口商品和宣传出口国家的科技成就，扩大影响，招揽潜在买主，促进交易；

（2）有利于建立和发展客户关系，扩大销售地区和范围，实现市场多元化；

（3）有利于收集市场信息，开展市场调研；有利于听取客户的意见，改进产品质量，增强出口竞争力。

目前，世界各国利用展览会和博览会展出商品，同时搞商品交易是很常见的。所以，凡是通过举办国际博览会、商品展览会，既展出商品，又进行交易的，都可称为展卖。

2. 展卖的类型。展卖有各种不同的形式和内容，方式灵活，可由货主自己举行，也可由货主委托他人举办。国际贸易中，展卖可在国外举行，也可在国内举行。在国外举行的展卖业务按其买卖方式可分为两种：一种是通过签约的方式将货物卖给国外客户，由客户在国外举办展览会或博览会，货款在展卖后结算；另一种是由货主与国外客户合作，在展卖时货物所有权仍属货主，并由货主决定价格，货物出售后，国外客户收取一定的佣金或手续费作为补偿，展卖结束后，未售出的货物折价处理或转为寄售。

展卖方式按形式分又可分为国际博览会（International Fair）和国际展览会。

国际博览会又称国际集市，是指在一定地点由一国或多国联合组办、邀请各国商人参加交易的贸易形式。它利用大型交易场所或展览中心，宣传和推销商品、进行国际经济交流。它既为买卖双方提供了交易方便，又能进行产品和新工艺介绍、广告宣传、技术交流，从而促进国际贸易的发展。

当代的国际展览会是不定期举行的，参加展卖的各国商人除参加现场交易外，还大力地进行样品展览和广告宣传，以求同世界各地建立广泛的商业关系。国际博览会或展览会按内容可分为：综合性博览会或展览会，可包括工农业各类产品，通常有许多国家参加；专业性博览会或展览会，通常是某项或某类工业品参加展出；国别博览会或展览会等。

举办国际展览会的国际组织是国际博览会联盟，创立于 1925 年，总部设在法国巴黎。目前，世界著名的国际博览会会址有：意大利的米兰（是世界上最大的国际博览会，占地面积 60 万平方米），法国的里昂、巴黎，奥地利的维也纳，德国的莱比锡（已有 800 多年的历史，为世界上历史最悠久的国际博览会）以及汉诺威和科隆，波兰的波兹南，比利时的布鲁塞尔，芬兰的赫尔辛基，前南斯拉夫的萨格勒布，荷兰的乌德列支，加拿大的蒙特利尔，澳大利亚的悉尼，叙利亚的大马士革，阿尔及利亚的阿尔及尔等地。

我国曾多次参加各国举办的国际博览会，为介绍我国的产品，学习国外先进技术，促进我国外贸发展以及增进同世界各国人民的相互了解及友谊起到了积极的作用。此外，我国于 1985 年在北京建成了自己的博览会——中国国际展览中心。该中心占地约 15 万平方米，属中国国际贸易促进会，为在我国举办国际性博览会及各种展览会、展销会提供了场所。1985 年 11 月，亚洲及太平洋地区第四届国际贸易博览会就是在该中心举行的。以后在此举办过多次大型国际性博览会，为加强我国与世界各国的贸易联系与经济交往起到了重要作用。

（二）中国出口商品交易会

中国出口商品交易会（Chinese Export Commodities Fair，CECF）又称广州交易会（Guangzhou Trade Fair）或广交会，是由我国有关政府部门举办的，邀请国外客户参加的一种集展览与交易相结合的商品展览会。中国出口商品交易会创办于 1957 春季，每年春秋两季定期在中国南方最大的沿海开放城市广州举行，分别称为"春交会"、"秋交会"。交易会展场面积为 16 万多平方米，会期为 15 天。交易会由 45 个交易团组成，有中国数千家资信良好、实力雄厚的各类对外经济贸易公司（企业）参展，汇集展示十万余种中国出口商品，供到会客商看样选购、洽谈成交。

广交会的主要作用有：

（1）来会的各国客商和友好团体众多，为集中成交创造了有利条件。

（2）加强了与各国客户的广泛联系，便于了解国外市场动态，开展行情调研，熟悉客户的资信和作风。

（3）有利于生产和其他部门，直接听取客户对产品的要求和反映。

（4）由于交易会采取当面洽商、看样成交的方式，从而有利于发现问题，及时解决。

几十年来，我国利用"广交会"定期邀请国外客户前来我国集中谈判成交，根据"平等互利、互通有无"的对外贸易原则，以出口为主，进出结合，有买有卖，形式多样，为扩大我国对外贸易，加强同世界各国的经济联系起到了重要作用。目前，交易会已发展成为中国规模最大、层次最高、成交效果最好的，传统性、综合性、多功能的国际贸易盛会、对促进中外经贸合作和技术交流做出了重要贡献，因而被国际经贸界人士誉为"贸易的桥梁，友谊的纽带"。

（三）开展展卖业务应注意的问题

一次成功的展卖会结束后，可能会在相当长一段时期内，给主办人带来数量可观的订单。为了有效地开展展卖业务，应注意选择适当的展卖商品、合适的展出地点、适当的展卖时机以及选择好的合作客户，此外，还应积极做好宣传组织工作以扩大影响。

五、招标与投标

招标与投标是一种国际上普遍采用的、有组织的市场交易行为，一些政府机构、市政部门和公用事业单位经常用招标方式采购物资、设备、勘探开发资源或承包工程项目。有些国家也采用招标方式进口大宗商品。

（一）招投标的概念

1. 招标与投标的定义。招标与投标是一种贸易方式的两个方面。

（1）招标（Invitation to Tender）是指招标人（即买方）通过报纸、电台、电视发出招标通告，提出所购买商品的名称、规格、数量和其他条件，邀请投标人在规定的时间、地点，按照规定的程序进行投标的行为。

（2）投标（Submission of Tender）是投标人应招标人的邀请，按照招标人提出的要求和条件，在规定的时间、地点投出自己有竞争性的价格条件，争取中标的行为。

2. 招标投标方式的特点。

（1）双方当事人不通过磋商，投标人按照招标人提出的条件和要求进行交易。

（2）招标没有讨价还价的余地。投标人能不能中标，完全取决于投标人所提出的递价条件是否具有竞争性以及与招标人关系如何。

（3）在规定的时间地点众多投标人公开竞争。

（二）投标招标的基本程序

1. 招标方式的种类。目前，国际上采用的招标方式归纳起来有以下几种方式：

（1）竞争性招标（International Competitive Bidding，ICB）是指招标人邀请几个

乃至几十个投标人参加投标，通过多数投标人竞争，选择其中对招标人最有利的投标人达成交易，它属于兑卖的方式。

国际性竞争投标，有两种做法：

①公开投标（Open Bidding）。公开投标是一种无限竞争性招标（Unlimited Competitive）。采用这种做法时，招标人要在国内外主要报刊上刊登招标广告，凡对该项招标内容有兴趣的人均有机会购买招标资料进行投标。

②选择性招标（Selected Bidding）。选择性招标又称为邀请招标，它是有限竞争性招标（Limited Competitive Bidding）。采用这种做法时，招标人不在报刊上刊登广告，而是根据自己具体的业务关系和情报资料由招标人对客商进行邀请，进行资格预审后，再由他们进行投标。

（2）谈判招标（Negotiated Bidding）。谈判招标又叫议标，它是非公开的，是一种非竞争性的招标。这种招标由招标人物色几家客商直接进行全同谈判，谈判成功，交易达成。

（3）两段招标（Two-stage Bidding）。两段招标是指无限竞争招标和有限竞争招标的综合方式，采用此类方式时，先采用公开招标，然后再采用选择招标分两段进行。

政府采购物资，大部分采用竞争性的公开招标办法。

2. 招标与投标的一般程序。

（1）刊发招标通告。国际公开招标通常均在权威性的报刊或有关专业刊物上公布招标通告。

（2）资格预审。投标人应填写招标人编制的"资格预审表"，包括投标人的经营规模、人员设施概况、工程记录等，并提供有关证明文件和资料。由招标人确认其是否具有投标能力。资格预审是保证招标工作顺利进行的关键步骤。

（3）编制招标文件（Bidding Documents）。招标伊始，招标人即组织有关人员制订招标书，说明采购商品或发包工程的技术条件和贸易条件。

（4）投标的准备工作。投标人取得标书后，应严格按照招标条件对商品或工程所要求的质量、技术标准、交货期限、工程量和进度安排等进行核算，并结合自身的条件和市场竞争态势，估计能否完全满足招标要求和能否提出有竞争性的报价。

（5）编制投标书和落实担保。投标书是投标人对招标人的一项不可撤销的发盘。其主要内容包括对招标条件的确认、商品或各个项目的有关指标和工程进度、技术说明和图纸、投标人应承担的责任，以及总价和单价分析表。招标人为防止投标人中标后拒不签约，通常要求投标人提交投标保证金，一般为总价的3%～10%。也可以银行保函或备用信用证代替现金作保。故投标人应在投标前落实担保人。

（6）递送投标文件。投标文件包括投标书、投标保函或备用信用证、关于投标书中单项说明的附件，以及其他必要文件。投标文件应密封后在规定的时间内送达指定地点，可以专人递交，也可以挂号邮寄。

（7）开标。招标人在预先公布的时间和地点，当众开启密封的投标文件，读内容，允许在场的投标人作记录或录音。开标后，投标人不得更改投标内容。开标是对外公开标书内容，以保证招标工作公正进行的一种形式，并不当场确定中标人。

（8）评标和决标。除价格条件外，技术质量、工程进度或交货期，以及所提供的服务等各方面的条件都将影响投标的优劣。招标人必须对投标进行审核、比较，然后择优确定中标人选。其主要工作如下：

①审查投标文件，其内容是否符合招标文件的要求，计算是否正确，技术是否可行等。

②比较投标人的交易条件，可逐项打分或集体评议或投票表决，以确定中标人选。初步确定的中标人选，可以是一个或若干个替补人选。

③对中标人选进行资格复审，如果第一中标人经复审合格，即成为该次招标的中标人选。否则依次复审替补中标人选。凡出现下列情况之一者，招标人可宣布招标失败，重新组织第二轮招标：参加投标人太少，缺乏竞争性；所有投标书和招标要求不符；投标价格均明显超过国际市场平均价格。

（9）中标签约。确定中标人后，招标人以书面通知中标人在规定的期限内到招标人所在地签订合同，并缴纳履约保证金或以银行保函作履约担保。

六、期货交易

期货交易是在现货交易基础上发展起来的、通过在期货交易所内成交标准化期货合约的一种新型交易方式。期货合约对商品质量、规格、交货的时间、地点等都做了统一的规定，惟一的变量是商品的价格。买卖者交纳一定的保证金后，按一定的规则就可以通过商品期货交易所公开地竞价买卖。一般情况下，大多数合约都在到期前以对冲方式了结，只有极少数要进行实货交割。

（一）期货交易的概念

所谓期货，就是规定未来一定时期交货的商品，但实际上是一种可以反复转让、反复买卖的标准化合同。

期货交易（Futures Transaction）是一种特殊类型的交易，以保证金为基础，在特定的市场上——期货交易所内买卖期货合约的交易行为。期货交易是市场经济发展到一定阶段的必然产物，它只需交纳少量保证金，通过在期货交易所公开竞价买卖期货合约，并在合约到期前通过对冲，即先买入后卖出（或相反），或者进行实物交割来完成交易。交易者之间的交易相当于只是签了一个合同（不像股票买卖，交易一旦发生就意味着钱货两清了），该合同今后还可以转让（即所谓的平仓）；维持合同权利的基础就是保证金：保证金如果没有了就没权利再继续持有合同了，如果以后又有保证金了，还可以接着再做。

期货市场是进行期货交易的场所，它是按照"公开、公平、公正"原则，在现货市场基础上发展起来的高度组织化和高度规范化的市场形式。广义上的期货市场包括期货交易所、结算所或结算公司、经纪公司和期货交易员；狭义上的期货市场仅指期货交易所。期货交易所是专门进行标准化期货合约买卖的场所，是期货市场的核心。主要职能是提供交易场所、设施及相关服务；制定并实施交易所相关规则；设计期货合约，安排合约上市；组织和监督期货交易；监控市场风险；保证期货合约的履行；发布市场信息；监管会员的交易行为；监管制定的交割仓库。

期货交易和现货交易都是一种交易方式、都是真正意义上的买卖、涉及商品所有权的转移等。二者又有许多不同，主要表现在：

（1）买卖的直接对象不同。现货交易买卖的直接对象是商品本身，而期货交易买卖的直接对象是期货合约。

（2）交易的目的不同。现货交易是一手钱、一手货的交易，目的是到期获得实物，而期货交易是为了回避价格风险或投资获利。

（3）交易方式不同。现货交易一般是一对一谈判签订合同，具体内容由双方商定。期货交易是以公开、公平竞争的方式进行交易。一对一谈判交易（即私下对冲）被视为违法。

（4）交易场所不同。现货交易一般是贸易公司、生产厂商、消费厂家等分散进行交易的，只有一些生鲜和个别农副产品是以批发市场的形式来进行集中交易。但期货交易必须在交易所内依照法规进行公开、集中交易，不能进行场外交易。

（5）保障制度不同。现货交易有《合同法》等法律保护。期货交易除了国家的法律和行业、交易所规则之外，主要是经保证金制度为保障，以保证到期兑现。

（6）商品范围不同。现货交易的品种是一切进入流通的商品，而期货交易品种是有限的，主要是农产品、石油、金属商品以及一些初级原材料和金融产品。

（7）结算方式不同。现货交易是货到款清，无论时间多长，都是一次或数次结清。期货交易由于实行保证金制度，必须每日结算盈亏，实行逐日盯日制度。结算价格是按照成交价为依据计算的。

（二）期货交易的种类

期货交易，根据交易者的目的，有两种不同性质的种类：

1. 投机交易。投机交易是一种买低卖高，从价格涨落的差额中追逐利润的赌博性的纯投机活动。投机的人利用期货合同作为赌博的筹码，冒一定的风险，凭借其对行情和市场前景的判断，去搞投机买卖，行情看涨时，他用低价买进期货，行情下跌时他用高价卖出期货，从中捞取利润。在商业习惯上称为"买空卖空"。所谓"买空"，又称"多头"，是指投机者估计价格要涨，买进期货；一旦货期涨价，再卖出期货，从中赚取差价。有买空投机和卖空投机两种。

例如，某投机者判断7月份的大豆价格趋涨，于是买入10张合约（每张10吨），价格为每吨2 345元。后果然上涨到每吨2 405元，于是按该价格卖出10张合约。获利（2 405元/吨~2 345元/吨）×10吨/张×10张 =6 000元。

又如，某投机者认为11月份的小麦会从目前的1 300元/吨下跌，于是卖出5张合约（每张10吨）。后来小麦果然下跌至每1 250元/吨，于是买入5张合约，获利（1 300元/吨~1 250元/吨）×10吨/张×5张 =2 500元。

2. 套期保值。商业习惯上称"套期保值"，又称为"海琴"（Hedging）。所谓海琴就是期货市场交易者，将期货交易和现货交易两者结合起来进行的一种市场行为。目的就是通过期货交易来转移现货交易价格的风险。即现货交易和期货交易同步进行，并从这两种交易中获取利润。套期保值的做法有两种，一种叫买入套期保值，一种叫卖出套期保值。

（1）买入套期保值。又称多头套期保值，是在期货市场中购入期货，以期货市场的多头来保证现货市场的空头，以规避价格上涨的风险。

例：某油脂厂3月份计划两个月后购进100吨大豆，当时的现货价为每吨0.22万元，5月份期货价为每吨0.23万元。该厂担心价格上涨，于是买入100吨大豆期货。到了5月份，现货价果然上涨至每吨0.24万元，而期货价为每吨0.25万元。该厂于是买入现货，每吨亏损0.02万元；同时卖出期货，每吨盈利0.02万元。两个市场的盈亏相抵，有效地锁定了成本。

（2）卖出套期保值。又称空头套期保值，是在期货市场出售期货，以期货市场上的空头来保证现货市场的多头，以规避价格下跌的风险。

例：5月份供销公司与橡胶轮胎厂签订8月份销售100吨天然橡胶的合同，价格按市价计算，8月份期货价为每吨1.25万元。供销公司担心价格下跌，于是卖出100吨天然橡胶期货。8月份时，现货价跌至每吨1.1万元。该公司卖出现货，每吨亏损0.1万元；又按每吨1.15万元价格买进100吨的期货，每吨盈利 0.1 万元。两个市场的盈亏相抵，有效地防止了天然橡胶价格下跌的风险。

3. 套期保值和投机交易的区别：

（1）套期保值是和实物的交易联系在一起的，在实践中虽然不一定同时进行，有前有后，但两者是结合起来的。投机交易则是单纯的期货合同买卖。

（2）从交易的目的上看，套期保值是为了转移现货交易价格上的风险，有时候也会带来盈利或亏损，但不是主要的，主要的是保值，投机交易追求的是两次交易中的差价，从中牟取投机利润。

（3）从经营者看，从事套期保值的人都是企业家、农场主或是实物交易的人，从事投机活动的人，大多都是投机商。

（4）从规章制度上来看，投机交易要受到交易量的限制，而套期保值却不受限制。

（5）从融资角度看，套期保值比较容易取得银行融资的便利，而投机交易则不行。

（三）期货交易的特点

1. 期货交易是合约的买卖，是"纸合同"交易，双方在成交时并非凭现货，而是通过既定的标准化合约成交，实物商品不直接进出期货市场。

2. 期货合约是标准化合约，其惟一的变量就是价格，其他要素如：数量、质量、交货时间和地点都由交易所统一规定。交易所的成交价对市场的变化情况比较敏锐，能够较准确地反映当时国际市场的价格。

3. 期货交易是以 5%～10% 的保证金作为担保进行交易，因此具有以小搏大的杠杆作用。

4. 期货交易是在公开场合即期货交易所内自由竞价进行，不是私下成交的。买卖双方并不直接见面，而是通过场内经纪人进行交易。

5. 期货交割就是卖方交付仓单，买方交付付款凭证的过程，两者均是法律认可受之保护的商业票据。

七、加工贸易

改革开放以来，我国加工贸易迅速发展，已成为我国对外贸易的重要组成部分。2005 年，我国加工贸易出口总额达 4 165 亿美元，比上年增长 27.0%。多年来，加工贸易累计创造 3 000 万个就业岗位。我国加工贸易规模不断扩大，水平不断提高，对国民经济发展起到了积极的、重要的促进作用。

（一）加工贸易的概念

加工贸易是一国通过各种不同的方式，从境外进口料件或从保税区、保税仓库中提取料件，利用本国的生产能力和技术，加工成成品后向境外出口产成品或成品进入保税区或出口监管仓库，从而获得以外汇体现的附加价值。

加工贸易与一般贸易相比，有以下区别：

第一，从参与贸易的货物来源角度分析，一般贸易货物主要是来自本国的要素资源，符合本国的原产地规则；而加工贸易的货物主要来自国外的要素资源，不符合我国的原产地规则，而只是在我国进行了加工或装配。

第二，从参与贸易的企业收益分析，从事一般贸易的企业获得的收益主要来自生产成本或收购成本与国际市场价格之间的差价；而从事加工贸易的企业实质上只收取了加工费。

第三，从税收的角度分析，一般贸易的进口要缴纳进口环节税，出口时在征收增值税后退还部分税收；加工贸易进口料件不征收进口环节税，而实行海关监管保税，出口时也不再征收增值税。

加工贸易又不同于"三来一补"。通常所说的"三来一补"是指来料加工、来件装配、来样加工和中小型补偿贸易。其中来样加工属于一般出口贸易，不在加工贸易的范围内。来料加工和来件装配，统称为加工装配。在"三来一补"中去掉来样加工，加上进料加工，就是加工贸易的主要内容了。

（二）加工贸易的种类

加工贸易是以加工为特征的再出口业务，其方式多种多样，常见的加工贸易有：

1. 进料加工。又叫以进养出，指我国具有进出口经营权的企业用外汇购入国外的原料、材料、辅料、元器件、零部件、配套件和包装物料，利用本国的技术、设备和劳力，加工成成品或半成品后，销往国外市场。海关一般对进口材料按85% 或 95% 的比例免税或全额免税。这类业务中，经营的企业以买主的身份与国外签订购买原材料的合同，又以卖主的身份签订成品的出口合同。采取进料加工贸易时要注意所加工的成品在国际市场上要有销路，否则，进口原料外汇很难平衡。从这一点看，进料加工要承担价格风险和成品的销售风险。进料加工包括作价加工和委托加工两种形式：委托加工是外贸企业以进料加工贸易方式从国外进口的料件无偿调拨给加工企业进行加工，加工收回后只付加工费。作价加工是外贸企业以进料加工贸易方式从国外进口的料件将进口料件作价给加工企业进行生产加工，货物收回后的付款是支付整个货物的款项。

2. 来料加工。是指由国外厂商提供一定的原材料、辅助材料、零部件、元器件、包装材料（简称料件），必要时提供机器设备及生产技术，委托国内企业按照双方商定的质量、规格、款式进行加工，成品由国外厂商负责销售，国内企业按合同规定收取工缴费的一种贸易方式。有的是全部由对方来料，有的是一部分由对方来料，一部分由加工方采用本国原料的辅料。

应注意区分来料加工与进料加工：

（1）来料加工是对方来料，我方按其规定要求进行加工，并收取加工费用；进料加工是我自营的业务，自行进料，自定品种花色，自行加工，自负盈亏。

（2）来料加工原料进口和成品出口往往是一笔买卖，或是两笔相关的买卖，原料的供应往往是成品承受人，而进料加工，进是一笔买卖，加工再出口又是一笔买卖，二者没有联系。

（3）来料加工的双方，一般是委托加工关系，订有对方承购这些产品的协议，进料加工再出口，进归进，出归出，两方都是商品买卖关系。

3. 装配业务。指由一方提供装配所需设备、技术和有关元件、零件，由另一方装配为成品后交货。与来料加工一样，装配业务的进口和出口两个贸易进程是同一笔贸易的两个方面，而不是两笔交易，交易双方不存在买卖关系，而是委托加工关系。

来料加工和来料装配统称为对外加工装配业务。加工一方赚取的是劳务费，因而这类贸易属于劳务贸易范畴。在这种方式下，我国作为加工方可以发挥国内劳动力资源丰裕的优势，给国内提供更多的就业机会；可以补充国内原料不足，充分发挥国内的生产潜力；可以通过引进国外的先进生产工艺，借鉴国外的先进管理经验，提高我国技术水平和产品质量，提高我国产品在国际市场的适销能力和竞争能力。缺点是我国只能赚取加工费，产品从原料转化为成品过程中的附加价值，基本被对方占有。由于这种贸易方式比进料加工风险小，目前在我国开展得比较广泛，获得了较好的经济效益。

4. 协作生产。是指一方提供部分配件或主要部件，而由另一方利用本国生产的其他配件组装成一件产品出口，所供配件的价款可在货款中扣除。商标可由双方协商确定，既可用加工方的，也可用对方的。协作生产的产品一般规定由对方销售全部或一部分，也可规定由第三方销售。

（三）企业开展加工贸易的好处

1. 大力发展加工贸易是我国融入经济全球化的必经之路。加工贸易是国际贸易的主流，几乎所有参与经济全球化的企业都注重搞加工贸易。加工贸易是零关税，是国际上最重要的贸易方式。长期内，加工贸易将依然是我国一种重要的贸易方式。

2. 加工贸易方式下，进口的料件保税有效地解决了企业资金紧张问题，来料加工不用退税，减少了地方财政退税的压力等问题。

3. 当前世界范围内的技术进步加速，产品更新加快，跨国公司为了保持竞争优势，往往将先进的加工制造环节甚至某些高端技术向有市场和成本优势的国家和地区转移。加工贸易对优化我国产业结构，实现技术本土化具有极大的积极意义。

4. 加工贸易带给了企业崭新的视野、广阔的市场、先进的技术和利润空间，促使企业调整商品结构，开拓国际市场，扩大出口规模，提高企业外向度，提高国际竞争力。

5. 开展加工贸易是顺应国际大分工的趋势，参与经济全球化，直接与跨国公司进行合作，有效承接国际产业转移和加入国际营销网络的最佳方式和捷径。

八、电子商务

（一）电子商务的概念

电子商务源于英文 Electronic Commerce，简写为 EC，是利用简单、快捷、低成本的电子通讯方式，买卖双方不谋面地进行各种商贸活动。顾名思义，其内容包含两个方面，一是电子方式，二是商贸活动。

世界电子商务会议对电子商务作了如下定义：电子商务是指对整个贸易活动实现电子化。从涵盖范围方面可以定义为：交易各方以电子交易方式而不是通过当面交换或直接面谈方式进行的任何形式的商业交易。从技术方面可以定义为：电子商务是一种多技术的集合体，包括交换数据（如电子数据交换、电子邮件）、获得数据（共享数据库、电子公告牌）以及自动捕获数据（条形码）等。

电子商务是通过互联网实现企业、商户及消费者的网上购物、网上交易及在线电子支付的一种不同于传统商业运营的新型商业运营模式，主要以 EDI（电子数据交换）和 Internet 来实现。其真正的发展是建立在 Internet 技术上的，所以也有人把电子商务简称为 IC（Internet Commerce）。

电子商务有广义和狭义之分，狭义的电子商务是利用 Web 提供的通信手段在网上进行的交易，又称为电子交易（e-commerce）。广义的电子商务包括基于 Web 的全部商业活动，称作电子商业（e-business）。

（二）电子商务的优点

与传统商务相比，电子商务有以下的优点：

1. 电子商务将传统的商务流程数字化、电子化，让传统的商务流程转化为电子流、信息流，可以大量减少人力、物力，减少商品流通的中间环节，降低成本，突破了时间空间的局限，提高了商业运作的效率。

2. 电子商务是基于互联网的一种商务活动，具有的开放性和全球性的特点，在网上这个世界将会变得很小，电子商务可为企业个人提供丰富的信息资源，为企业创造更多贸易机会，提供更广阔的市场。

3. 电子商务简化了企业与企业，企业与个人之间的流通环节，最大限度地降低了流通成本，能有效地提高企业在现代商业活动中的竞争力。

4. 对于大中型企业来说，由于其买卖交易活动较多，实现电子商务能有效地进行管理和提高效率。对于小企业来说也同样有利，因为电子商务可以使企业以相近的成本进行网上交易，这样使中小企业可能拥有和大企业一样的流通渠道和信息资源，极大提高了中小企业的竞争力。

5. 电子商务重新定义了传统的流通模式，减少了中间环节，使得生产者和消费者的直接交易成为可能，从而在一定程度上改变了整个社会经济运行的方式。

6. 电子商务一方面破除了时空的壁垒，另一方面又提供了丰富的信息资源，为各种社会经济要素的重新组合提供了更多的可能，这将影响到社会的经济布局和结构。

（三）电子商务的交易类型

按参与对象划分主要有 5 种类型：

1. 企业内部的电子商务。企业内部之间，通过企业内部网（Intranet）的方式处理与交换商贸信息，优化企业内部管理，协调内部的组织运作，降低成本和库存，加速业务流程、物流和信息流；实现企业内部的信息、设备共享，促进员工间协同工作，加快产品研发，提高效率及质量；对市场做出更快反应，加强与伙伴的合作，积极参与市场竞争。

2. 企业对企业的电子商务（Business to Business，简称 B to B 或 B2B）。这是电子商务的主流，将有更大的发展。在企业对企业或商业机构对商业机构之间，通过 Internet 或专用网方式进行电子商务活动。除交易双方外，更需涉及银行、认证、物流配送、通信等部门；国际间的 B to B，还要涉及海关、保险、商检、外汇等部门。

3. 企业对消费者的电子商务（Business to Customer，简称 B to C 或 B2C）。这是一种直接市场销售方式。企业通过 Internet 为消费者提供一个新型的购物环境——网上商店；消费者通过互联网在网上购物，在网上支付。提供有形商品和无形商品及服务的不同，又有间接 EC 和直接 EC 之分。

4. 企业对行政机构的电子商务（Business to Administrations，简称 B to A 或 B2A）。多数属于政府采购。政府将采购的细节在国际互联网上公布，通过网上竞价方式进行招标，企业也要通过电子的方式进行投标。

5. 消费者对行政机构的电子商务（Customer to Administrations，简称 C to A 或 C2A）。消费者和政府间的贸易来往，是政府对个人的电子商务活动，在实际贸易中并没有真正产生，其前景如何也难以预料。但在个别发达国家，例如澳大利亚，政府的税务机构已经通过指定私营税务，或财务会计事务所用电子方式来为个人报税，这虽然还不是真正意义上的报税电子化，但它已经具备了消费者对行政机构电子商务的雏形。

（四）我国电子商务发展情况

总地说来，我国的信息化政策还不够完善，尤其体现在电子商务方面，有关的政策不够明朗，相应的法律、法规，相关的标准还都没有建立，跨部门、跨地区的协调存在较大问题。但政府部门对此给予了高度的重视，电子商务的发展态势很好。

1999 年现货电子市场电子交易额当年达到 2 000 亿元人民币。自此以后，政府上网、企业上网，电子政务（政府上网工程）、网上纳税、网上教育（湖南大学、浙江大学网上大学），远程诊断（北京、上海的大医院）等广义电子商务开始启动，并已有试点，有的已进入实际试用阶段。2000 年，我国电子商务进入了务实发展阶段。国家信息主管部门开始研究制定中国电子商务发展的相关政策法规。据统计，2005 年中国电子商务市场交易额达 7 400 亿元，继 2004 年中国电子商务市场实现 73.7% 的高速增长之后，2005 年电子商务逐渐步入稳定增长期，同比增长 50%。

除了以上介绍的贸易方式外，还有拍卖和对销等贸易方式，在此不一一赘述。

● 本章小结 ●

　　本章介绍了贸易方式的相关知识，结合案例详细解释了在国际贸易中常用的十种贸易方式及相互间的区别。希望在阅读完本章以后，能对国际贸易方式有一个较为全面的认识，熟悉每种方式的协议内容并能在实际业务中运用。

▶ 思考题

　　1. 出口销售业务中的独家代理与独家销售有何区别？

　　2. 我国进出口贸易中开展展卖业务的意义。

　　3. 公开招标与选择性投标有何不同？

　　4. 采用互购或反购方式对于当事人有什么意义？

　　5. 开展补偿贸易时应注意那些问题？

　　6. 开展加工贸易对我国企业的启示有哪些？

　　7. 如何区分来料加工与进料加工？

　　8. 什么电子商务？与传统商务相比，电子商务具有什么特点？

▶ 案例应用

　　香港 A 公司与日本 B 公司签订一份独家代理协议，议定由香港 A 公司为独家代理。订立协议时，日本 B 公司正试验改进现有产品。不久，日本 B 公司试验成功，选定香港另一家公司作独家代理。

▶ 问题

　　日本 B 公司有无这种权利？为什么？

参 考 文 献

1. 焦春风、高功前：《外贸电子商务国际竞争力提升策略研究》，载《世界经济与政治论坛》2006 年 6 月刊。

2. 付文斌、张小萍：《做好合同签订前的准备工作　预防进出口风险》，载《商场现代化》2006 年第 34 期。

3. 任涛：《国际货物买卖合同方式探析》，载《北方经济》2006 年第 18 期。

4. 李丽英、扬帆：《国际货物销售风险转移问题的探讨》，载《北方经贸》2006 年第 10 期。

5. 刘梅：《我国企业如何应对国外反倾销》，载《集团经济研究》2006 年第 21 期。

6. 余文华：《进出口贸易中非信用证支付方式的运用模式》，载《国际商务》（对外经济贸易大学学报）2005 年第 1 期。

7. 李娜、赵建中：《论提升我国在世界贸易体系中的地位——充分运用加工贸易方式参与国际分工》，载《现代管理科学》2004 第 6 期。

8. 刘重力：《国际贸易实务》，南开大学出版社 2002 年版。

9. 徐景霖、黄海东：《国际贸易实务案例》，东北财经大学出版社 1999 年版。

10. 苏鸿基：《国际贸易实务》，山西经济出版社 1998 年版。

11. 郭燕、杨楠楠：《国际贸易案例精选》，中国纺织出版社 2003 年版。

12. 林珏：《国际贸易案例集》，上海财经大学出版社 2001 年版。

13. 邵望予：《国际贸易方式实务教程》，中国海关出版社 2002 年版。

14. 徐二明：《中国人民大学工商管理/MBA 案例：国际贸易卷》，中国人民大学出版社 1999 年版。

15. 刘静华：《国际货物贸易实务》，对外经济贸易大学出版社 2005 年版。

16. 陈志友：《进出口贸易实务》，立信会计出版社 1998 年版。

17. 刘园：《国际商务谈判》，对外经济贸易大学出版社 2003 年版。

18. 罗亮：《进出口贸易操作实务》，中国商务出版社 2004 年版。

19. 中国进出口贸易网：http://www.cnie.cn/

20. 中国出入境检验检疫协会：http：//www. ciq. org. cn

21. 国家质检总局网：http：//www. aqsiq. gov. cn

22. 货运代理网：http：//www. aura-logistics. com

23. 中国海关网：http：//www. customs. gov. cn

24. 外贸精英网：http：//www. cnexp. net

25. 中国人民保险公司网站：http：//www. picc. com. cn

26. 中国商务部：http：//www. mofcom. gov. cn/

后 记

随着我国融入世界经济的步伐加快，企业竞争日益规范，对企业的要求也日益提高。如何适应国际经济发展的要求，求得企业的生存与长期发展，是企业面临的主要任务。只有那些注重国际贸易法则，遵守市场竞争规则，讲求贸易策略的企业才能在市场中取胜、求得长期发展。因此，国际贸易理论与实践知识对外贸企业的发展具有非常重要意义。

在融入国际经济的过程中，由于我国企业没有掌握相应的外贸知识，在对外贸易中时常吃亏，这严重阻碍了我国经济的发展和企业的进步，对企业造成了不应有的伤害。因此，加强对社会主义市场经济条件下国际贸易理论与实务的研究和教育，对于我国企业树立正确的经营观念，加强风险意识，促进企业的长期稳定发展，具有重要的作用。山东省经济贸易委员会职业教育办公室组织编写一套中小企业方面的培训教材，将中小企业伦理建设教材列入其中，充分说明大家对国际贸易理论与实务问题的重视。

本教材在编写过程中得到了山东经济学院副院长王乃静博士的大力支持和鼓励，山东省经济贸易委员会职业教育办公室的同志为本教材的编写付出很大的努力，山东省社科院的卢新德教授百忙之中审阅了书稿。在此一并表示真诚的感谢。

参加本书编写及审定的人员：主编：时英；副主编：梁焕磊，王碧森；审阅：卢新德。

各章作者如下：第一章：时英，王碧森；第二章：王碧森；第三章：时英，王碧森；第四章：王碧森；第五章：梁焕磊，李蕊；第六章：李蕊；第七章：时英，臧宁；第八章：梁焕磊，王碧森；第九章：王碧森；第十章：于露露；第十一章：时英，于露露；第十二章：于露露；第十三章：梁焕磊，臧宁。全书由时英教授、卢新德教授总修改、审定。

本书在编写过程中参考了大量的文献资料，除部分予以标明以外，也有一些由于疏漏没有一一列出，望予谅解，并在此一并致谢。

由于编者水平有限，错讹之处难以避免，望读者不吝指正。

编者

2007 年 1 月

责任编辑：吕　萍　张庆杰

责任校对：王肖楠

版式设计：代小卫

技术编辑：王世伟

中小企业国际贸易理论与实务五日通

主编　时　英

经济科学出版社出版、发行　新华书店经销

社址：北京市海淀区阜成路甲 28 号　邮编：100036

总编室电话：88191217　发行部电话：88191540

网址：www. esp. com. cn

电子邮件：esp@ esp. com. cn

北京汉德鼎印刷厂印刷

永胜装订厂装订

787×1092　16 开　17.75 印张　340000 字

2007 年 7 月第一版　2007 年 7 月第一次印刷

印数：0001—8000 册

ISBN 978 - 7 - 5058 - 6411 - 5/F · 5672　定价：30.00 元

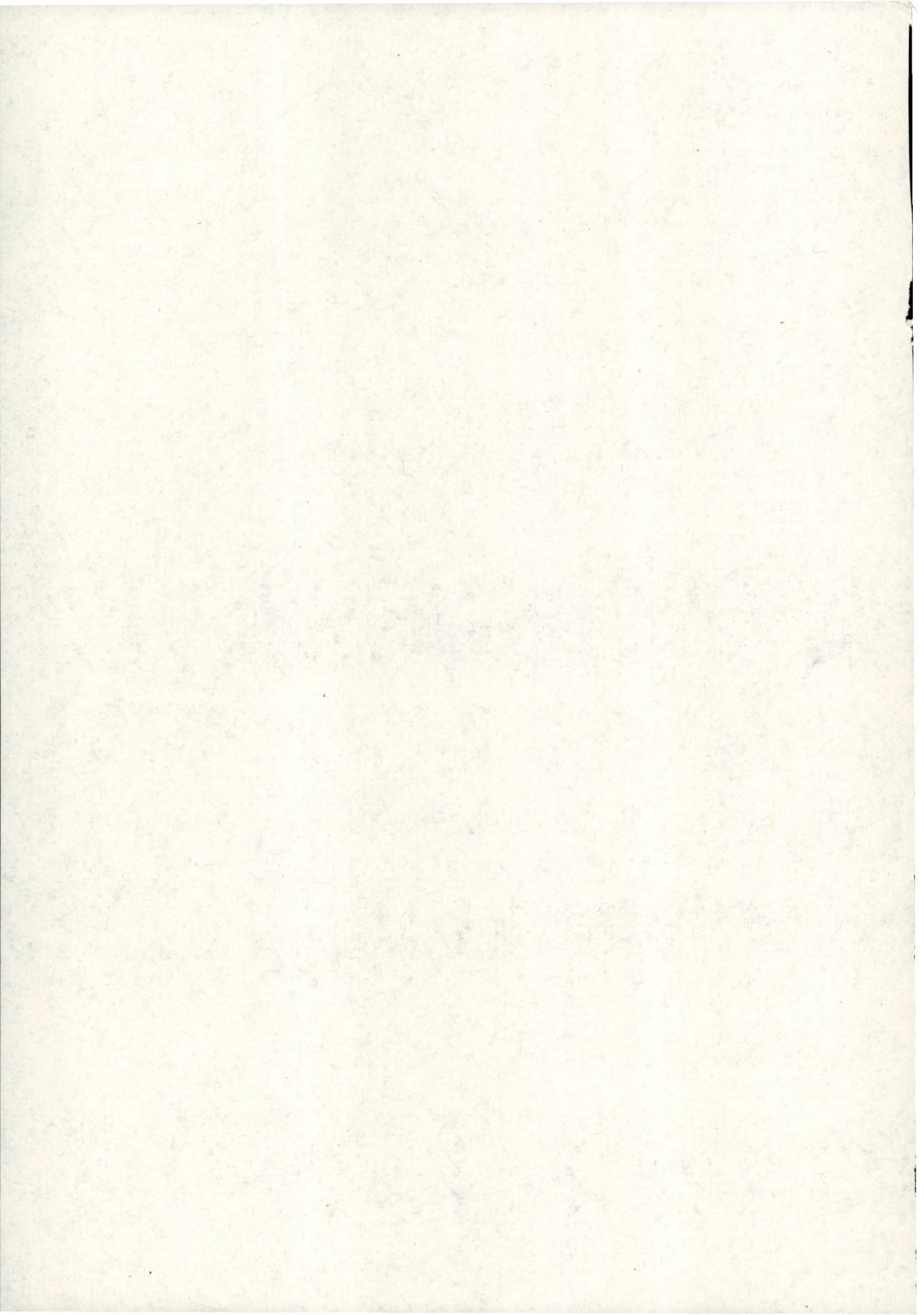